Digital Listening für Unternehmen

Martin Grothe

Digital Listening für Unternehmen

Entscheiderwissen für Corporate
Security, Personenschutz, Market
Intelligence und Personalmarketing

 Springer Gabler

Martin Grothe
complexium GmbH
Berlin, Deutschland

ISBN 978-3-658-31103-2   ISBN 978-3-658-31104-9   (eBook)
https://doi.org/10.1007/978-3-658-31104-9

Die Deutsche Nationalbibliothek verzeichnet diese Publikation in der Deutschen Nationalbibliografie; detaillierte bibliografische Daten sind im Internet über http://dnb.d-nb.de abrufbar.

Planung/Lektorat: Rolf-Günther Hobbeling
Springer Gabler ist ein Imprint der eingetragenen Gesellschaft Springer Fachmedien Wiesbaden GmbH und ist ein Teil von Springer Nature.
Die Anschrift der Gesellschaft ist: Abraham-Lincoln-Str. 46, 65189 Wiesbaden, Germany

Inhaltsverzeichnis

Über den Autor

Prof. Dr. Martin Grothe beschäftigt sich seit den 90er Jahren mit der Mustererkennung in komplexen Strukturen: Der Digitalraum entwickelte sich für ihn zum perfekten Arbeitsfeld.

Martin Grothe gründete nach Stationen im Consulting, Controlling und Community Building in 2004 die complexium GmbH in Berlin.

Als Mission werden mit eigenen Formaten, Methoden und Technologien „Insights" im digitalen Raum strukturiert entdeckt, um Klienten einen Vorsprung in den Bereichen Unternehmenssicherheit, Personenschutz, Market Intelligence, Innovations-Scanning und Personalmarketing zu ermöglichen.

Module der Technologie wurden in Kooperation mit dem Robert-Koch-Institut vom BMBF gefördert: *„Forschung für die zivile Sicherheit"*. Aufbauend entstand etwa mit der Allianz für Sicherheit in der Wirtschaft die Studie: *„#Desinformation: Lage, Prognose und Abwehr."*

Martin Grothe ist Honorarprofessor an der Universität der Künste UdK Berlin im Bereich Digitale Kommunikation. Seine Alma Mater ist die WHU – Otto Beisheim School of Management.

Abbildungsverzeichnis

Einführung und Lage

It's early and it's slow

(Google)

© Springer Fachmedien Wiesbaden GmbH, ein Teil von Springer Nature 2020
M. Grothe, *Digital Listening für Unternehmen*,
https://doi.org/10.1007/978-3-658-31104-9_1

Zusammenfassung

Egal, wie digitalisiert Ihr Unternehmen bereits ist: Ohne hinreichende Sicherheit, Marktkenntnisse und eine ausreichende Anzahl von Fachkräften wird kein nachhaltiger Erfolg möglich sein. Zugleich gibt Ihnen der Digitalraum jedoch interessante Möglichkeiten, genau diese Faktoren positiv zu gestalten.

Ein guter erster Schritt liegt im digitalen Zuhören: Digital Listening, der inhaltlichen Aufnahme und Auswertung der öffentlichen digitalen Diskussion. Die notwendigen Abläufe und Methoden werden in den folgenden Kapiteln praxisgerecht vorgestellt. Die sich entwickelten Ableitungen können als digitale Transformation bezeichnet werden.

Doch zunächst werden die Herausforderungen, der Digitalraum und die immer mächtiger werdende dunkle Seite strukturiert beleuchtet. Erst daraus ergeben sich die Einsatzfelder.

1.1   Herausforderungen: Sicherheit und Wettbewerb

Wenn wir zuerst die großen Herausforderungen betrachten, vor denen Unternehmen derzeit und sicher auch noch in den nächsten Jahren stehen, dann stechen grundsätzlich immer drei Themen heraus:

- Die Sicherheit des Unternehmens und des Unternehmers,
- die dynamische Markt- und Wettbewerbsentwicklung,
- der Mangel an Fachkräften.

Bei diesen Themen können wir zudem davon ausgehen, dass ihr Gewicht in den nächsten Jahren sogar kontinuierlich weiter zunehmen wird:

- Die Sicherheitslage wird durch die Fragmentierung des Weltgeschehens und dem in immer mehr Regionen zu beobachtenden Zusammenbruch der Ordnung genauso befeuert wie durch eine immer stärker hervortretende **dunkle Seite der Digitalisierung**. Dabei befindet sich die digitale Vernetzung von Objekten und Subjekten immer noch im recht flachen Bereich einer exponentiellen Kurve.

Es kommt hinzu, dass die persönliche Ausstattung mit und Nutzung von digitalen Devices und datenbasierten Diensten derzeit nicht absehbar endlich ist und der Aufbau der notwendigen Kenntnisse zur Nutzung solcher Angebote und das Wissen um die sicherheitsrelevanten Implikationen bisher nicht Schritt halten kann.

So ist die Seite der Verteidigung der Sicherheit und Integrität von Unternehmen und Persönlichkeiten gegenüber der Angreiferseite per se im Nachteil: Der Angreifer kann sich einen Schwachpunkt auswählen, der Verteidiger muss die Gesamtheit absichern.

Die Ebene der menschlichen Nutzer potenziert die Herausforderung, zumal den meisten Unternehmen und Entscheidern das Bewusstsein hierfür immer noch fehlt.

- Die **demographische Entwicklung** in den meisten Volkswirtschaften der nördlichen Hemisphäre wird sich selbst durch massive Einwanderung nicht umkehren lassen, sofern ein solcher Zustrom überhaupt akzeptiert wird. Hinzu kommt die fokussierte Binnenmigration in einige große Städte als sehr stabiler Trend.

  Unternehmen sind dagegen zumeist in ihren Regionen verwurzelt, Telearbeit und Disjunct Offices in Hotspot-Städten können dies nur begrenzt ändern. Wir werden sehen, ob die Corona-Krise hier einen Quantensprung bewirken kann. Bisher führen diese Entwicklungen dazu, dass schon die rein quantitativ-geographische Verteilung von Arbeitskräfteangebot und -nachfrage immer mehr auseinanderfallen. Verstärkt wird dieses Missverhältnis durch ein qualitatives Ungleichgewicht: Die von den Arbeitgebern umworbenen Engpasszielgruppen, insbesondere IT, Tech, Data sind mit hinreichender Qualifikation überhaupt nicht ausreichend vorhanden.

- Dass sich auch die **Dynamik der Marktentwicklung** weiter beschleunigen wird, ist zwar eine Anmerkung, die seit über einem halben Jahrhundert kontinuierlich thematisiert wird, ändert aber nichts an dieser Grundtendenz: die blitzschnelle Verfügbarkeit von Information, Kapital und Zugang fordert langfristige Strategieentwicklungen heraus und betont ein taktisches und operatives Agieren. Die möglichst frühzeitige Identifikation von relevanten Informationen verschafft mehr Entscheidungszeit, beschleunigt aber das Gesamtsystem. Hierbei wiederum wächst die Herausforderung durch illegitime Handlungen, weil offene Flanken entstehen oder Marktteilnehmer auf andere Weise nicht mehr mithalten können.

Diese Herausforderungen sind jedoch nicht neu: Sie werden bereits sehr lange thematisiert, aber Entscheidungsträger scheinen oftmals wichtigere Aufgaben auf der Agenda zu haben oder kurzfristige Erfolge vorzuziehen. Sicher waren diese Themen zudem lange Zeit sehr beratergetrieben: Neue, zumindest plausibel klingende Herausforderungen mit zunächst nur potenzieller Relevanz recht-fertigen neue Akquiseansprachen, Seminarangebote und Projekte.

Vielleicht ging man aber auch davon aus, dass sich diese Punkte als nicht wirklich gewichtig erweisen würden, weil doch schließlich alle Unternehmen nahezu gleichermaßen betroffen sind. Zudem gibt es spezialisierte Fachseiten, die sich sicherlich den Herausforderungen erfolgreich stellen und diese damit aus der Welt schaffen würden.

Diese drei Themen aber, die Sicherheit des Unternehmens und seiner Inhaber bzw. Führungskräfte, die Gewinnung von Markt- und Wett-bewerbsinformationen sowie der Mangel an Fachkräften, betreffen des gesamte Unternehmen: Sie sind nicht isoliert zu betrachten oder wegdelegierend zu lösen, da sie grundsätzlich neue Einstellungen und Abläufe erfordern. Wie wir zusätzlich sehen werden, gibt es zwischen ihnen zudem einen immanenten Zusammenhang, der zwangsläufig ein hohes Gewicht bekommen muss.

So bilden die skizzierten Herausforderungen gleichsam die Grundlage für alle anderen Aktivitäten und Entscheidungen eines Unternehmens: Ohne ausreichende Sicherheit für das Unternehmen, seine Führungskräfte und Mitarbeiter sowie hin-reichend viele Fachkräfte ist erfolgreiches, marktorientiertes Wirtschaften kaum möglich.

Immer stärker stellt sich heraus, dass diese von nahezu allen Unternehmen geteilten **Herausforderungen** nicht dazu führen können, dass sich nicht jedes einzelne Unternehmen mit ihnen auseinandersezten muss. Vielmehr ist es so, dass die Teilerfolge des einen Unternehmens die Problematik der anderen Unter-nehmen verschärfen:

- Gewinnt ein Arbeitgeber – auf welche Weise auch immer – mehr Aufmerk-samkeit von knappen Talentgruppen, dann rücken andere dadurch noch weiter aus dem Blickfeld. So ist die Long- und Short-List der Talente nicht beliebig erweiterbar.
- Verbessert ein Unternehmen seine Schutzprozesse, dann wirken andere umso schutzloser. So kann unterstellt werden, dass böswillige Dritte bei der Aus-wahl ihrer Ziele den jeweils notwendigen Aufwand einbeziehen – jedenfalls sofern sie nicht, aus welchen Gründen auch immer, unverrückbar auf ein Unternehmen oder eine Schutzperson festgelegt sind.

Wenn nun diese Herausforderungen auf der strategischen Agenda der aller-meisten Unternehmen stehen, dann ergibt die Identifikation, Konzeption und Beschreibung tragfähiger Lösungen sehr viel Sinn. Genau dieses Unterfangen wird hier verfolgt. Auf Grundlage jeweils spezifischer digtaler Datenaufnahme und Informationsgewinnung aus dem Digitalraum lassen sich unternehmensinterne Prozesse installieren, die den skizzierten Herausforderungen entgegenwirken.

▶ Wir wollen Entscheidungsträgern die relevanten Zusammenhänge aufzeigen und Lösungswege skizzieren. Hierbei stehen weniger die Fachspezialisten im Vordergrund, sondern eher Personen mit übergreifender Verantwortung oder zumindest Gestaltungsperspektive.

So ermöglicht der Wandel durch Digitalisierung, der natürlich auch eine zentrale, vielleicht sogar die ursächliche Determinante dieser Herausforderungen ist, gleichzeitig ganz neuartige Möglichkeiten der Informationsversorgung und Interaktion.

Wenn die Digitalisierung nämlich die Bedeutung klassischer „Mittelsmänner" abbaut, dann können Unternehmen – auch ohne hohen Bekanntheitsgrad oder ausuferndes Budget – relativ einfach selbst zum digitalaffinen Akteur werden:

Sei es, um in Emplover Branding, Personalmarketing und Recruiting eigenständig operative Nähe zu verschiedenen Engapasszielgruppen zu erreichen, sei es, um in der Unternehmens- und Vorstandssicherheit entstehende Bedrohungen für das Unternehmen und seine Schutzpersonen frühzeitig zu erkennen. Gleichermaßen lassen sich mit diesen Grundüberlegungen auch andere **Fachseiten** unterstützen; nennen lassen sich hier

- Competitive Intelligence/Wettbewerbsanalyse,
- Credit Management,
- Innovationsmanagement,
- Krisenmanagement und -kommunikation,
- Marketing,
- Market Intelligence,
- Marktforschung,
- Produktentwicklung,
- Public Relations,
- Unternehmenskommunikation und
- Risk Management.

Digitalraum nicht nur Informationsquelle, sondern Aktionsfeld

Jede betriebliche Funktion, die auch externe Dritte in ihrer Gleichung berücksichtigen muss, profitiert von einer strukturierten Aufnahme und Auswertung
des digitalen Geschehens.

Mit diesem Ansatz, den Digitalraum nicht nur als Informationsquelle,
sondern auch als Aktionsfeld zu sehen, werden ganz neue Handlungs-
potenziale erschlossen, die gegenüber traditionell agierenden Unternehmen
einen deutlichen Vorteil im jeweiligen Fachbezug markieren können. ◄

So möchte ich nicht unbedingt einen umfassenden wirtschaftshistorischen Exkurs
einpflegen, aber es macht Sinn zu betonen, dass Unternehmen, die die vorangegangenen wirtschaftlichen Entwicklungswellen frühzeitig genutzt haben,
Gewinner der einsetzenden Macht- und Wettbewerbsverschiebungen waren.

Gemeinhin – und in der folgenden Tabelle (vgl. Tab. 1.1) – werden hierbei bisher folgende Phasen, sogenannte Kondratieff-Zyklen, unterschieden:

Der alles prägende Hintergrund des aktuellen wirtschaftlichen Umfeldes ist
die Digitalisierung. Kaum eine Studie oder Veranstaltung kommt derzeit ohne den
entsprechenden Hinweis auf diese Entwicklung aus.

Es wäre jedoch falsch, die Entwicklung der Digitalisierung rein aus der
IT-Perspektive zu betrachten. Die notwendigen Veränderungen betreffen nicht
nur die technische Infrastruktur, sondern auch sämtliche Ablaufprozesse und
nahezu alle Geschäftsmodelle. Dieser Wandel scheint unausweichlich. **Durch
die Digitalisierung müssen sich Unternehmen umfassend verändern.** Diese
Ausrichtung von Strategien, Geschäftsmodellen und Prozessen wird digitale
Transformation genannt. Der digitale Wandel betrifft hierbei nicht nur sämtliche
Branchen, sondern auch jeden einzelnen Fachbereich.

Hervorzuheben – und täglich zu erleben – ist, dass sich durch digitale
Geschäftsmodelle die Machtverhältnisse in den etablierten Branchen verändern.
Neue Wettbewerber tauchen mitunter plötzlich auf und fordern die vormalig
dominierenden Marktführer erfolgreich heraus.

Ranglisten der wertvollsten Unternehmen zeigen eindrucksvoll, welches
(Markt-) Gewicht junge Technologieunternehmen in sehr kurzer Zeit aufbauen
können. Alle Unternehmen müssen sich folglich verändern, wollen sie nachhaltig
im Wettbewerb bestehen.

Die vielfältigen Transformationsprozesse in den Unternehmen dürfen aber
nicht isoliert erfolgen, sonst ergeben sich neue betriebliche Spannungsfelder, die
erst auf eine gemeinsame Zielsetzung ausgerichtet werden müssen. Dies gilt in

Tab. 1.1 Industrie im Wandel der Zeit von Industrie 1.0 bis 4.0

Phase 1	2	3	4
Mechanisierung Dampfmaschine	**Elektrifizierung** Eisenbahn und Massenproduktion	**Automatisierung** Elektronische Systeme	**Digitalisierung** Vernetzung
Das Produktionssystem beruht auf Dampfmaschinen und Wasserkraft	Der Einsatz elektrischer Energie ebnet der Massenproduktion den Weg.	Das Produktionssystem basiert auf Informationstechnologie und elektronischen Komponenten	Industrie 4.0: Alle Produktionssysteme werden auf das Internet of Things (IoT) ausgerichtet
Beginn: 1800 …	1910 …	1970 …	Jetzt

besonderem Maße für die Bereiche Personalgewinnung und Unternehmenssicherheit, wie wir sehen werden. **Neue Zyklen bedeuten immer neue Chancen**, bedeuten aber auch, dass ein Festhalten an althergebrachten Strukturen und Abläufen eine immer größere Diskrepanz zum Möglichen aufspannt. Die Vorteile durch digitales Zuhören und Agieren werden in den entsprechenden Einsatzszenarien ausführlich beschrieben. Es steht die gefestigte Vorstellung dahinter, dass der digitale Raum seit Jahren keine separate Spielwiese für diverse Randaktivitäten dubioser Splittergruppen mehr ist. Er ist vielmehr der zentrale Informations-, Entscheidungs- und Aktionsraum für die überwiegende Mehrzahl von Akteursgruppen und zwar für die Mehrzahl der von ihnen aufgeworfenen Fragestellungen und zu treffenden Entscheidungen.

Dieses Potenzial beschränkt sich nicht nur auf die nachstehend skizzierten Herausforderungen im Bereich der Unternehmenssicherheit, Marktanalyse und Personalgewinnung, sondern bezieht alle Unternehmensfunktionen ein, die einen Beitrag leisten, die von externen Informationen profitieren: Dieser große Bogen zieht sich von der Unternehmens- und Krisenkommunition über das Produktmarketing bis hin zu Spezialfunktionen wie Credit Management und Innovationsscanning.

▶ **Wichtig**
Es ist folglich längst kein Ausdruck ausgeprägter Innovationsfreude mehr, diesem digitalen Raum auch eine gewisse Beachtung zu schenken, sondern dieses muss mittlerweile zum erprobten Gestaltungsrepertoire erfolgreicher Fach- und Führungskräfte gehören.
Wir wollen diesen Modus hier Digital Listening nennen.

1.2   Digitalraum: Autoren, Beiträge, Formate

Der digitale Raum pulsiert.
Die Anzahl der Beiträge, die pro Sekunde auf den diversen digitalen Kanälen entstehen, werden immer abstruser, immer unvorstellbarer. Mit ähnlichen Quantitäten müssen wohl nur Astronomen umgehen, die sich mit gewaltigen Basismessgrößen zur Entfernungsbeschreibung behelfen: Lichtjahre und Astronomische Einheiten.
Es ist eine interessante Überlegung, die Internet-Einheit als Informationsmenge zu definieren, die die gesamte Menschheit, ggf. schlaflos, in einem Jahr

konsumieren könnte. Irgendwann ist dann der Zeitpunkt erreicht, ab dem pro Jahr mehr als eine Internet-Einheit neu bereitgestellt wird. Wir wollen hier gar nicht darüber hypothetisieren, ob oder wie lange dieser Zeitpunkt bereits hinter uns liegt.

Gleichwohl: Lassen Sie uns nicht darüber debattieren, ob jeder Beitrag zwingend erforderlich gewesen sein mag, sondern untersuchen, wie dieser Informationsraum am besten für die relevanten Herausforderungen eines Unternehmens genutzt werden kann.

Wobei wir hier den Bereich der öffentlichen digitalen Kommunikation im Blick haben. Private Nutzerkommunikation ist kein Bestandteil des hier betrachteten Digitalraums. Wir argumentieren nicht aus der Sicht eines Geheimdienstes.

Wie ist dieser Raum nun strukturiert?

Im großen Ganzen gibt es drei Aspekte:

- **Beiträge:**
  Hierunter wollen wir alle Arten von digitalen Publikationen verstehen, seien es Texte, Fotos, Videos. Ebenso lassen sich hier Initialbeiträge und Kommentare fassen. Wichtig ist, dass Beiträge einen Inhalt haben, der in diversen Formaten transportiert werden kann.
- **Autoren:**
  Autoren sind Urheber von Beiträgen. Oftmals bleibt ihre Identität vollständig anonym, z. B. als Gastbeitrag in einem Forum, mitunter verwenden sie ein Pseudonym oder auch ihren Klarnamen.
  Allerdings müssen Autoren nicht unbedingt menschlicher Natur sein: So sehen wir ein immer stärkeres Vordringen von automatisiert generierten Beiträgen. Solche Bots werden etwa auf Twitter zu politischen Themen eingesetzt oder in Sozialen Netzwerken, um Kunden- und Bewerberdialoge standardisiert aufzunehmen.
  Zu erwähnen ist, dass es neben dem Autor eines Beitrages auch die Leser gibt.
- **Formate:**
  Autoren wählen für ihre Beiträge konkrete Formate. Diese Auswahlmöglichkeit erstreckt sich mittlerweile auf einen ganzen Zoo. Die klassischen Webseiten, Blogs, Foren, Kommentarbereiche, Bewertungsportale und Marktplätze sind längst um mannigfaltige Soziale Netzwerke ergänzt.
  Wir dürfen jedoch nicht nur an die direkt über übliche Browser zugänglichen Bereiche des Digitalraums denken (Clear Web), sondern müssen auch den stärker abgeschotteten dunklen Bereich (Deep Web, Darknet) im Sinn haben.

Wobei nahezu überall die gleichen Formattypen vorherrschen. Auch das Darknet hat etwa Foren und Marktplätze.

Je nach Intention wird der Autor für seinen inhaltlichen Beitrag passende Formate selektieren, wobei dies für gleiche Inhalte auch mehrere sein können. Dies gilt in besonderem Maße für automatisch gesteuerte Autorenschaften.

Wesentliche Triebfeder für die Dynamik des digitalen Geschehens ist der Umstand, dass jeder Mensch auf einfachstem Wege selbst zum digitalen Autor werden kann. Auch wenn die initiale Motivation eine Hürde sein kann, bewirkt doch spätestens die Einbettung in Soziale Netzwerke einen fortwährenden Strom von digitalen Impulsen, denen kaum zu entrinnen bzw. widerstehen ist. So sind diese Formate darauf ausgelegt, eine hohe „Stickyness" zu erzeugen, um die Nutzer durch den Aufbau von Wechselkosten auf den jeweiligen Seiten zu halten.

Folglich greift eine isolierte Betrachtung dieser drei Aspekte zu kurz: **die Komplexität des Digitalraums entsteht durch die Vernetzung von Beiträgen, Autoren und Formaten**:

- **Autoren** haben eine inhaltliche Beitragshistorie, sind mit anderen Autoren (und Nutzern) auf verschiedenen Formaten vernetzt.
- **Beiträge** verlinken auf andere Beiträge, werden von weiteren Autoren kommentiert und in verschiedenen Formaten geteilt.
- **Formate** führen Autoren zusammen, bilden einen Strom von Beiträgen ab, werden von weiteren Formaten aufgenommen.

Hinzu kommt ein entscheidender Aspekt, über den wir jedoch mutmaßen müssen: Autoren haben Intentionen. Jedenfalls die meisten. Die Intention bestimmt die Aufbereitung des Inhalts, die Wahl des Formats wie auch den Grad der Anonymisierung:
Möchte ein Autor …

- seinen Freundeskreis wissen lassen, wie er den gestrigen Tag verbracht hat, dann wird er wahrscheinlich einen Beitrag mit Bild auf einem Sozialen Netzwerk (z. B. Facebook oder Instagram) posten und auf viele Likes hoffen.
- ein spezielles Problem mit seinem Auto (oder Computer oder anderen Reparatureinheiten) lösen, dann wird er gegebenenfalls in seinem Netzwerk nach einem Hinweis fragen oder sich sogleich ein spezialisiertes Forum (z. B. www.motor-talk.de) suchen und dort seine Frage sogar unter seinem Klarnamen einstellen. Idealerweise sucht er vorher auf der Quelle, ob die Frage bereits thematisiert wurde.

- eine gesundheitliche Frage stellen, dann wird er sich hierzu ein spezialisiertes Forum suchen, auf dem er als anonymer Gast eine Frage stellen und sachkundige Antworten erwarten kann. So werden gesundheitliche Themen in aller Regel nicht mit dem digitalen Freundeskreis geteilt.
- einen Arbeitgeber bewerten, dann wird er hierzu ein spezifisches Bewertungsportal wählen (wahrscheinlich www.kununu.de oder www.glassdoor.com) und seine Stellungsnahme – wahrscheinlich nur unter Angabe seines Status (Führungskraft, Mitarbeiter, Ehemaliger, Bewerber) formulieren.
- eine im direkten Bewerbungsgespräch scheinbar nicht opportune Frage, etwa zu tatsächlichen Überstundenregelungen, zu einem bestimmten Arbeitgeber stellen, dann wird er in der Regel ein spezifisches Forum suchen (z. B. www.wiwi-treff.de).
- auf einen empfundenen Missstand hinweisen und andere Nutzer zu einer demonstrativen Aktivität mobilisieren, dann wird er sich ein einschlägiges Forum oder Netzwerk suchen und dort einen entsprechenden Beitrag – wahrscheinlich anonym oder pseudonym – einbringen, um seine Zielgruppe möglichst passgenau zu erreichen.
- während einer laufenden Aktion, etwa einer aktivistischen Demonstration, auf die aktuelle Entwicklung hinweisen, dann wird er dies über Twitter tun und dabei den Hashtag der Aktion verwenden, um gefunden zu werden.

Zu den Autoren im Digitalraum gesellen sich natürlich die Leser. Wobei diese Trennung durch die niedrigen Einstiegshürden zur eigenen Publikation eher theoretischer Natur erscheint. Durch Möglichkeiten zur schlichten Weiterleitung und Bewertung von Beiträgen wird ein passiver Nutzer sehr schnell zum Autor light.

▶ Für eine Unternehmensfunktion mit konkretem Informationsinteresse und Gestaltungsauftrag ergeben sich vor diesem Hintergrund Einstiege zur Informationsgewinnung. Durch gezieltes digitales Zuhören lassen sich verschiedene gewichtige Nutzendimensionen ausbauen: Es können mitunter neuartige Entwicklungen **früher erkannt** werden. Damit wird Vorlaufzeit gewonnen, um etwa eigene Entscheidungen besser abzustimmen und vorzubereiten. Es kann der facettenreiche Kontext eines Themas aufgenommeen und damit **genauer verstanden** werden. Damit können eigene Entscheidungen und Maßnahmen besser inhaltlich fundiert und eigene Reaktionen **passgenauer formuliert** werden, Es kann ein Unternehmen durch Transformation seiner Abläufe eine insgesamt

aktivere Rolle und damit mehr Gestaltungskraft im digitalen Raum errreichen.

Um diese Vorteile zu erreichen, muss die Ausgestaltung des Zuhörens diskutiert werden.

1.3   Digital Listening: Inhaltserschließung und Analyse

Stellen wir uns einen Controller vor, der in seinem Reporting gegenüberstellen würde, wie viele Rechnungen das Unternehmen in der letzten Berichtsperiode erstellt und erhalten hat. Zudem würde elaboriert werden, welcher Anteil der Belege auf gerade und welcher auf ungerade Rechnungsbeträge lauten würde.

So mag es für bestimmte Fragestellungen ausreichend sein, die generelle Anzahl von publizierten Beiträgen sowie deren Aufteilung in positive, neutrale und negative Beiträge zu einzelnen Themen, etwa bestimmten Marken im Wettbewerb, aufzunehmen und zu vergleichen. Mitunter wird auf diese Weise versucht, die Wirkung einer Kampagne oder die Entwicklung von Kundenzuspruch im Zeitverlauf zu erschließen.

Dieser Ansatz des einfachen Social Media Monitorings hat jedoch mit mehreren immanenten Schwierigkeiten zu kämpfen:

- So ist erstens die regelbasierte Festlegung, ob ein Beitrag positiv oder negativ einzuordnen ist, außerordentlich schwierig und noch immer fehlerbehaftet. Hierbei kommt hinzu, dass jeder Beitrag stets aus Sicht des Autors formuliert ist. Entsprechende Wertungen folgen somit aus den Autorenperspektiven, die aber in der Gesamtheit durchaus variieren können. Eine Aggregation setzt jedoch einen einheitlichen Maßstab voraus.
  Jede Tonalisierung, also die Einteilung in positive und negative Aussagen, muss folglich eine hohe Fehlerrate akzeptieren und zugleich darauf hoffen, dass sich die Grundstruktur im Zeitablauf nicht ändert, und damit die Fehler auf einem ähnlichen Niveau bleiben und damit zumindest die zeitliche Entwicklung erkennbar bleibt.
- Zweitens ist die Aussagekraft der puren Anzahl von Beiträgen oder auch Re-Tweets mittlerweile stark eingeschränkt, da es einfach möglich ist, große Beitragsanteile automatisiert zu generieren oder schlichtweg durch Beauftragung von Clickfarmen hinzuzukaufen.

- Drittens ist es bei automatisierten Suchprozessen stets apriori notwendig, die jeweiligen Suchterme zu definieren. Durch die Definition von Themenkarrieren werden passende Beiträge aus dem digitalen Rauschen herausgefischt. Damit ist eine Entdeckung von Überraschungen ansatzbezogen massiv eingeschränkt, wenn nicht sogar per Definition ausgeschlossen. Gegebenenfalls wird also gerade die wesentliche Entwicklung ausgeblendet.

▶ **Wichtig**

So geht der Anspruch von Digital Listening deutlich über Social Media Monitoring hinaus. Es geht darum, Inhalte und Kontexte im digitalen Raum besser zu verstehen.

Damit steht die Inhaltserschließung im Vordergrund: **Digital Listening umfasst zumeist eine iterative Investigation und Bewertung der Fundstücke.** Auf diese Weise werden bestehende, aber auch neue inhaltliche Aspekte erkannt und analysiert. Der Prozess ist grundsätzlich hypothesenfrei angelegt.

Abb. 1.1 liefert ein Beispiel für den Ansatz der Inhaltserschließung durch Digital Listening: Aus mehreren tausend digitalen Beiträgen, hier aus der Frühphase der Elektromobilität, werden Schwerpunkte herauskristallisiert und Cluster gebildet, um daraus hypothesenfrei Schwerpunkte der Diskussion zu erkennen und Ableitungen etwa für die Kommunikation, Wettbewerbsanalyse oder das Innovationsmanagement zu stützen.

Dieser Prozesscharakter führt dazu, dass die Digital Listening-Funktion nicht durch ein einzelnes Werkzeug vollumfänglich umgesetzt werden kann, sondern in der Regel durch Analysten ausgeführt wird, die in der konkreten Ausführung auf einen **digitalen Werkzeugkasten** zurückgreifen können.

Damit schlägt bis dato die **Biological Intelligence** noch ganz klar die Möglichkeiten der Artificial Intelligence: Benötigt letztere doch eine hinreichend große Menge an Trainingsdaten, um entsprechende Muster bilden zu können. Dieses ist etwa durch das Vorliegen von umfassenden Schach-Datenbanken oder auch Rembrandt-Katalogen gegeben, aber naturgemäß nicht für die Beurteilung von spezifischen inhaltlichen Kontexten.

So können Algorithmen das Finden und Filtern von möglicherweise relevanten Beiträgen effizient unterstützen, ebenso kann die Detektion von inhaltlichen Auffälligkeiten – durch Berechnung der linguistischen Signifikanz – mechanisch erfolgen. Aber nicht jede Auffälligkeit ist für den jeweils zu untersuchenden Zusammenhang auch relevant. **Diese Beurteilungsdomäne bleibt auf mittlere Sicht noch in menschlicher Hand: Das Gehirn enthält bereits eine**

Abb. 1.1 Beispiel Inhaltserschließung: Themennetz Elektromobilität. (complexium Analyse 2009)

kondensierte „Trainingsleistung", die beispielsweise neuronale Netzwerke mangels Datengrundlage noch nicht aufgebaut haben.

Dies gilt nicht zuletzt, weil die digitalen Bereiche, die im Mittelpunkt der zentralen Einsatzszenarien stehen, sehr unstrukturiert sind und nicht im Bereich der Massendatenverarbeitung anzusiedeln sind.

▶   Damit ergibt sich für Unternehmen, dass die Fähigkeit zum zielgerichtetem Digital Listening nicht durch eine Investition in Software-Tools erworben werden kann. Es bedarf des Zusammen-

spiels von menschlicher Expertise mit hilfreichen Werkzeugen, ein-
gebettet in teilweise neuartige Zielsetzungen und Prozessabläufe.

Die entsprechenden Gestaltungen von Aufbau- und Ablaufaspekten mögen
durchaus als Teil der digitalen Transformation aufgefasst werden. Warum sollte
gerade die Informationsgewinnung und Entscheidungsunterstützung von diesem
Erfordernis ausgenommen sein?

1.4   Eine neue Macht: Die dunkle Seite

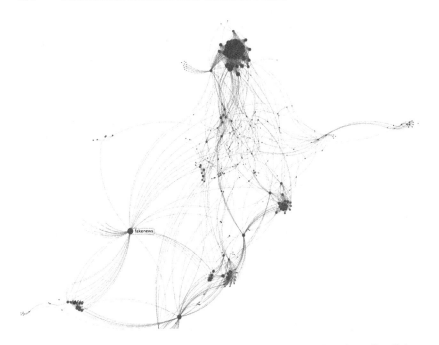

Wir müssen uns aber auch einer anderen, der dunklen Seite der öffentlichen
digitalen Kommunikation zuwenden. So ist es sicher keine Überraschung, dass
die meisten Phänomene zwei Seiten haben. Warum sollte gerade die digitale Entwicklung davon ausgenommen sein?

Auf der dunklen Seite werden die dargestellten drei Aspekte angegriffen:

- Erstens wird über die wahre Identität von **Autoren** getäuscht: So wird der bemerkenswerte Umstand ausgenutzt, dass im Digitalraum auch Beiträge von anonymen oder pseudonymen Unbekannten ein Gewicht erhalten. Damit können Nutzer unter Fantasienamen, aber auch unter gefälschte oder missbräuchlich übernommene Profile schlüpfen, und trotzdem einen beachteten Beitrag einbringen. Stichworte sind hier: Identitätsmnissbrauch, Sockenpuppen und auch CEO-Fraud.

  Weitergehend werden entsprechende Profile für automatisierte Bots aufgesetzt, die als programmierte Regelwerke vordefinierte Aktionen auslösen, etwa das Weiterleiten von Twitter-Beiträgen. Auf diese Weise entstehen einfach aufzusetzende Abläufe, die geeignet sind, die insgesamt wahrnehmbare Beitragsmenge signifikant zu beeinflussen. Nutzer werden in Ihrer Einschätzung des vorherrschenden Meinungsbildes bewusst fehlgeleitet.

- Zweitens fühlen sich Nutzer unter dem Schutz der Anonymität oder einer falschen Identität ermutigt, „dunkle **Beiträge**" einzubringen: Bewusst falsche Informationen, Desinformation, böswillige Kommentare oder Hasstiraden.

  Weitergehend werden auch illegale Substanzen (Waffen, Drogen, Fälschungen) und Dienste (Crime as a Service) angeboten.

- Drittens wird die Integrität der **Formate** angegriffen: So nehmen Hacker digitale Plattformen ins Visier und stehlen dort abgelegte Nutzerdaten. Dies wird als Data-Breach bezeichnet. Die erbeuteten Daten enthalten vielfach personenbezogene Informationen, die missbräuchlich eingesetzt werden können. Hierunter fallen die Übernahme von Identitäten, Erpressung oder Social Engineering, um böswillige Ziele zu verfolgen.

Die Betrachtung dieser Seite ist notwendig, um ein realistisches Bild des Digitalraums zeichnen zu können. Nicht alles ist so, wie es scheint. **So ist es essentiell zu verstehen, dass Anfragen und Behauptungen irreführend, Autorenschaften gefälscht und Beitragsanzahlen oder auch Freundes- und Followeranzahlen automatisch generiert werden können.**

Motivation kann sein, dem entsprechend aufgebauschtem Profil eine höhere Sichtbarkeit oder Reputation zukommen zu lassen. Im Wettkampf um Aufmerksamkeit für Personen, Marken oder Positionen ist die Versuchung für solche Abkürzungen hoch. Wer prüft schon bei prominenten Twitter-Accounts, ob nicht ein Großteil der Follower beispielsweise ohne Sachbezug aus Indien stammt?

Dramatischer als solche Überhöhungen um der Prominenz Willen sind böswillige Attacken gegen Personen, Unternehmen oder Institutionen. Hier ist im weiteren Verlauf auf das Thema Desinformation einzugehen.

Es wird deutlich, dass eine rein quantitative und ungeprüfte Untersuchung digitaler Verhältnisse oder Trends auf einem überaus fragilen Fundament steht und Gefahr läuft, auf die dunkle Seite zu hereinzufallen.

▶ Auch wenn Unternehmen auf die erreichbaren Einblicke in die Intentionen der digitalen Öffentlichkeit und ihrer konkreten Zielgruppen durch Analyse der Beiträge auf der hellen Seite verzichten mögen, etwa weil sie über eine einzigartige wirtschaftliche Position verfügen, dann – und genaugenommen gerade dann – sollten sie die dunkle Seite ernst nehmen.

Im Idealfall jedoch werden Chancen und Risiken gleichermaßen erkannt und durch passende Bündel von Einsatzszenarien aufgenommen.

1.5 Einsatzfelder

Wo macht Zuhören Sinn?
Lassen Sie uns überlegen, in welchen Unternehmensfunktionen es vor der Ausprägung eigener Maßnahmen sinnvoll ist, ein Lagebild aus dem Digitalraum aufzunehmen, und dieses gegebenenfalls kontinuierlich fortzuschreiben.

Hierbei hilft ein Standardschema: So ist die Balanced Scorecard eine bewährte **betriebswirtschaftliche Strukturierung**. In diesem Schema wird ein Unternehmen nach der Strategie in die Perspektiven Finanzen, Potenzial, Prozesse und Markt/Kunden separiert. Dies geschieht, um keine wichtige Sicht zu übersehen:

- Die Potenziale bilden die Basis des Erfolges,
- sie werden in Prozessen zusammengeführt,
- um Produkte und Leistungen für den Markt hervorzubringen.
- Dieser Unternehmensprozess, ehedem die Produktionsfunktion, muss die Perspektive Finanzen stützen.

Die Balance aller Perspektiven ist essentiell.

Übersicht

Wichtige Ansatzpunkte lassen sich hier kurz skizzieren:

- Personalmarketing und -beschaffung sind zentrale Funktionen, damit ein Unternehmen nachhaltig sein Potenzial halten und ausbauen kann. Dies wird umso bedeutsamer, wenn – etwa aufgrund verstärkter Digitalisierung – neue Zielgruppen erschlossen werden müssen oder sich **Engpasszielgruppen** herausstellen, die gleich von sehr vielen anderen Arbeitgebern umworben werden.

  Klassische Werbeformen, Stellenausschreibungen oder gar die rein passive Bearbeitung eingehender Bewerbungen werden schnell einen wachsenden Zielkonflikt mit der definierten Strategie des Unternehmens heraufbeschwören: Ein Mangel an qualifiziertem Personal kostet Umsatz.

  Damit erscheint die aktive Hinwendung insbesondere zu den digitalen Hotspots der Zielgruppen als zukunftsgerichteter Schritt. Aus der inhaltlichen Erschließung ergeben sich Interaktionsansätze, die schrittweise die Präsenz des eigenen Unternehmens erhöhen und mehr Aufmerksamkeit auf die eigenen Arbeitgebervorteile und -angebote lenken.

  Hierzu müssen sicherlich hergebrachte Prozessabläufe transformiert werden, aber alternative Szenarien erreichen die Aufmerksamkeit der knappen Talente immer weniger.
- Diese Grundüberlegung, dass es sehr viel besser gelingt, die Erwartungen seiner Zielgruppen zu treffen, wenn man ihnen zuhört, gilt natürlich gleichermaßen für die Bereiche Kommunikation und Marketing. Auch hier bietet es sich an, den Digitalraum zur Informationsaufnahme zu nutzen. Seien es Stakeholder oder **Kundengruppen**: Zumeist bietet der Digitalraum Hinweise zu deren Themen, Fragen oder auch Mythen, die in Bezug auf die eigenen Leistungen bestehen.

  Sicher ist der Informations- und Meinungsraum für B2C-Kunden deutlich facettenreicher als für einen B2B-Kontext: Einen Schritt weiter gedacht kann es aber sehr aufschlussreich sein, die (End-)Kunden seines (B2B-)Kunden besser zu verstehen.
- Natürlich gibt es neben den Kunden noch andere Player in der **Wettbewerbsarena**: Aktuelle und potenzielle Wettbewerber. Digital Listening kann Aufschluss darüber geben, wie Kunden die konkurrierenden

Angebote und Anbieter vergleichen - und zwar auf Ebene der inhaltlichen Argumentation und nicht durch Gegenüberstellung von Likes.

Mit einer besonderen Sensorik kann ein Prozess für das Innovation Scanning aufgesetzt werden. So zeigen sich Neuerungen mitunter sehr frühzeitig durch schwache Signale.

- Eine solche Früherkennung ist zudem für den Bereich der **Unternehmenssicherheit** geboten. So kündigen sich viele Bedrohungen digital an, etwa weil sich **Akteursgruppen** digital koordinieren und zu Boykottmaßnahmen, Kundgebungen oder Blockaden aufrufen. Auch vor bestimmten Events, etwa der eigenen Hauptversammlung verbessert der Blick ins Digitale die eigene Vorbereitung: Wer plant was? Was ist zu erwarten?

- Nicht zuletzt profitiert der **Schutz der exponierten Persönlichkeiten** (Vorstände, Geschäftsführer, Inhaber) von digitaler Analyse. So werden böswillige Dritte sehr wahrscheinlich nach digitalen Einblicken suchen, um Möglichkeiten einer unerwünschten Annäherung zu finden. Diese unerwünschten Einblicke früher zu identifizieren und idealerweise abzustellen, ist zentrale Herausforderung im digitalen Personenschutz.

- Es gibt aber auch vertrauliche **Informationen und Dokumente**, die aus dem Unternehmen auf öffentliche digitale Plattformen gelangen, und damit die Integrität und Umsetzbarkeit der Strategie gefährden können. Dies gilt im gleichen Maße für personenbezogene Informationen, die durch Hacking von externen Plattformen transparent werden und missbräuchlich eingesetzt werden können. Auch in diesen Fällen erzeugt eine frühzeitige Detektion mehr Entscheidungszeit und -optionen.

Abb. 1.2 führt dies bildhaft zusammen. Es zeigt sich damit zugleich, dass dem Digital-Listening-Ansatz eine umfassende, übergreifende und durchdringende Qualität zukommt.

Es wird zum einen deutlich, dass der Digital-Listening-Ansatz für zahlreiche Unternehmensaufgaben einen informativen Mehrwert liefern kann. Zum anderen zeigt diese Reihung, dass die einzelnen Einsatzszenarien jeweils anderes gelagert sind und andere Schwerpunkte verfolgen.

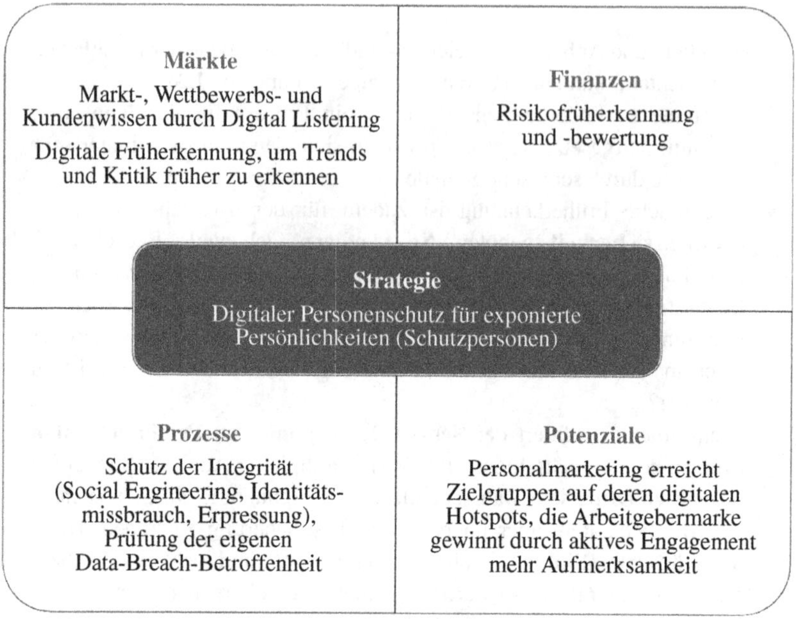

Märkte

Markt-, Wettbewerbs- und
Kundenwissen durch Digital Listening

Digitale Früherkennung, um Trends
und Kritik früher zu erkennen

Finanzen

Risikofrüherkennung
und -bewertung

Strategie
Digitaler Personenschutz für exponierte
Persönlichkeiten (Schutzpersonen)

Prozesse

Schutz der Integrität
(Social Engineering, Identitäts-
missbrauch, Erpressung),
Prüfung der eigenen
Data-Breach-Betroffenheit

Potenziale

Personalmarketing erreicht
Zielgruppen auf deren digitalen
Hotspots, die Arbeitgebermarke
gewinnt durch aktives Engagement
mehr Aufmerksamkeit

Abb. 1.2 Digital Listening in der Balanced Scorecard

Die Frage der Verankerung dieser Analyse-Fähigkeit im Unternehmen soll hier noch nicht gestellt werden. Offensichtlich dürfte aber bereits sein, dass es sich mitunter auch, aber keinesfalls ausschließlich um ein Marketingthema handelt. Genauso wie eine Verortung im IT-Bereich fehl am Platze ist.

So soll zunächst die Fähigkeit an sich durch Vorstellung konkreter Werkzeuge, Randbedingungen und Lösungsskizzen weiter vertieft werden.

Digitaler Datenraum: Vorgehen und Werkzeuge

2

„Seit ich des Suchens müde ward, erlernte ich das Finden."

Friedrich Wilhelm Nietzsche

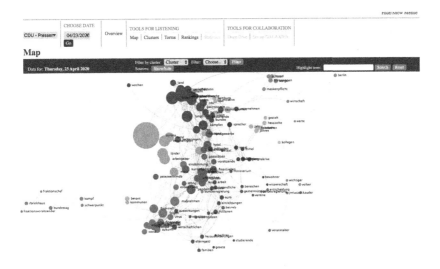

Zusammenfassung

Wenn wir den digitalen Raum professionell für unser Unternehmen nutzen wollen, dann sollten wir dies auch professionell tun. Im Folgenden wird ein Vorgehen eingeführt, um in hinreichender Zeit sehr gute Ergebnisse zu erzielen. Wichtigster Punkt ist hierbei, zunächst die aufzunehmende

© Springer Fachmedien Wiesbaden GmbH, ein Teil von Springer Nature 2020
M. Grothe, *Digital Listening für Unternehmen,*
https://doi.org/10.1007/978-3-658-31104-9_2

Fragestellung zu klären. Dies klingt banal, unterbleibt aber oft: Und wer kein Ziel hat, wird dieses schwerlich erreichen. Wobei das Ziel gerne auch komplex sein kann.

Für diesen Prozess, den Intelligence Cycle, werden zahlreiche Werkzeuge und Ressourcen dargestellt, die allgemeine und spezifische Aufgaben unterstützen können. Ebenso werden die unterschiedlichen Bereiche des digitalen Eisbergs eingeführt: Das Clear Web, Deep Web und das Darknet.

Mit diesen Grundlagen ist der digitale Raum für unsere Zwecke gut vermessen: Sie können konkrete Einsatzfelder angehen.

2.1 Wie zuhören? Intelligence-Cycle als Vorgehensprozess

Natürlich kann jeder Mensch suchen. Vom allerersten Moment und jeden darauf folgenden Tag suchen wir etwas. Das Finden ist schwieriger. Als Ausweg darauf konstruiert das Gehirn zuweilen Alternativszenarien.

Auf den digitalen Datenraum sind wir evolutionär nicht vorbereitet. Such- und Findestrategien müssen sich erst entwickeln. Für einzelne Suchfragen bieten sicherlich Suchmaschinen, allen voran Google, eine gute Hilfestellung. Für umfassendere Fragestellungen bedarf es jedoch eines Vorgehensschemas.

Nicht zuletzt ist ein Vorgehensschema wichtig, um in begrenzter Zeit eine Suchaufgabe effizient und effektiv zu lösen. Die Gefahr des Abschweifens ist sonst zu groß. Hier wird ein fünfstufiger Ablauf empfohlen, der sich an den bekannten Intelligence Cycle der CIA anlehnt:

> *„The Intelligence Cycle is the process of developing raw information into finished intelligence for policymakers to use in decision making and action. "*
> (Quelle: https://fas.org/irp/cia/product/facttell/intcycle.htm)

Intelligence Cycle: Von KITs zu Decisions

In dem hier vorgeschlagenen Ablauf werden die einzelnen Phasen nach der Ergebnisstufe unterschieden:

1. **Planning → Direction, KITs**
   Zu Beginn wird die Fragestellung als Briefing konkretisiert, besondere Anforderungen an die Suche und das Ergebnis werden dargestellt. Mitunter werden diese Punkte auch als Key Intelligence Topics, KITs, bezeichnet. Die genaue Abstimmung der Anforderungen und der Deliverables ist

essenziell für Ergebnisqualität und Prozesseffizienz. Essenziell für eine solche Abstimmung ist ein strukturiertes Verständnis der analytischen Möglichkeiten.

2. **Collection → Data**
   Die Suche nach Rohdaten durch geeignete Suchstrategien und Werkzeuge schafft die Grundlage für die Analyse. Verschiedene Formate und Quellen werden hierzu durchsucht und steuern – mitunter spezifische – Daten bei.

3. **Processing → Information**
   Die wenigsten Daten liegen gut nutzbar vor. Die oftmals großen Datenmengen werden gefiltert, es wird aussortiert. Einzeldaten müssen überprüft, ggf. übersetzt, aus verschiedenen Kanälen zusammengeführt und kategorisiert werden, um eine Analysegrundlage zu schaffen. Mitunter müssen authentische Daten von Falschinformationen getrennt werden.

4. **Analysis → Intelligence**
   Der Informationsbestand ist integriert, bewertet, gegebenenfalls weiter vertieft und ergänzt. Je nach Fragestellungen werden Analysemethoden eingesetzt. Ableitungen im Sinne der Fragestellung werden formuliert.

5. **Presentation → Decisions**
   Mit der Aufbereitung und Vorstellung der Ergebnisse werden Entscheidungen unterstützt. Hierbei kann sich ein nächster Durchlauf des Intelligence Cycle anschließen. ◀

Dieses Schema hat sich als hilfreich erwiesen, um etwa bei umfangreichen Aufgabenstellungen den zeitlichen Aufwand einzuteilen und zu kalkulieren. Allerdings sind diese Teilaufgaben unabhängig davon, ob

- eine umfangreiche Bestandsaufnahme als einzelne Analyse,
- ein regelmäßiges Reporting als Darstellung einer zeitlichen Entwicklung (gegebenenfalls mitsamt Horizon Scanning, der Prognose künftiger Entwicklungen) oder
- ein kontinuierliches Alerting zur Früherkennung umgesetzt werden soll.

Lediglich die Zyklen unterscheiden sich: Der Prozess der Generierung von Intelligence aus Daten bleibt gleich.

Ebenso ist dieser Ablauf unabhängig davon, auf welche Datenbereiche sich die Analyse stützen soll: Natürlich lassen sich Ressourcen aus dem Clear Web, Deep Web und Darknet aufnehmen. Die klare Gliederung erlaubt aber auch die strukturierte Integration von Marktforschungsdaten aus anderen Domänen wie beispielsweise Interviewergebnisse. All dies muss geplant und in einem Analysedesign strukturiert werden.

2.2   Planning: Anlässe und Ergebnis-Formate

Vorstehend wurde der professionelle Analyseprozess in seinen Phasen umrissen.
Nun wollen wir diskutieren, welche Anlässe und grundsätzliche Ergebnistypen es
für solche Analyseaufgaben geben kann, ohne jedoch die fachseitige Umsetzung
vorwegzunehmen. Vom Ergebnis her denkend unterscheiden wir drei Typen:

- **Fokus:**
  Ein Factbook stellt das fokussierte Ergebnis einer umfassenden, aber allein-
  stehenden Analyse dar. Oftmals werden **spezifische Fragen behandelt und
  Hintergründe ausgeleuchtet.** Untersucht wird also die zeitlich zurückliegende
  öffentliche digitale Diskussion zu einer definierten Analysefrage. In der Praxis
  haben sich für eine solche Bestandsaufnahme oder Status-Quo-Analyse die
  jeweils vorangegangenen 12 Monate als hinreichender rückwärtiger Betrachtungs-
  horizont erwiesen. Zumeist stehen die Strukturierung von Zusammenhängen und
  die Inhaltserschließung großer Beitragsmengen als Kern eines Factbooks.
  Aus einer solchen Basis lassen sich die relevanten Schwerpunkte für ein
  regelmäßiges Reporting oder kontinuierliches Alerting destillieren.
- **Monitor:**
  Ein regelmäßiges, oftmals monatliches Reporting stellt besonders die zeit-
  liche Entwicklung heraus. Mitunter wird der Versuch unternommen, aus dieser
  Blickrichtung Prognosen über zu erwartende Entwicklungen zu formulieren:
  Horizon Scanning. Idealerweise kommen in einem Report neben einer
  Management Summary quantitative und qualitative Elemente zusammen. Die
  Herausforderung im Reporting besteht darin, offen für Neues zu bleiben und
  nicht zu sehr an dem einmal definierten Set an Themenkarrieren zu kleben.
- **Sonar:**
  Ein kontinuierliches oder zumindest werktägliches Alerting wird zur Früherkennung von Signalen aufgesetzt: Auslöser können etwa negative Beiträge
  über einen Arbeitgeber sein oder solche, die eine interessante Interaktionsauf-
  nahme ermöglichen, Ankündigungen von Demonstrationen oder Nennungen
  von Privatadressen von exponierten Persönlichkeiten sein.
  Ein gutes Alerting zeichnet sich durch die **zeitnahe Identifikation und weit-
  sichtige Bewertung** der Fundstücke aus: So möchte kein Empfänger mit
  belanglosen Hinweisen traktiert werden, aber genauso wenig etwas übersehen,
  was wichtig werden könnte.

In der Planungsphase wird die jeweilige Umsetzung festgelegt. Tab. 2.1 (vgl. Tab. 2.1) ordnet die beschriebenen Ansatzpunkte:

In einem idealen Ablauf startet ein Fachbereich mit einer initialen Bestandsaufnahme: Ein Factbook etwa

- zu der derzeitigen Bedrohungslage für ein Unternehmen
- oder als Sichtbarkeitsanalyse für eine Schutzperson,
- zu den wichtigsten Themen und Tummelplätzen einer Recruiting-Zielgruppe und dem Stand der Arbeitgeberposition,
- zu Kundendiskussionen oder möglichen Wettbewerberstrategien,
- zum Stand der Patientendiskussionen im Rahmen einer medizinischen Indikation.

Basierend auf den erzielten Ergebnissen und Ableitungen gibt es in der Regel Aspekte, die kontinuierlich oder zumindest regelmäßig weiter beobachtet werden sollen:

- Passend zu der erschlossenen Bedrohungslage für das Unternehmen kann ein kontinuierliches Alerting aufgesetzt werden, das aber offen für neue Themen und Bedrohungen sein muss.
- Das Gleiche gilt für den digitalen Schirm für eine Schutzperson: Unerwünschte Einblicke bleiben im Blick, neue Wendungen werden detektiert.
- Diskussionen von Patienten- oder Kundengruppen werden häufig mit einem monatlichen Reporting begleitet, um quantitative und qualitative Verschiebungen im Zeitverlauf darstellen zu können. So kann etwa die Wirkung einer eigenen oder fremden Kampagne aufgenommen werden.

Tab. 2.1 Digital Listening mit drei Analyse-Typen

Zweck	Entdeckung			SONAR: Alert
	Entwicklung		MONITOR: Report	
	Vertiefung/ Erforschung	FOKUS: Factbook		
		Einmalig	Regelmäßig	Kontinuierlich
		Frequenz		

- Für Recruiting-Zielgruppen, mit denen ein interaktiver digitaler Austausch angestrebt ist, ist eine zeitnahe Detektion von passenden Anlässen notwendig: Also empfiehlt sich auch hier das Alerting-Format.

Diese Konstellationen beschreiben beispielhaft die schematischen Grundzüge einer Formatabdeckung. In der **Unternehmenspraxis** ergeben sich zusätzlich unterschiedliche Ereignisse, deren Beurteilung durch entsprechende Digital Listening-Aufgaben unterstützt werden kann, beispielsweise:

- lassen sich mit einem Factbook oder Reporting zunächst die Erwartungen, dann die Reaktionen auf die Neuprodukteinführung mitsamt Marketingkampagne eines Wettbewerbers aufnehmen und analysieren,
- bei einer eigenen Kampagne macht die zeitnahe Aufnahme der ersten Reaktionen durch ein Alerting Sinn.
- Steht die eigene Hauptversammlung an, dann gilt es im Vorfeld die im Raum stehenden Fragen und Kritikpunkte aufzunehmen, um in der Folge begleitend eine Vorschau immer weiter zu konkretisieren. Dies macht auch bei digitalen Hauptversammlungen Sinn.
- Das Gleiche gilt natürlich auch für andere Events, beispielsweise Show-Events mit viel Prominenz und größeren Menschenmengen, aber auch kritischen Stimmen.
- Für andere Kategorien von Events schreiben andere Akteure die Agenda: Protestmärsche oder -camps, Jahrestage von Unglücken, politische Gipfelveranstaltungen – in jedem Fall ist bei eigener Betroffenheit – und sei es durch räumliche Nähe – ein Einsatz passender Digital Listening-Formate sinnvoll.

Auch bei plötzlich und unvorhersehbar eintretenden Ereignissen und Krisen lässt sich natürlich besser reagieren, wenn bereits vorab eine grundlegende Analyse-Abdeckung aufgesetzt ist. Wenn bereits die wichtigsten Ziel- und Akteursgruppen – und deren Hashtags – verortet sind, dann fällt es deutlich leichter und gelingt schneller, geäußerte Erwartungen an das eigene Handeln, Kritik oder sachdienliche Hinweise zu erkennen und in die eigene Entscheidungsbildung einfließen zu lassen.

Damit erscheint es sehr sinnvoll, sich rechtzeitig einen **Baukasten an Analyseformaten** zu gestalten, die erreichbaren Ergebnisse einschätzen zu können und den Umgang mit den Ableitungen/Ergebnissen zu üben.

2.2.1   Fokus/Factbook: Erschließen von Zielgruppen und Themenfeldern

Bestandsaufnahmen leisten eine Themenexploration, Tiefen- oder Zielgruppen-analyse. Ziel einer FOKUS-Analyse ist in der Regel die Rekonstruktion der Ent-scheidungsprozesse, Motivationen, Probleme und Wünsche einer Zielgruppe: Es gilt, das Umfeld eines Themenkreises im Social Web besser zu verstehen und in der Folge die relevante Zielgruppe besser zu erreichen oder auch nur besser ein-schätzen zu können.

Bei einer Fokus-Analyse (auch Status-Quo-Analyse) handelt es sich um eine Momentaufnahme nutzergenerierter Beiträge zu Themen, Marken, Unternehmen oder Produkten. Oftmals werden die Beiträge der vorangegangenen 12 Monate analysiert, weil diese den aktuellen Informationsraum gut abbilden. Neben einer quantitativen Auswertung wird das Thema auch qualitativ aufbereitet.

Dieses Analyseformat ist für sämtliche Fachseiten in den jeweiligen Kontexten sinnvoll.

Leitfragen
- Wo wird über das Thema und die Marken diskutiert? Was sind die Top-Quellen? Welche Zielgruppen lassen sich unterscheiden?
- Wie wird ein Thema im digitalen Raum diskutiert? Wer sind die Influencer? Gibt es Akteursgruppen?
- Was sind die zentralen Fragen, Bedürfnisse und Argumente der Nutzer? Anhand welcher Kriterien entscheiden sie sich für oder gegen ein Produkt oder einen Arbeitgeber? Wie wird entschieden?
- Gibt es präsente Mythen, Fehlannahmen oder gestreute Fake News?
- Wie werden Wettbewerber bewertet? Wo schneiden sie besser oder schlechter ab und warum? Wie sind sie positioniert?
- Was bedeuten die Ergebnisse konkret für mein Unternehmen oder Produkt?

Durch einen strukturierten Prozess werden Fragen, Meinungen und Präferenzen in unterschiedlichen Phasen deutlich und Ansatzpunkte für die Kommunikation erschlossen.
Häufige Module einer Fokus-Analyse:

1. Identifikation relevanter Quellen und Meinungsführer.
2. Systematische inhaltliche Erschließung, Aggregation und Clusterung von Bei-trägen und Diskussionen in Blogs, Foren und Sozialen Netzwerken.

3. Kategorisierung und Gegenüberstellung typischer Fragen, Erfahrungen, Empfehlungen und Argumente der Zielgruppe.
4. Aufbau von Argumentbilanzen („Lob & Tadel") und Steckbriefen zu Themen, Produkten oder Unternehmen.
5. Wettbewerber-Positionierungen aus Kundensicht.
6. Ableitung von Handlungspotenzialen und Identifikation möglicher Risiken.

Typischer Projektablauf
Als Vorlaufzeit für ein Analyseprojekt kann eine Woche für Absprachen und das Setup veranschlagt werden, dazu grundsätzlich zwei bis vier Wochen für die Durchführung der Analyse.

Beim Projektstart ist es wichtig, die genauen Ziele und Erwartungen zu klären sowie die gewünschten Aufbereitungsarten abzustimmen. Umfangreiche Sets an Keywords und Themen werden ebenfalls zu Projektbeginn definiert. Auch ist es sehr essenziell abzustimmen, welche Aspekte nicht relevant sein sollen.

Direkt danach beginnen Analysten mit der toolgestützten Identifikation der relevanten Artikel und der Analyse der Daten und deren Aufbereitung, an deren Ende die Analyse im PowerPoint bzw. PDF-Format steht. Schließlich werden die Ergebnisse in einem Workshop präsentiert.

2.2.2 Monitor/Reporting: Erkennen von Veränderungen im Zeitablauf

Eine MONITOR-Analyse nimmt strukturiert Impulse auf und erlaubt vorausschauendes (Re-) Agieren: Die Diskussion um die eigenen Themen und Produkte wird verfolgt, neu auftauchende Aspekte frühzeitig ermittelt und Überraschungspotenziale gesenkt. Für Marken-, Branchen- oder Themen-Monitorings wird im Digitalraum eine Erfassung nutzergenerierter Beiträge in festen Intervallen durchgeführt. Der Schwerpunkt liegt auf der Entwicklung von Themen im Zeitverlauf.

Dieser Analysetyp wird häufig für Marketing, Unternehmenskommunikation und HR-Fragestellungen oder für ein Innovation Scanning eingesetzt. Im Bereich der Unternehmenssicherheit steht dagegen eine engere Taktung im Vordergrund: Reports dienen eher der Abrundung.

Leitfragen
- Wie entwickeln sich Themen in der öffentlichen Debatte? Welche Themen gewinnen an Bedeutung?
- Was sind die aktuellen Top-Quellen?

- Wie verändert sich das Volumen und die Tonalität der Diskussion?
- Was sind kritische Themen?
- Wie entwickeln sich die Wettbewerber? Welche Themen werden bei ihnen aktuell positiv oder negativ diskutiert?
- Wie kann auf Nutzerstimmen reagiert werden?
- Welche Themen kommen neu hinzu (schwache Signale) und wo tauchen kritische Themen zuerst auf?

Grundsätzlich werden Beiträge in Blogs, Foren, Produktbewertungsportalen, Social Networks und ggf. Online-Presse-Artikel ausgewertet. **Dabei liegt der Schwerpunkt auf der Entwicklung von Themen im zeitlichen Verlauf. Peaks (Häufungen von Artikeln in einem Zeitraum) sind Anzeichen für eine gesteigerte öffentliche Aufmerksamkeit und werden inhaltlich detailliert erschlossen.**

Häufige Module einer Monitor-Analyse mit Marketing-Ausrichtung:

1. Aufbau von Themenkarrieren zu wichtigen Branchenaspekten. Kontinuierliche Aufzeichnung von Veränderungen und Trends.
2. Identifikation und Verdichtung von Nutzeraussagen über das eigene Unternehmen und die eigenen Produkte.
3. Quantitative und qualitative Verdichtung von Nutzerbewertungen auf Bewertungsportalen.
4. Zusammenstellung von Argumenten sowie positiven/negativen Bewertungen.

Ein ausführlicher Report stellt die relevanten Themen, quantitative Verläufe, Top-Quellen und Ableitungen übersichtlich aufbereitet vor.

Typischer Projektablauf

Als Vorlaufzeit wird etwa eine Woche für das Abstimmen der Themen und Keywords benötigt. Die Reports werden am Monatsanfang für den jeweils verstrichenen Monat erstellt. Hierzu sind jeweils mehrere Personentage zu veranschlagen.

Kampagnen-Tracking

Erfolgreiches Kampagnen-Management wertet die erreichte Resonanz aus und erkennt die quantitative und qualitative Wirkung. Neben der Inhaltserschließung liefern Sets an KPIs wertvolle Daten für das Kampagnen-Management.

Das Tracking beantwortet beispielsweise folgende Fragen:

- Wie viel und was wird über die Kampagne in den unterschiedlichen Kanälen geschrieben?
- Wo wird über die Kampagne diskutiert? Wer sind die Top-Quellen und Meinungsführer?
- Wie kommt die Kampagne an? Wie entwickelt sich die Tonalitätsverteilung?
- Welche Leserschaft wird mit der Kampagne erreicht und wie verteilt sich die Reichweite auf die Kanäle?
- Wie schneidet die Aktion im Vergleich mit anderen ab?

2.2.3 Sonar/Alerting: Entdecken von Risiken (und Chancen)

Ein Radar für kritische oder sicherheitsrelevante Themen ist ein Analyseformat, das immer mehr an Bedeutung gewinnt. Das SONAR deckt frühzeitig kritische Beiträge und potenziell bedrohliche Entwicklungen im Kontext eines Unternehmens auf. Zeitlich eng getaktete Analysen sind besonders für die Unternehmenssicherheit und Krisenkommunikation relevant. Aber auch das Personalmarketing kann nach Anlässen Ausschau halten, die sich für eine eigene Interaktion eignen.

Unternehmen erhalten in kurzen Abständen – oder direkt vor oder nach wichtigen Events – Auswertungen, in denen die öffentliche Meinung und Aktivitäten von potenziellen Gegnerschaften oder Zielgruppen dargestellt werden.

Leitfragen
- Welche sicherheitsrelevanten oder Engagement-geeigneten Beiträge finden sich im digitalen Raum?
- Wie kann reagiert werden?
- Was wird geplant?

Die öffentlichen Meinungsäußerungen im digitalen Raum in Foren, Blogs, Bewertungsportalen, Social Networks sowie in der Online-Presse werden beobachtet und systematisch nach thematisch relevanten oder potenziell kritischen Inhalten gescannt.

Häufige Module
1. Identifikation von Beiträgen über das Unternehmen oder die Produkte
2. Klassifikation und Bewertung der Beiträge (schwache Signale und extreme Tonalitäten) nach Eskalationspotenzial
3. Handlungsempfehlungen

Aufgrund der mitunter hohen Auswertungsfrequenz ist eine Klassifikation der relevanten Beiträge wichtig. Alerts können ausgelöst werden, wenn z. B. schwerwiegende Vorwürfe erhoben werden oder Akteursgruppen konkrete Aktionen planen.

Das Sonar für die Unternehmenssicherheit geht u. a. folgenden Fragen nach:

- Welche besonders kritischen Themen werden rund um das Unternehmen diskutiert?
- Welche sicherheitsrelevanten Themen im Umfeld der Wettbewerber und der Branche müssen weiter beobachtet werden? Welche können „herüberschwappen"?
- Gibt es Aufrufe oder Planungen, die sich gegen das Unternehmen oder Schutzpersonen richten?
- Tauchen Information-Leaks oder relevante Data-Breaches auf? Kursieren private Adressen von Schutzpersonen?

In anderer Ausrichtung kann ein Sonar auch für das interaktive Personalmarketing eingesetzt werden: Wo entstehen Ansatzpunkte für die Zielgruppeninteraktion?

Projektablauf
Ein Sonar setzt sich – idealerweise – aus zwei Komponenten zusammen.

- **Tägliches Scanning & Alerting:**
  Sicherheitsrelevante Themen im Umfeld des Unternehmens werden täglich beobachtet. Bei kritischen Entwicklungen wird umgehend ein Telefonat oder E-Mail-Alert inklusive Analysteneinschätzung ausgelöst.
- **Monatlicher oder wöchentlicher Report:**
  Der Report gibt einen kurzen Überblick über aktuelle Entwicklungen, Issues bei Wettbewerbern und in der Branche. Hier werden die jeweiligen Alerts zusammengefasst und die relevanten, aber nicht „Alert-würdigen" Vorkommnisse dargestellt.

Für den Erfolg sehr wichtig sind regelmäßige Feedbacks, um die Passgenauigkeit der Treffer, Alerts und Reports stetig zu optimieren und anstehende Themen zu diskutieren.

Damit sind die wesentlichen drei Ausprägungen der Analyseformate allgemein skizziert. In den später dargestellten Einsatzszenarien werden diese Typen in fachseitigen Kontexten weiter konkretisiert.

2.3   Collection: Einstieg, Suchmaschinen und Twitter

Im Folgenden werden nun Werkzeuge vorgestellt, die die Sammlung von Daten aus dem Digitalraum effizient unterstützen können. Auch wenn diese Ausführungen an den Entscheidungsträger mit umfassender Perspektive gerichtet sind, gehört zumindest eine **Grundkenntnis des verfügbaren Werkzeugkastens** zum Rüstzeug für nachhaltige Gestaltungsaufgaben. Grundlegend ist ein Verständnis der verschiedenen Quelltypen im Bereich der öffentlichen digitalen Kommunikation.

2.3.1   Einordnung verschiedener Quelltypen

Im digitalen Raum haben verschiedene Kanäle und Formate unterschiedliche Nutzungsformen und damit unterschiedliche Ergebnisbeiträge für den Bereich der Informationsgewinnung. Hier werden überblicksartig die wichtigsten Typen kurz charakterisiert:

- **Twitter** ist das schnellste Medium im Social Web, allerdings sind die Aussagen knapp gehalten. Nutzer schreiben Kurznachrichten und abonnieren und Beiträge anderer Nutzer. Gerade zur Begleitung aktueller Geschehnisse oder zur quantitativen Kampagnenevaluation eignet sich dieser Kanal. Essenziell ist die Verfolgung der verwendeten Hashtags.
- **Blogs** gehören mit ihren Autoren häufig zu den ersten, die Neues aufgreifen und über aktuelle Phänomene berichten. Artikel in Blogs können aufgrund der Vernetztheit von Bloggern auch Anstöße für die redaktionelle Online-Presse geben. Viele Blogs sind gut mit Twitter vernetzt bzw. die meisten Blogger verbreiten ihre Nachrichten auch über Twitter und Facebook.
- **Foren** umfassen vor allem detaillierte und umfangreiche Diskussionen über konkrete Probleme von Nutzern. Aus Forendiskussionen lassen sich daher gut qualitativ Entscheidungskriterien oder -prozesse von Nutzern rekonstruieren und Zielgruppen abgrenzen. Zu nahezu allen Themen gibt es passende Foren. Vor allem Frage-Antwort-Portale sind sehr beliebt.
- **Media-Sharing:** Kanäle wie YouTube, Instagram oder flickr, in denen Nutzer Fotos, Videos oder Bookmarks hochladen, ansehen und kommentieren können, sind für Produkt-, Branchenthemen- und Kampagnen-Trackings wichtig. Persönliche Clips von Nutzern oder Kommentare zu Werbespots,

Messevideos oder Fernsehberichten zeigen das Interesse der Nutzer und spiegeln Meinungen wider.

- **Social Networks** haben eine sehr hohe Bedeutung, da immer mehr Menschen über sie vernetzt sind und sich über verschiedenste Themen austauschen. Sie eignen sich sowohl für die qualitative Inhaltsanalyse als auch zum quantitativen Monitoring. Allerdings gibt es deutliche Beschränkungen für das automatisierte Scanning.

- **Bewertungsportale** sind besonders bei Analysen im Marken- und Produktbereich sowie für Human Resources (kununu, Kelzen etc.) wichtig. Nutzer veröffentlichen ausführliche Berichte mit Lob und Kritik, die wertvolle Insights und Verbesserungsmöglichkeiten erschließen.

2.3.2 Zum Einstieg in ein Thema

Für die Annäherung an ein aktuelles Thema, den Einstieg in die Suche, wollen wir hier nicht den klassischen Weg über die Suchmaschine Google empfehlen.

Zuerst macht es häufig Sinn zu erkunden, was andere Nutzer mit dem Thema verbinden bzw. zu ergründen suchen. Damit wird versucht, das mentale Modell noch etwas zu vergrößern, sich nicht zu schnell begrifflich einzuengen. So lassen die eingegebenen Suchbegriffe und -kombinationen erschließen, welche Aspekte gerade Aufmerksamkeit bekommen.

Was Nutzer suchen:
- Google Trends https://trends.google.de/trends

Wenn deutlich wird, welche Aspekte Aufmerksamkeit gewinnen, dann kann nach entsprechenden Beiträgen gesucht werden. Social-Media-Kanäle bieten hier den aktuellsten Blick:

Was Nutzer schreiben, wer Meinung macht:
- Social Mention www.socialmention.com
- Social Searcher www.social-searcher.com

Nach diesem ersten Scannen können Suchmaschinen zur weiteren Vertiefung genutzt werden. In diesem Prozess werden bisher unbekannte Quellen auftauchen, die einer Einordnung bedürfen. Hier helfen spezielle Werkzeuge:

Was Quellen charakterisiert, was ähnlich ist:

- Das Tool Similarweb www.similarweb.com kann für einzelne Webseiten oder für gleich mehrere Webseiten im Vergleich eine Vielzahl von Kennzahlen darstellen:
  - Global Rank, Country Rank, Category Rank,
  - Traffic Overview (Total Visits, Average Visit Duration, Pages per Visit, Bounce Rate),
  - Traffic Sources, Referrals,
  - Audience Interests, „also visited Websites".

  Damit wird der Nutzer auch auf ähnliche Webseiten hingewiesen, was sehr hilfreich ist.
- Ähnliches leistet das Werkzeug Alexa www.alexa.com

Mit diesem erstem Dreiklang ist ein Basisset an Werkzeugen umrissen, dass jeder Internetnutzer kennen sollte. Erst mit diesem Hintergrund wollen wir die Suchmaschine Google mit ihren Möglichkeiten etwas genauer anschauen.

2.3.3 Google und weitere Suchmaschinen

Natürlich ist Google die dominierende Suchmaschine, der absolut umfassendste Datensammler, insbesondere wenn noch YouTube als zweitwichtigste Suchmaschine hinzuaddiert wird. Obwohl Sie wahrscheinlich kaum einen Tag ohne Google verbringen, soll hier zunächst noch einmal die Mächtigkeit der möglichen Suchsyntax an Beispielen aufgezeigt werden.

Möglichkeiten der Google Search:

- Suche auf einer Domain: z. B. *site:*youtube.com or *site:*.gov
- Keywords in URL: *inurl:*smith
- Suche nach exakten Phrasen: z. B. „John Smith"
- Suche nach Accounts in sozialen Medien: z. B.: @johnsmith, *@facebook:*john smith
- Suche über Dateitypen: *filetype:*pdf john smith
- Entweder oder: john smith *filetype:*pdf *OR filetype:*doc
- Alle Begriffe im Text oder in URL: *allintext:*john smith, *allinurl:*john smith
- Kombinationen: *site:*gov *filetype:*pdf „john smith"
- zwischengespeicherte Version einer Website: z. B.: *cache:*complexium.de
- Suche nach Hashtags: z. B.: #johnsmith
- Ausschluss: john smith -amazon

Google bietet auch im Bereich der Suche weitere hilfreiche Werkzeuge:

- Google Advanced Search: https://www.google.com/advanced_search
- Google Alerts https://www.google.de/alerts
- Praktisch ist auch die Übersetzungsfunktion, die ganze Webseiten übersetzen kann: https://translate.google.com/?hl=de

Allerdings sammelt Google auch Ihre Daten! Hier finden Sie heraus, was Google über Sie weiß:

- https://www.techbook.de/easylife/hier-finden-sie-heraus-was-google-ueber-sie-weiss?wtmc=thbkhome
- https://adssettings.google.com/u/0/authenticated
- https://myactivity.google.com/myactivity
- https://myaccount.google.com/device-activity?pli=1

Neben Google lassen sich weitere Suchmaschinen herausstellen, so ist der verfügbare Bestand an Suchmaschinen sehr groß.

- Bing, die Suchmaschine aus dem Hause Microsoft https://www.bing.com/
- Mit „Bing vs, Google" lassen sich die beiden Trefferlisten vergleichen: https://bvsg.org/index.html
- Yahoo Search https://de.search.yahoo.com/
- Lycos https://www.lycos.com/

Einige Suchmaschinen haben einen nationalen Fokus:

- Arabischer Raum:
  - Lableb https://lableb.com/
  - Arabo https://www.arabo.com/
- Brasilien: Aonde https://www.aonde.com/
- China:
  - Baidu https://www.baidu.com/
  - So https://www.so.com/
- Iran: Parseek https://www.parseek.com/
- Israel: Walla: https://search.walla.co.il/
- Japan: Goo https://www.goo.ne.jp/
- Russland: Yandex https://yandex.com/
- Schweden: Eniro https://www.eniro.se/

- Schweiz: Search https://www.search.ch/
- Süd-Korea: Daum https://www.daum.net/
- Philippinen: Alleba https://www.alleba.com/
- Polen: Onet https://www.onet.pl/
- Portugal: SAPO https://www.sapo.pt/

Es gibt zudem mehrere – empfehlenswerte – Suchmaschinen, die die Aktivitäten der Nutzer nicht verfolgen und auswerten:

- DuckDuckGo https://duckduckgo.com/
- Startpage https://www.startpage.com/
- Swisscows https://swisscows.ch/
- Qwant https://www.qwant.com/

2.3.4 Digitale Recherche mit Twitter

Twitter ist das wichtigste Echtzeitmedium. Für Entscheider, Mandatsträger und Meinungsführer scheint eine Präsenz und Teilnahme fast unumgänglich zu sein, obwohl es sich um eine privatwirtschaftliche Infrastruktur handelt.

Dieser relevante Beitragsreichtum bietet einen enormen Fundus für Digital-Listening-Fragestellungen: Nicht nur die eigentlichen Beiträge, Tweets, sondern auch die Weiterleitungen (Re-Tweets), Abonnements (Follower, Friends), verwendete Hashtags, um ähnliche Themen zu gruppieren, sowie die zeitlichen, biografischen und geografischen Daten lassen sich durch geeignete Werkzeuge auswerten und in Beziehung setzen.

Einige allgemeine Twitter-Suchwerkzeuge bieten eine erste Näherung:

- Bereits die gewöhnliche Twitter-Suche https://twitter.com/search-home bietet eine Reihe von Operatoren, die eine sehr gezielte Suche ermöglichen:
  - Alle Posts oder Bilder von einem Profil: from:thejohnsmith
  - Alle Posts oder Bilder an eine Person/Profil: to:thejohnsmith
  - Alle Tweets, die ein Profil erwähnen: @thejohnsmith
  - Tweets gesendet von einer spezifischen Lokation: unfall near:Berlin
  - Nur Tweets mit Bildern: unfall Filter:images oder Filter:videos, Filter:links, Filter:news
- Twitter Advanced Search/Search Tricks https://twitter.com/explore
  „Search Twitter like a pro with this list of useful but lesser known Twitter search operators."
- Twitter Directory https://twitter.com/i/directory/profiles

„Adressbuch – durchsuche öffentliche Twitter Profile alphabetisch nach Account-Namen."

- Tweet Deck https://tweetdeck.twitter.com
  „The most powerful Twitter tool for real-time tracking, organizing, and engagement. Reach your audiences and discover the best of Twitter."

Die Nutzer-ID wird von mehreren Werkzeugen aufgegriffen:

- Tweet Beaver https://tweetbeaver.com
  Mit Tweet Beaver lassen sich konkrete Verknüpfungen recherchieren. Es bestehen zahlreiche nützliche Suchansätze, z. B.:
  - *Convert @name to ID*
  - *Convert ID number to @name*
  - *Check if two accounts follow each other*
  - *Download a user's favorites*
  - *Search within a user's favorites*
  - *Download a user's timeline*
  - *Search within a user's timeline*
  - *Get a user's account data*
  - *Bulk lookup user account data*
  - *Download a user's friends list*
  - *Download a user's followers list*
  - *Find common followers of two accounts*
  - *Find common friends of two accounts*
  - *Find conversations between two users*
- GetTwitterID https://gettwitterid.com
- TweeterID https://tweeterid.com
  „Type in any Twitter ID or @handle below, and it will be converted into the respective ID or username."
- Twopcharts ID Check https://twopcharts.com/idcheck
  „Get profile information for any Twitter account, either based on their Twitter user name of based on their Twitter User."

Wir müssen im Blick behalten, dass Twitter besonders einfach zu analysieren ist, was zum hohen Werkzeugangebot führt, das aber nicht unbedingt die absolute Bedeutung für alle Fragestellungen spiegelt. **Das Twitter-Universum wird durch überaus zahlreiche Werkzeuge analytisch beleuchtet:**

- Onemilliontweetmap https://onemilliontweetmap.com/ (vgl. Abb. 2.1)
- **Followerwonk** https://moz.com/followerwonk, https://followerwonk.com/analyze/ (vgl. Abb. 2.2)

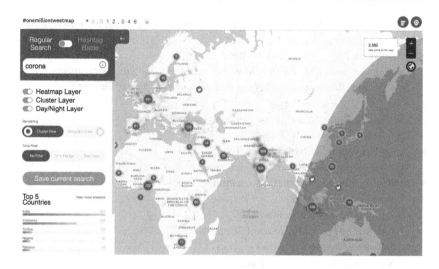

Abb. 2.1   https://onemilliontweetmap.com/

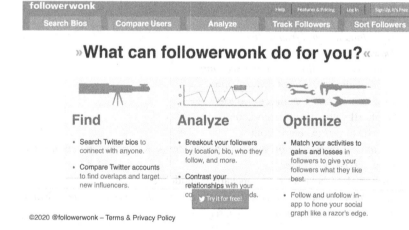

Abb. 2.2   Followerwonk.com

- First Tweet https://ctrlq.org/first/
  "Enter search keywords, or even a link, and we'll find the first tweet that contains that term. Use search operators or put everything in "double quotes" for an exact match."

- **Foller.me** https://foller.me
  Ermittelt werden Information über das Profil: Statistiken, Themen, Hashtags, Interaktionen. *„Foller.me is a Twitter analytics application that gives you rich insights about any public Twitter profile. We gather near real-time data about topics, mentions, hashtags, followers, location and more!"*
- Keyhole https://keyhole.co
  „We help Marketers measure the impact of social media & influencer campaigns."
- Mention Mapp https://mentionmapp.com
  „See what you're missing. Identify critical online relationships and conversations with network visualization tools and services."
- Sleeping Time https://sleepingtime.org
  „Find the sleeping schedule of anyone on Twitter"
- Socialbearing https://socialbearing.com
  „Insights & analytics for tweets & timelines"
- **Spoonbill** https://spoonbill.io
  Spoonbill erlaubt die Beobachtung von Daten-Änderungen ausgewählter *Twitter-Accounts: „Spoonbill lets you see profile changes from the people you follow on Twitter or other social networks."*
- Tinfoleak https://tinfoleak.com
  „Search for Twitter users leaks"
- Tweepsect https://tweepsect.com
  „Find out who Twitter users are stalking (and who is stalking them)"
- Tweetarchivist https://www.tweetarchivist.com
  „Powerful, Affordable Twitter Analytics"
- Tweetreach https://tweetreach.com
  „Free Twitter Analytics Report from Union Metrics"
- Twiangulate https://twiangulate.com/search/
  „Twiangulate powers journalism, non-profits and PR"
- Twipho https://www.twipho.net
  „Find out what's happening right now on twitter, in photos."
- Twitonomy https://www.twitonomy.com
  „Twitter #analytics and much more..."
- Twitterfall https://twitterfall.com
- Twlets https://twlets.com
  „The easiest way to download Twitter data."
- Trendsmap https://www.trendsmap.com
  „Twitter Trending Topics"

Einige Tools nutzen die geografischen Informationen zur Geolocation:

- Geochirp https://www.geochirp.com
  „Localised Tweets"
- GeoCreepy https://www.geocreepy.com
  „A Geolocation OSINT Tool. Offers geolocation information gathering through social networking platforms."
- Geosocialfootprint https://geosocialfootprint.com
  „This website provides twitter users with an opportunity to view their geosocial footprint. In addition, it informs users of some potential areas of concern with their current sharing habits."
- Teaching Privacy https://app.teachingprivacy.org
  „This app shows how people could use your social-media posts to find you in the physical world. It uses GPS data attached to Twitter and Instagram posts to create a map of where someone's been posting from recently."
- Tweet Map https://www.omnisci.com/demos/tweetmap
  „Interactively explore millions of geo-located tweets."
- Tweet Mapper https://keitharm.me/projects/tweet/

Das Aufspüren von älteren Tweets gelingt mit Snapbird:

- Snapbird https://snapbird.org
  „Search beyond Twitter's history"

Die Identifikation von Twitter Bots gelingt dagegen noch nicht zuverlässig.

2.4 Collection: Spezielle Werkzeuge der Open Source Intelligence

Im Folgenden werden für alphabetisch geordnete Einzelthemen relevanten Such-werkzeuge angegeben. Sämtliche vorgestellten Werkzeuge und Ressourcen sind kostenfrei nutzbar. Gleichwohl kann es sein, dass einige Angebote kosten-pflichtige Premium-Services anbieten.

Im Einzelnen sind dies:
1. Ähnliche Quellen/Domain-Analytics: Alexa, Similarweb, Visualping
2. Aufmerksamkeit: Google Trends
3. Bilder-Suche und -Metadaten: Google, Picsearch, TinEye

4. Bot-Erkennung: Botometer
5. Business Annual Records: Annualreports, Reportlinker
6. Crypto-Währungen: Bitcoin, Bitnodes, Blockchain
7. Cyber-Threat-Maps: Akamai, Bitdefender, FireEye
8. Dark Net: The Hidden Wiki, Darknetlive
9. Data-Breaches, Data-Leaks: Have-I-been-pawned, Dehashed, _IntelligenceX
10. Domain-Tools: Domain Dossier, Spyse
11. E-Mail-Adressen und E-Mail-Verifikation: Hunter
12. E-Mail-Domain-Suche: Email-Format
13. Faktenchecker: Correctiv, Mimikama
14. Flug- und Schiffsbewegungen: Flightradar24, MarineTraffic
15. Foren, Blogs, IRC: Board Reader, Blog Search, Mibbit
16. FTP-Server: Globalfilesearch, Archie
17. Immobilien/Adressen: Northdata, Melissa
18. Facebook, Instagram und Snapchat
19. Landkarten/Maps: Google Maps, Liveuamap, Skyscraper
20. Nachrichten: Google, Nasuma, Nachrichtenfinder, Allyoucanread
21. Paste Bins/Austauschplattformen: Pastebin, JustPaste, PasteLert
22. Personen: Truthfinder, Pipl
23. Public Records/Datasets
24. Social-Media-Profile/User-Names: Namecheckr, Namechk
25. Tracking Terrorism
26. Twitter-Accounts: Spoonbill, Tweetbeaver, Foller, Follerwonk
27. Übersetzung
28. Videos: Youtube, Google, Vimeo
29. Webcams: Insecam, World-Webcams
30. Webseiten-Archiv: Archive, CachedPages, TimeTravel

Zum einen vermittelt dieser Werkzeugkasten einen sehr guten Eindruck von
der Vielschichtigkeit des digitalen Raums: Er bildet ab, an welchen Stellen
etwa Daten generiert und festgehalten werden. Zum anderen ist damit ein aus-
reichendes Instrumentarium beschrieben, um eigene Open Source Analysen
umzusetzen.

2.4.1 Facts

Nachrichten: Google, Nasuma, Nachrichtenfinder, Allyoucanread

Nachrichten lassen sich mit speziellen Suchmaschinen durchsuchen. In diesem Bereich sind gleich mehrere Werkzeuge zu nennen:

- Google News https://news.google.com/
- https://nasuma.de/
- https://www.nachrichten.de/
- https://www.finanznachrichten.de/
- https://www.nachrichtenfinder.de/

Für internationale Übersichten:
- The Big Index of Global Newspapers https://www.websiteplanet.com/blog/complete-index-of-newspapers-across-the-globe/
  „These days, having just the right type of promotion for your business is absolutely essential, regardless of what area you're in. However, with the veritable ocean of outlets today, you can easily get lost in the sheer amount of options to choose from. Basically, it can be very difficult to find newspapers to promote your story in specific areas. But don't worry, because we've done all the work for you, organizing news sources by countries and regions from all over the globe."
- Allyoucanread https://www.allyoucanread.com/
- Google Newspapers https://news.google.com/newspapers
- Newspapermap https://newspapermap.com/
- NewspaperArchive https://newspaperarchive.com/
- Thepaperboy https://www.thepaperboy.com/

Aufmerksamkeit: Google Trends

Die Auswertung von Suchanfragen spiegelt die Aufmerksamkeit zu einem Kontext. Peaks im zeitlichen Verlauf deuten auf relevante Ereignisse, der Vergleich von mehreren Begriffen macht inhaltliche Verschiebungen transparent, der regionale Drill-Down zeigt lokale Schwerpunkte:

- Google Trends: https://trends.google.de/trends

Faktenchecker: Correctiv, Mimikama

Durch digitale Verstärkungsmechanismen, menschlichen Sensationshunger und Geltungsdrang verbreiten sich besonders drastische Meldungen auch ungeprüft. Hier entgegen zu wirken, haben sich Faktenchecker-Plattformen zur Aufgabe gemacht.

Die wichtigsten deutschen Faktenchecker:

- Mimikama https://www.mimikama.at/
- Correctiv https://correctiv.org/faktencheck/ (vgl. Abb. 2.3)

Public Records/Datasets (auch Terrorismus, Sanktionslisten)

Die Menge öffentlicher Datenbestände ist so umfassend, dass wir hier nur einige Besonderheiten aufzeigen können:

- Verfassungsschutzberichte https://verfassungsschutzberichte.de/
  „Die Berichte des Geheimdienstes: gesammelt, durchsuchbar und analysiert. Der Verfassungsschutz hat die Aufgabe die Öffentlichkeit über verfassungs-

Faktenchecks

Themen: COVID-19 Hintergrund Migration Umwelt & Wirtschaft Politik Polizei Medizin & Gesundheit Europa

Faktenchecks direkt ins Postfach

ABONNIEREN

Bill Gates' angebliche „Impfverbrechen" im Faktencheck
19. Mai 2020

Video aus Troisdorf: Diese Polizeikontrolle wegen Maskenpflicht eskalierte nicht zufällig – der Staatsschutz ermittelt
15. Mai 2020

„Compact" verbreitet falsche Behauptung über Pandemie-Risikoszenario von 2012
15. Mai 2020

Abb. 2.3 Faktencheck von Correctiv (2020.03.09)

*feindliche Bestrebungen aufzuklären. Die 16 Landesämter und das Bundes-
amt für Verfassungsschutz veröffentlichen jährlich Verfassungsschutzberichte.
Diese Webseite ist ein zivilgesellschaftliches Archiv, das den Zugang zu den
Berichten erleichtert."* (vgl. Abb. 2.4)

- Better Business Bureau https://www.bbb.org/
- Bloomberg https://www.bloomberg.com/europe
- Dun & Bradstreet https://www.dnb.com/
- Hoovers https://www.dnb.com/business-directory.html
- Library of Congress https://chroniclingamerica.loc.gov/
  Digitized Newspapers – 1836–1922
- Library of Congress https://chroniclingamerica.loc.gov/search/titles/
  Newspaper Directory – 1690-Present
- Open Corporates https://opencorporates.com/

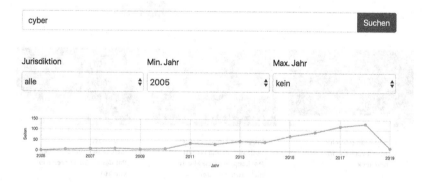

Abb. 2.4 Suche nach „Cyber" auf www.verfassungsschutzberichte.de

- Stanford Large Network Dataset Collection https://snap.stanford.edu/data/#amazon
- TV Closed Caption Search https://archive.org/details/tv
  Internet Archive TV News
- UCI Spambase Data Set https://archive.ics.uci.edu/ml/datasets/Spambase
  „*The "spam" concept is diverse: advertisements for products/web sites, make money fast schemes, chain letters, pornography...* "
- Visualgenome https://visualgenome.org/
  „*Visual Genome is a dataset, a knowledge base, an ongoing effort to connect structured image concepts to language.* "

Fokus auf Terrorismus, Radikalisierung, Sanktionslisten:

- Terrorism & Radicalisation Dashboard https://start.me/p/OmExgb/terrorism-radicalisation-research-dashboard
  „*This dashboard is a curation of useful links to third party websites, datasets, databases, OSINT tools and more for the study of (online) terrorism and radicalisation.* "
- Council on Foreign Relations https://www.cfr.org/backgrounder/terrorists-and-internet
- Global Terrorism Database https://www.start.umd.edu/gtd/
- Mapping Militant Organizations https://cisac.fsi.stanford.edu/mappingmilitants
- National Archives https://www.archives.gov/research/alic/reference/terrorism-links.html
- The National Counterterrorism Center https://www.dni.gov/index.php/nctc-home
- US Department of Treasury: Sanctions List Search Tool: https://www.treasury.gov/resource-center/sanctions/SDN-List/Pages/fuzzy_logic.aspx
- Financial sanctions targets: List of all Targets UK https://www.gov.uk/government/publications/financial-sanctions-consolidated-list-of-targets/consolidated-list-of-targets

Spezifische Quellen für die USA

- Biznar https://biznar.com/biznar/desktop/en/search.html
- Bizshark https://www.bizshark.com
  „*Search by name, phone, address or email to confidentially lookup information about people you know* "
- Blackbookonline – USA counties https://www.blackbookonline.info/USA-counties.aspx

„THE FREE PUBLIC RECORDS SEARCH SITE"
- Brbpub https://www.brbpub.com/free-public-records
  „Free Records Search and Public Records Directory"
- Citizen Audit https://www.citizenaudit.org
  „Keyword Search Through Millions of Nonprofit Tax Documents"
- Guidestar https://www.guidestar.org
  „Search GuideStar for the most complete, up-to-date nonprofit data available."
- Melissa Data https://www.melissa.com
  „Melissa verfügt über Adress- und Datenqualitätslösungen für jede Anwendung und jedes Budget. Durch Profiling, Standardisierung, Verifizierung und Anreicherung wird die Qualität Ihrer weltweiten Kontaktdaten gesteigert."
- NETROnline https://publicrecords.netronline.com
  „Public Records Online Director"
- Orbis Directory https://orbisdirectory.bvdinfo.com/version-20181213/OrbisDirectory/Companies
- Public Records Online Searches https://publicrecords.onlinesearches.com
  „Find public record resources and free search tools."
- Public Records Search System https://publicrecords.searchsystems.net
  „We've personally located, analyzed, described, and organized links to over 70,000 databases by type and location to help you find property, criminal, court, birth, death, marriage, divorce records, licenses, deeds, mortgages, corporate records, business registration, and many other public record resources quickly, easily, and for free."

Spezifische Quellen für Großbritannien
- Authorised Business Register https://register.fca.org.uk
  „Search the Financial Services Register"
- Charity Commission https://www.gov.uk/government/organisations/charity-commission
  „Find a charity, online services for charities, prepare and send your annual return, set up and register a charity, guidance, complain about a charity."
- Companies house https://beta.companieshouse.gov.uk
- England & Wales Births 1837–2006 https://search.findmypast.co.uk/search-world-Records/england-and-wales-births-1837-2006
- EuroPages https://www.europages.co.uk
  „Million companies listed on the Europages portal, all potential opportunities for your business"

- Open Charities https://opencharities.org
  „A new project to open up the UK Charities Register"

Business Annual Records: Annualreports, Reportlinker
Business Annual Records lassen sich gezielt im Web suchen. Wichtige
Ressourcen sind:

- https://www.annualreports.com/
- https://www.reportlinker.com
- https://www.gov.uk/government/publications/overseas-registries
- https://www.sec.gov/edgar/searchedgar/companysearch.html

2.4.2   Cyber

Data-Breaches, Data-Leaks: Have-I-been-pawned, Dehashed, _IntelligenceX
Data-Breaches (vgl. Kapitel 3.3), die eine eingegebene Email-Adresse betreffen,
können gezielt gesucht werden:

- Have I been pwned? (HIBP) https://haveibeenpwned.com/
  Das Werkzeug Have-I-been-pawned listet zumindest die großen Collections auf, in denen eine eingegebene Email-Adresse enthalten ist: „Check if you have an account that has been compromised in a data breach"
- Hasso Plattner Institut: https://sec.hpi.de/ilc/search

Das HPI schickt die Ergebnisse unmittelbar an die eingegebene Email-Adresse:
Also ein tatsächlicher Selbsttest. HIBP zeigt dagegen die Ergebnisse direkt an:
Folglich lassen sich hier auch „nicht-eigene" Email-Adressen – auf mögliche
Ansatzpunkte – testen. Die wird von böswilligen Dritten genutzt.

Weitere Quellen:
- Dehashed https://dehashed.com/
- _IntelligenceX https://intelx.io/
- SnusBase https://snusbase.com/
  „The longest standing data breach search engine."
- Vigilante.pw https://www.vigilante.pw/

„The Breached Database Directory"
- WikiLeaks https://wikileaks.org/

Cyber-Threat-Maps: Akamai, Bitdefender, FireEye

Verschiedene Werkzeuge geben einen Echtzeitüberblick zu Cyberangriffen:
- Akamai   https://www.akamai.com/de/de/resources/visualizing-akamai/realtime-web-monitor.jsp
  „Akamai überwacht die weltweiten Internetbedingungen rund um die Uhr. Dank dieser Echtzeitdaten können wir die Regionen mit den meisten Webangriffen, Städte mit den langsamsten Verbindungen (Latenz) sowie die geografischen Bereiche mit dem meisten Webtraffic (Traffic-Dichte) ermitteln."
- Bitdefender https://threatmap.bitdefender.com/
- Botnet https://botnet-cd.trendmicro.com/
- Digital Attack Map https://www.digitalattackmap.com/
- FireEye https://www.fireeye.com/cyber-map/threat-map.html
- Kaspersky https://cybermap.kaspersky.com/
- LookingGlass https://map.lookingglasscyber.com/
- ThreatCloud https://threatmap.checkpoint.com/

Crypto-Währungen: Bitcoin, Bitnodes, Blockchain

Bitcoin und Blockchain sind Aspekte, für die es zum einen durch Hintergrundportale gute Ressourcen gibt, zum anderen aber auch Echtzeitanalysen und -einblicke:

- Bitcoin Guides https://bitcoinmagazine.com/guides
  „If you're new to Bitcoin, welcome to Bitcoin Magazine! We have over 5,000 articles on our website, but we've hand selected a few of them to help you learn about Bitcoin. Since 2012, Bitcoin Magazine has provided analysis, research, education and thought leadership at the intersection of finance and technology. The overwhelming majority of the content on our website is about Bitcoin (BTC), but you'll find some articles that talk about other cryptocurrencies and related topics. Don't worry if you're confused after a little bit of reading. Bitcoin is a complex piece of technology and challenges many assumptions we have about money, the economy, and how we value things. We also publish original content through our podcasts, email newsletters, and social channels, plus have in-person events like our annual Bitcoin conference."

- Bitnodes https://bitnodes.io/
  „Bitnodes is currently being developed to estimate the size of the Bitcoin network by finding all the reachable nodes in the network."
- Blockchain https://www.blockchain.com/explorer
- Block Explorer https://blockexplorer.com/
- CoinCenter https://coincenter.org/
  „Coin Center is the leading non-profit focused on the policy issues facing cryptocurrencies like Bitcoin."
- CoinDesk https://www.coindesk.com/
- CoinMap https://coinmap.org/
  „All the cryptocurrency merchants and ATMs of the world in one map."
- Live Coin Watch https://www.livecoinwatch.com/
- Local Bitcoins https://localbitcoins.com/
  „Buy and sell bitcoins near you."
- Weusecoins https://www.weusecoins.com/

Dark Net: The Hidden Wiki, Darknetlive

Mit einigen ersten Quellen können Sie sich dem Darknet nähern (vgl. hierzu auch Abschn. 2.7 Exploring Digital Risk in Dark Networks (Gastbeitrag Webhose.io):

Allgemeine Information

- Reddit Deep Web https://www.reddit.com/r/deepweb/
  „This subreddit exists to debunk urban legends and share real verifiable information from the far reaches of the Tor dark web."
- Reddit Onions https://www.reddit.com/r/onions/
  „The Best Parts of the Anonymous Internet | Tor Onion Routing Hidden Services"
- Reddit Darknet https://www.reddit.com/r/darknet/
  „Welcome to r/darknet we are deep web enthusiasts who want to help others."

Clients

- Tor Download https://www.torproject.org/download/
- I2P The invisible Internet Project https://geti2p.net/en/
  „The I2P network provides strong privacy protections for communication over the Internet. Many activities that would risk your privacy on the public Internet can be conducted anonymously inside I2P".

Discovery

- Hunchly Hidden Service Reports https://www.hunch.ly/darkweb-osint/
  „Our daily dark web reports can help you identify new hidden services, or find investi-gation targets that you might not otherwise know about. It is 100% free and every day you will receive a link to a spreadsheet you can download or view online."
- GitHub https://github.com/s-rah/onionscan
  „GitHub is home to over 40 million developers working together to host and review code, manage projects, and build software together."
- Darknetlive https://darknetlive.com/

TOR Search

- Ahmia.fi https://ahmia.fi/
  „Ahmia searches hidden services on the Tor network. To access these hidden services, you need the Tor browser bundle."
- IACA Tools https://iaca-darkweb-tools.com/
  „Dark Web Investigation Support"
- OnionScan https://onionscan.org/
  „OnionScan is a free and open source tool for investigating the Dark Web."

TOR Directories

- **The Hidden** Wiki https://thehiddenwiki.org/
  „Hidden Wiki | Tor .onion urls directories. The Hidden Wiki is one of the oldest link directories on the dark web. Famous for listing all important .onion links. From drug marketplaces to financial services you can find all the important deep web services listed here."
- OnionTree https://oniontree.org/
  „OnionTree is a repository of Tor hidden services. Use this site to find verified onion addresses, PGP keys and other useful information."
- Onion.link https://www.onion.link/

Paste Bins/Austauschplattformen: Pastebin, JustPaste, PasteLert

So genannte Paste Bins sind digitale Plattformen zum einfachen Austausch von Dateien. Ursprünglich aufgebaut für den schnelle Austausch von Programmcode werden dort mittlerweile unterschiedlichste Dateien in der Regel anonym weitergegeben – nicht immer ist der Transfer legitim. Wichtige Quellen sind:

- Pastebin https://pastebin.com/
- Justpaste.it https://justpaste.it/
- PasteLert https://www.andrewmohawk.com/pasteLert/
  „PasteLert is a simple system to search pastebin.com and set up alerts (like google alerts) for pastebin.com entries. This means you will automatically receive email whenever your term(s) is/are found in new pastebin entries!"

2.4.3   Personen

Personen: Truthfinder, Pipl

Personensuchen werden durch People Search Engines und Business-Netzwerke unterstützt. In den USA und auch in Großbritannien werden persönliche Daten, öffentliche Dokumente und andere Ergebnisse sehr facettenreich und einfach zugänglich vorgehalten. Dies gilt auch für Personen, etwa Führungskräfte, die nur eine berufliche Station in den USA zurückgelegt haben.

- Für gesellschaftsrechtliche Daten für den deutschen Bereich bietet sich Northdata https://www.northdata.de an.
- Natürlich sind auch die großen Business-Netzwerke relevante Ressourcen:
  www.linkedIn.com
  www.xing.de

Es gibt dazu eine große Menge weiterer Suchwerkzeuge, um Personen zu finden:

- 192 UK Search https://www.192.com
  „Search for People, Businesses & Places in the UK"
- 411 US Search https://www.411.com
  „Find Contact Information on yourself or anyone else"
- Canada 411 https://www.canada411.ca
  „Find a person/ business"
- Military Records US – fold3 https://www.fold3.com
  „Discover your family's military past."
- Peekyou https://www.peekyou.com
  „Find friends, relatives and colleagues across the Web."
- Pipl https://pipl.com/:
  „Speed investigations and fight fraud with the world's leading provider of true identity verification information. Pipl's unique identity resolution engine connects the world's personal, professional and social identity data to

give analysts and investigators an unmatched global index of over 3 billion trusted identity profiles. "

- Searx https://searx.me
  „Privacy-respecting metasearch engine"
- Spokeo https://www.spokeo.com
  „Search by name, phone, address or email to confidentially lookup information about people you know"
- That's Them https://thatsthem.com
  „Find People - How You Know Them. "
- **Truthfinder** https://truthfinder.com
- Usersearch https://usersearch.org
  „Find the person behind a username, email address or phone number. "
- Qwant https://www.qwant.com
  „Die Suchmaschine, die Ihre Privatsphäre respektiert. "
- **Soovle** https://soovle.com (vgl. Abb. 2.5)

Social-Media-Profile/User-Names: Namecheckr, Namechk

Social-Media-Profile zu konkreten Namen oder Pseudonymen lassen sich durch entsprechende Suchmaschinen gleich für eine sehr große Anzahl von Plattformen

Abb. 2.5 Soovle https://soovle.com

prüfen. Es wird jeweils angezeigt, wo der entsprechende Name schon verwendet wird bzw. noch verfügbar ist.

Hilfreiche Werkzeuge sind:

- https://www.namecheckr.com/
- https://www.namecheck.com/
- https://namechk.com/

Weitere Tools
- Checkusernames https://checkusernames.com/
- GitHub https://github.com/HA71/Namechk
- Instant Username Search https://instantusername.com/#/
- Knowem https://knowem.com/
- Namech_k https://namechk.com/
- Namecheckup https://namecheckup.com/

Spezifische Seiten
- Amazon   Nutzernamen   https://www.google.com/search?q=site:amazon. com+%3Cusername%3E
- Tinder Nutzenamen: https://www.gotinder.com/@%3Cusername%3E

Social Networks: Facebook, Instagram und Snapchat
Dem Social Network Facebook kommt immer noch eine sehr hohe Bedeutung zu, obwohl regelmäßig betont wird, dass sich gerade junge Zielgruppen anders orientieren.

Bereits die Plattform selbst liefert gut erklärte Antworten auf wichtige Fragen zur Suche:

- Search Facebook Basics https://www.facebook.com/help/821153694683665
  - *Wie die Suche funktioniert*
  - *Wie suche ich etwas auf Facebook?*
  - *Wonach kann ich auf Facebook suchen?*
  - *Was wird in den Facebook-Suchergebnissen angezeigt?*
  - *Erscheint mein Suchverlauf, wenn ich etwas in die Facebook-Suchleiste eingebe?*
  - *Wie funktioniert die Suche nach Minderjährigen auf Facebook?*
  - *Wie funktionieren Suchvorschläge auf Facebook?*

Zwei Werkzeuge helfen im Kontext der User-ID

- Findmyfbid.com https://findmyfbid.com
  „To find your Facebook personal numeric ID for fb:admins, social plugins, and more, enter your Facebook personal profile URL."
- Lookup-ID.com https://lookup-id.com
  „Lookup-ID.com helps you to find the Facebook ID for your profile or a Group."

Weitere Search-Tools

- Who Posted What https://whopostedwhat.com
  „whopostedwhat.com is a non public Facebook keyword search for people who work in the public interest. It allows you to search keywords on specific dates."
- Graph Tips https://graph.tips/beta/
  „tries to be a simple interface to show how the new Facebook search function works, after Graph search was closed."

Auch für Instagram gibt es eine Reihe interessanter Suchwerkzeuge

- Code of ninja ID lookup https://codeofaninja.com/tools/find-instagram-user-id
  „This tool called „Find Instagram User ID" provides an easy way for developers and designers to get Instagram account numeric ID by username."
- Dredown https://www.dredown.com/instagram
  Download Instagram videos
- Iconosquare https://pro.iconosquare.com
  „Grow your social media presence with Iconosquare, the most powerful analytics, management & scheduling platform for brands and agencies."
- Picdeer https://picpanzee.com
  „Instagram contents is on the Web with a new design experience."
- Picbabun: Instagram Online Viewer https://picbabun.com/
- Socialrank https://socialrank.com
  „The easiest way to identify, organize, and manage your audience on Social Media."
- Someture – Bigsta https://bigsta.net
  „Find and Browse all Social Media Accounts and hashtags"

Für junge Zielgruppen hat Snapchat eine große Bedeutung

- Snap Maps https://map.snapchat.com
  „Tippe, wo du willst, um dir Snaps von Snapchattern aus aller Welt anzuschauen"

- Snapdex https://www.snapdex.com
  „Find friends, brands and celebrities to add on Snapchat with Snapdex, a searchable database of Snapchat usernames including their snapcode and some of their snaps"

Twitter-Accounts: Spoonbill, Tweetbeaver, Foller, Follerwonk

Twitter-Accounts ändern sich. Es kann wichtig sein, diese Änderungen zu beobachten. Für die Analyse der Timeline und der Follower eines Accounts gibt es weitere Werkzeuge (vgl. auch Abschn. 2.3.4 Digitale Recherche mit Twitter):

- https://spoonbill.io/data/AccountName
- https://tweetbeaver.com/
- https://foller.me
- https://followerwonk.com/analyze/

E-Mail-Adressen und E-Mail-Verifikation: Hunter

Die Identifikation von E-Mail-Adressen ist eine mitunter häufige Aufgabe. Zahlreiche Tools können dies unterstützen:

- Hunter https://hunter.io/
  „Hunter lets you find email addresses in seconds and connect with the people that matter for your business."
- Maildb https://maildb.io/
  „MailDB is a new and easy way to find the email address of anyone on the web with just a domain name"
- Melissa LOOKUPS https://www.melissa.com/v2/lookups/emailcheck/email/
  „Check email addresses and verify they are live. Receive the deliverability confidence score, Melissa result codes and information about the domain."
- Pipl https://pipl.com/
  „Pipl's unique identity resolution engine connects the world's personal, professional and social identity data to give analysts and investigators an unmatched global index of over 3 billion trusted identity profiles."
- ReverseGenie.com https://www.reversegenie.com/email.php
  Free reverse search engine
- Skymem https://www.skymem.info/
  "Find email addresses of companies and people"
- theHarvester https://www.edge-security.com/theharvester.php
  "The information gathering suite"
- VoilaNorbert https://www.voilanorbert.com/
  "I can find anyone's email address"

Tools für die Email-Verifikation:

- Email-Adressvalidierung https://www.email-validator.net/de/index.html
- Emailrep.io https://emailrep.io/
  „Illuminate the „reputation" behind an email address"
- Mailbox Validator https://www.mailboxvalidator.com/demo
  „Enter an email address for instant validation. "
- MailTester.com https://mailtester.com/testmail.php
- Re@d Notify https://www.readnotify.com/
  „Read Notify let's you know when email you#ve sent get's read"
- Verify-Email.org https://verify-email.org/
  „This email verification tool actually connects to the mail server and checks whether the mailbox exists or not. "

E-Mail-Domain-Suche: Email-Format
E-Mail-Domain-Suche hilft bei der Identifikation der E-Mail-Domain zu beliebigen Unternehmen oder Institutionen. Angezeigt werden gefundene Email-Adressen und mögliche Schemata:

- Email-Format.com https://www.email-format.com
  „Save time and energy - find the email address formats in use at thousands of companies. Want to directly email someone at COMPANY-X but don't know their address? Maybe you just had an interview and didn't get a business card for a follow-up? Or you've got a name and nothing more from LinkedIn?"
- FindEmails.com https://www.findemails.com/
  „Find Anyone's Email Address in Seconds"
- Email Permutator+https://metricsparrow.com/toolkit/email-permutator/
- OneLook https://www.onelook.com/reverse-dictionary.shtml
  „This tool lets you describe a concept and get back a list of words and phrases related to that concept. "

2.4.4   Orte

Landkarten/Maps: Google Maps, Liveuamap, Skyscraper
Kaum ein Bereich ist so vielfältig, wie die Abbildung geografischer Daten. Google Maps ist aus dem Alltag kaum mehr wegzudenken.

- Google Maps https://www.google.de/maps/
- Mygeoposition https://mygeoposition.com/
- DualMaps https://data.mashedworld.com/dualmaps/map.htm
  „Dual Maps combine synchronized Google Maps, Aerial Imagery and Google Street View into one embeddable control. "
- Google Earth https://www.google.com/earth/
  „Der genaueste Globus der Welt "
- CtrlqMaps https://ctrlq.org/maps/address/
  „Address Lookup: Find the address of any place on Google Maps "

Aber es lohnt sich, auch mit anderen Lösungen zu experimentieren
- Bing Maps https://www.bing.com/maps
- Descartes Labs https://maps.descarteslabs.com/
- Instant Streetview https://www.instantstreetview.com/
- Liveuamap https://health.liveuamap.com/
  „Liveuamap is covering security and conflict reports around the world, select the region of your interest. "
- Mapbox https://www.mapbox.com/
  „Maps and location for developers: Precise location data and powerful developer tools to change the way we navigate the world. "
- Mapillary https://www.mapillary.com/
- Openstreetmap https://www.openstreetmap.org/
- Openstreetcam https://openstreetcam.org/map/
- Scribble Maps https://www.scribblemaps.com/
  „THE EASIEST WAY TO DRAW AND SHARE MAPS! Used by students, hobbyists, governments, and even the military. Easily create embeds, images, and map data for free. "
- Wikimapia https://wikimapia.org/
- Zoom Earth https://zoom.earth/
  „Nahezu Echtzeit Satellitenbilder "

Einige Anwendungen haben Wolkenkratzer im Blick
- Skyscraper https://skyscraperpage.com/
- Emporis https://www.emporis.com/
  „The #1 provider of building data and construction projects worldwide! "

Andere liefern Längen- und Breitengrade
- LatLong https://www.latlong.net/
  „Latitude and Longitude Finder: Latitude and Longitude are the units that represent the coordinates at geographic coordinate system. To make a search,

use the name of a place, city, state, or address, or click the location on the map to find lat long coordinates."

- GPS Visualizer https://www.gpsvisualizer.com/geocode
  "Find the latitude and longitude of an address: This page returns coordinates provided by various geocoding APIs. All of these services allow each Web site a limited number of queries per day; please don't abuse it."

Die Berechnung von Treffpunkten zwischen zwei Orten ist eine spezielle Kartenaufgabe

- Meetways https://www.meetways.com/
  "Meeting halfway has never been easier. Enter two addresses, the type of place you want to meet, and we'll help you figure out exactly where to go."
- Whatshalfway https://www.whatshalfway.com/
  "Find great places to meet or stop halfway between..."

Webcams: Insecam, World-Webcams

Webcams bieten punktuelle Einblicke in Echtzeit-Geschehen. Durch die stark zunehmende Verbreitung von Webcams gewinnen diese Tools deutlich an Bedeutung. Beispiele sind:

- Insecam https://www.insecam.org
  "The world biggest directory of online surveillance security cameras. Select a country to watch live street, traffic, parking, office, road, beach, earth online webcams. Now you can search live web cams around the world. You can find here Axis, Panasonic, Linksys, Sony, TPLink, Foscam and a lot of other network video cams available online without a password."
- World Webcams, Camera Search https://world-webcams.nsspot.net/
- Openstreetcam https://openstreetcam.org/map/

Flug- und Schiffsbewegungen: Flightradar24, MarineTraffic

Flugbewegungen und Air Movements werden detailliert erfasst:

- Flightradar24 https://www.flightradar24.com
- FlightAware https://de.flightaware.com/
- FlightRadar https://www.flightradar24.com/52.54,13.42/8
- RadarBox https://www.radarbox24.com/
- MapD Flights https://www.omnisci.com/demos/flights

Schiffsbewegungen:

- MarineTraffic https://www.marinetraffic.com
- VesselFinder https://www.vesselfinder.com/
- MapD Ships https://www.omnisci.com/demos/ships

Immobilien/Adressen: Northdata, Melissa
Immobilien und Adressen lassen sich digital erschließen.

- Für Deutschland bietet Northdata einen guten Einstieg: https://www.northdata.de
- Für die USA ist Melissa eine wertvolle Ressource: https://www.melissa.com/v2/lookups/home/index

2.4.5   Formate

Bilder-Suche und -Metadaten: Google, Picsearch, TinEye
Bilder-Suche ist ein häufig unterschätzter Aspekt der digitalen Suche. Zu einem Suchbild werden passende Treffer aufgezeigt. Die entsprechenden Ergebnisse werden stetig besser. Relevante Werkzeuge sind:

- Google Bilder Suche https://www.google.de/advanced_image_search
- Google Reverse Search https://www.google.de/imghp?hl=de
- Google Images https://images.google.ca/
- Baidu Images https://image.baidu.com/
- Bing Images https://www.bing.com/?scope=images&nr=1&FORM=NOFORM
- Image Identify by Wolfram https://www.imageidentify.com/
- Karma Decay https://karmadecay.com/
- Picsearch https://www.picsearch.com/
- Pictriev https://www.pictriev.com/
- Tineye https://tineye.com/
- Yandex Images https://yandex.com/images/

Weitere Tools liefern Metadaten zu Bildern/Images
- IrfanView https://www.irfanview.com/
- Jeffrey's Image Viewer https://exif.regex.info/exif.cgi

- Metapicz https://metapicz.com/#landing
- Find Exif Data https://www.findexif.com/
- Forensically https://29a.ch/photo-forensics/#forensic-magnifier
- FotoForensics https://fotoforensics.com/

Erkennung von Text in Bildern/OCR

- Online OCR https://www.sodapdf.com/ocr-pdf/
  „OCR is a key tool for digitizing documents"
- i2OCR https://www.i2ocr.com/
  „i2OCR is a free online Optical Character Recognition (OCR) that extracts text from images so that it can be edited, formatted, indexed, searched, or translated."
- New OCR https://www.newocr.com/
  „NewOCR.com is a free online OCR (Optical Character Recognition) service, can analyze the text in any image file that you upload, and then convert the text from the image into text that you can easily edit on your computer."
- Online OCR https://www.onlineocr.net/

Videos: Youtube, Google, Vimeo

Videos können gezielt gesucht werden:
- YouTube https://www.youtube.com
- Google Videos https://www.google.de/videohp
- Vimeo: https://vimeo.com/de/
- Facebook Video Search https://www.facebook.com/pg/AccountName/videos/

Rund um YouTube gibt es zahlreiche und teilweise sehr spezifische Suchwerkzeuge, die bei Auswertungen sehr hilfreich sein können:

- Deturl https://deturl.com
  „Download a YouTube video from any web page."
- Extract Metadata https://citizenevidence.amnestyusa.org
  Youtube Data Viewer
- Geo Search Tool https://youtube.github.io/geo-search-tool/search.html
  „Try searching on a location you are interested with a wide location radius"
- Keepvid https://keepvid.com
  „Convert video and audio, edit video, compress video online."
- Savefrom https://de.savefrom.net/7/

- TubeChop https://www.tubechop.com
  „TubeChop allows you to easily chop a funny or interesting section from any YouTube video and share it.“
- Watchframebyframe https://www.watchframebyframe.com
  „Watch YouTube and Vimeo videos frame by frame and in slow motion.“
- Y2mate https://www.y2mate.com/en14
  „Download Video and Audio from YouTube“
- Yasiv https://www.yasiv.com/youtube
  „This web site shows related videos from the YouTube“
- Yout https://yout.com
- YouTube Geokoordinaten https://mattw.io/youtube-geofind/location

Diskussionen: Foren, Blogs, IRC: Board Reader, Blog Search, Mibbit

Nach wie vor hat der digitale Raum an vielen Stellen und in unterschiedlichen Formaten lebendige Diskussionen. Eine Vielzahl von Werkzeugen hilft bei der Erschließung:

Forum Search Engines
- Board Reader https://boardreader.com/
- Craigslist Forums https://forums.craigslist.org/
- Delphi Forum Search https://forums.delphiforums.com
- Google Group Search https://groups.google.com/forum
  „Alle Diskussionen an einem Ort. Behalten Sie mithilfe von Ordnern und Favoriten ganz ein fach die Übersicht, bleiben Sie via E-Mail auf dem Laufenden und finden Sie im Handum drehen ungelesene Beiträge.“
- Omgili (Oh my god I love it) https://omgili.com/
  „Find interesting and current discussions, news stories and blog posts“
- Yahoo Groups https://groups.yahoo.com/neo

Blog Search Engines
- Blog search engine https://www.blogsearchengine.org/
- Live Journal Seek https://ljseek.com/
  „Searching LiveJournal: Ultimate blogging community“
- Notey Labs https://www.notey.com/
  „We design digital solutions to help businesses more fearlessly embrace a global web.“

IRC Search

- Mibbit https://search.mibbit.com/
- Netsplit.de https://netsplit.de/channels/search.php
- BotBot.me https://botbot.me/
  "BotBot.me makes IRC logs awesome"

FTP-Server: Globalfilesearch, Archie

FTP-Server können ebenfalls durchsucht werden. Hierbei lassen sich oftmals
übersehene Dokumente finden.

- **Global File Search** https://globalfilesearch.com/
  *„Global FTP Search Engine. Global File Search Engine. We have scanned 2
  279 computers with available resources. We have found 190 109 043 files and
  12 233 706 folders. Summary size is 275.4 TB."*
- Ein ähnlicher Zugang ergibt sich über das Archie Query Form:
  https://archie.icm.edu.pl/archie_eng.html
- Natürlich kann auch die Suche über Google auf FTP-Server eingegrenzt
  werden: „john smith"*inurl:ftp*

Domain-Tools: Domain Dossier, Spyse

Whois-Records bergen Informationen zu Domains. Mit verschiedenen Werkzeugen lassen sich diese Daten erschließen:

- Domain Dossier https://centralops.net/co/DomainDossier.aspx
  „Investigate domains and IP addresses"
- DomainIQ https://www.domainiq.com/
  *„Enter any domain name or IP address to view information on its ownership
  and status."*
- Domaintools https://whois.domaintools.com/
  *„These connections help security professionals profile attackers, guide online
  fraud investigations, and map cyber activity to attacker infrastructure."*
- DomainBigData https://domainbigdata.com/
  *„Find registrant and other domains owned by the same person with
  our reverse whois."*
- Spyse https://spyse.com/
  „New Search Engine made for pentesters and cyber security specialists"
- Whoisology https://whoisology.com/
  „Deep Connections Between Domain Names & Their Owners"

2.4.6 Hilfen

Ähnliche Quellen/Domain-Analytics: Alexa, Similarweb, Visualping

Ähnliche Quellen definieren sich über die jeweilige Nutzerschaft. Über Statistiken lassen sich solche Korrelationen aufzeigen, hilfreich sind:

- Alexa www.alexa.com
- Similarweb www.similarweb.com

Weitere spannende Werkzeuge
- Analyze ID https://analyzeid.com/
  „Find Your Competitors Websites: Spend less time researching website owners with our re-verse look up tool. Find all their websites that linked to Adsense, Google Analytics, Amazon Affiliate, Email."
- BuiltWith https://builtwith.com/
  „Find out what websites are Built With"
- Site Sleuth https://www.sitesleuth.io/
  „Find Competitor's Websites. Sleuth on your competition. Find websites owned by the same person."
- SitesLike https://www.siteslike.com/
- URLscan https://urlscan.io/
- Visualsitemapper https://www.visualsitemapper.com/
- Visualping https://visualping.io/
  „We monitor webpages… so you don't have to! Select an area and relax: We'll send you an email alert when something changes."
- W3bin https://w3bin.com/
  „W3bin.com is a free tool that lets you find out where websites are hosted. This information can be useful when you are looking for a new hoster for your own website, or for example when you need to contact the web hoster of a certain domain to report abuse."
- Websiteoutlook https://www.websiteoutlook.com/
  „Website value calculator: More then 20 Metrics to Measure & Track Success of your website. No need to check Web stats on different websites and tools."

Bot-Erkennung: Botometer

Die Detektion von Twitter-Bots ist nur in wenigen Fällen eindeutig mög-lich. Heuristiken können jedoch Wahrscheinlichkeiten hierfür bereitstellen und einzelne Twitter-Accounts oder aber die Friends und Follower von Accounts entsprechend untersuchen.

- Botometer https://botometer.iuni.iu.edu ist das wichtigste Bot-Erkennungs-Werkzeug:

  „Botometer (formerly BotOrNot) checks the activity of a Twitter account and gives it a score based on how likely the account is to be a bot. Higher scores are more bot-like. Botometer is a joint project of the Network Science Institute (IUNI) and the Center for Complex Networks and Systems Research (CNetS) at Indiana University. "

Webseiten-Archiv: Archive, CachedPages, TimeTravel

Webseiten ändern teilweise häufig ihre Strukturen und Inhalte. **Ein Archiv macht es jedoch möglich, auf einem Zeitstrahl zu vergangenen Versionen zurückzublättern.** Das wichtigste Tool ist die sogenannte Wayback-Machine, die alte Versionen von Webseiten zeigt:

- **Internet Archive** https://archive.org/web/

  *„Explore more than 411 billion **web pages** saved over time. "*

Zahlreiche weitere Werkzeuge eröffnen facettenreiche Möglichkeiten der Nachforschung

- Archive.is https://archive.is/

  „Archive.today ist Ihre persönliche Zeitmaschine! Es ist ein Werkzeug, mit dem Sie von jeder Internetseite eine Kopie erstellen können, die jederzeit wieder abrufbar ist, auch wenn die Original-Webseite nicht mehr online steht. "

- Bounce https://www.bounceapp.com/

  „A fun and easy way to share ideas on a website. "

- Browsershots https://browsershots.org/
- CachedPages https://www.cachedpages.com/

  „Get the cached page of any URL "

- Cached View https://cachedview.com/

  „The Google Cache Browser for any page on Internet. "

- Common Crawl https://commoncrawl.org/

  „We build and maintain an open repository of web crawl data that can be accessed and analyzed by anyone. "

- Domain Tools https://account.domaintools.com/
- OldWeb https://oldweb.today/

- PDFmyURL https://pdfmyurl.com/
  „ Use our HTML to PDF API to create PDFs from URLs or HTML. Let your visitors save web pages as PDF with a single click! Convert entire websites to PDF easily!"
- Textfiles https://textfiles.com/
- TimeTravel https://timetravel.mementoweb.org/
  „ Find Mementos in Internet Archive, Archive-It, British Library, archive.today, GitHub and many more!"
- WebArchive UK https://www.webarchive.org.uk/ukwa
  „ The UK Web Archive (UKWA) collects millions of websites each year, preserving them for future generations. Use this site to discover old or obsolete versions of UK websites, search the text of the websites and browse websites curated on different topics and themes. "
- Webcitation https://webcitation.org/
  „WebCiteÆ, which used to be a member of the International Internet Preservation Consortium, is an on-demand archiving system for webreferences (cited webpages and websites, or other kinds of Internet-accessible digital objects), which can be used by authors, editors, and publishers of scholarly papers and books, to ensure that cited webmaterial will remain available to readers in the future. If cited webreferences in journal articles, books etc. are not archived, future readers may encounter a „404 File Not Found" error when clicking on a cited URL. "

Übersetzung

Die Erfassung und Erschließung von Text ist Kern im digitalen Zuhören. Eine große Anzahl von Werkzeugen leistet Unterstützung bei der Übersetzung sowie der Erkennung von Text in Bildern:

Übersetzung von Text

- Google Translate https://translate.google.com
- Google Input Tools https://www.google.com/inputtools/try/
- Google Input Tools ermöglicht Ihnen überall im Web die einfache Eingabe von Text in der von Ihnen gewählten Sprache.
- Babelfish https://www.babelfish.com/
- Bab.la Dictionary https://en.bab.la/
- Bing Translate https://www.bing.com/translator
- DeepL Translator https://www.deepl.com/translator
- Dictionary.com Translator https://www.dictionary.com/

„Build your vocabulary with new words, definitions, and origin stories every day of the week."

- 2Lingual https://www.2lingual.com/
- Online Translator https://www.online-translator.com/
  „PROMT.One (Online-Translator.com) ist ein Online-Übersetzer von PROMT. Erfreuen Sie sich an präzisen und natürlich klingenden Übersetzungen in Englisch, Arabisch, Griechisch, Hebräisch, Spanisch, Italienisch, Kasachisch, Katalanisch, Chinesisch, Koreanisch, Deutsch, Niederländisch, Portugiesisch, Russisch, Türkisch, Ukrainisch, Finnisch, Französisch und Japanisch sowie Hindi dank neuronalen, statistischen, analytischen und hybriden Übersetzungstechnologien."
- Reddit Translator https://www.reddit.com/r/translator/
  „r/translator - the Reddit community for translation requests"
- Stars21 https://www.stars21.com/translator/
  „You can use the world best translators from Baidu, Google Translate, IBM Watson, Microsoft, Naver Papago and Yandex.Translate with just one mouse click without installing any App of them."
- Urban Dictionary https://www.urbandictionary.com/
- Wiktionary https://www.wiktionary.org/

Einige Werkzeuge widmen sich besonders dem Thema „Slang"

- NoSlang.com https://www.noslang.com/
  „Translate text slang, internet slang, & acronyms"
- Slangit – The Slang Dictionary https://slangit.com/
  „Search for slang terms, acronyms, abbreviations, and emoticons."
- Transl8t https://www.transl8it.com/
  „transl8it! (trans-late-it) is simple! Just type in SMS, text message, emoticon, smiley, slang, chat room net lingo or abbreviations and let transL8it! convert it to plain english to understand -- OR -- type in your phrase in english and convert it to SMS TEXT lingo slang!
  transl8it! izsimpl! jst typ n yor SMS, TXT o ch@ lNgo & Lt transL8it! cvert it 2 pln eng --o-- typ n a frAze n eng & cvert it 2 SMS TXT lingo!"

Analysewerkzeuge

- Tone Analyzer https://tone-analyzer-demo.ng.bluemix.net/
  „This service uses linguistic analysis to detect joy, fear, sadness, anger, analytical, confident and tentative tones found in text."
- WhatTheFont https://www.myfonts.com/WhatTheFont/
  „Instant font identification powered by the world's largest collection of fonts."

2.5 Processing: Grundlegender Baukasten

Nur bei sehr engen digitalen Suchprozessen ist es hinreichend, direkte Treffer als Ergebnis vorzustellen. In der Regel sollte eine Vielzahl relevanter Beiträge aus unterschiedlichen Quellen verdichtet werden. Hierbei ist natürlich die spezifische Ausgangsfrage der Analyse maßgeblich. Gleichwohl lassen sich einige Typen grundsätzlich strukturieren. Hierbei bietet es sich an, auf die gebräuchlichen W-Fragen Bezug zu nehmen.

2.5.1 Wie und warum?

Von Tonalitäten ...

Ein zentraler Analysewunsch in den Feldern Marketing und Kommunikation liegt häufig in der Tonalisierung von Beiträgen: Dem Vergleich von positiven, negativen und neutralen Nutzeraussagen. Dieses scheinbar einfache Vorhaben ist besonders gut verständlich zu vermitteln.

Digitale Nutzerbeiträge rangieren von einem flüchtigen „Finde ich gut" bis zu längeren, abwägenden Berichten umfangreicher eigener Erfahrungen. Beide Typen gleich zu gewichten ist jedoch ein fragwürdiger Ansatz. Darüber hinaus bestehen mehrere grundsätzliche Schwierigkeiten. So kommen automatisierte Verfahren bisher selten über 75–80 % korrekter Zuordnungen hinaus, d. h. jeder vierte oder fünfte Beitrag wird falsch zugeordnet. Zudem – und dies kann nicht umgangen werden – schreibt und bewertet jeder Autor aus seiner Sicht: Folglich beziehen sich die Bewertungsterme auf verschiedene Grundbewertungen, die nicht mit der Sicht des Unternehmens übereinstimmen müssen. Eine Aggregation ist somit in Teilen zumindest fragwürdig.

Ein Ausweichen auf die Zählung von Likes oder anderen Bewertungsmustern ist natürlich möglich. Allerdings befinden sich diese zumeist auf digitalen Kanälen, die leicht erfasst werden können, auf denen die inhaltliche Nutzerdiskussion jedoch nicht stattfindet. Darüber hinaus gibt es inzwischen viele Angebote, positive Bewertungen schlichtweg in großem Stil käuflich zu erwerben.

Wir empfehlen folglich, die quantitativen Ergebnisse einer automatisierten Tonalisierung nicht zu stark zu bewerten. Idealerweise beschränkt man sich auf die Betrachtung etwaiger Niveauunterschiede zwischen verschiedenen Betrachtungsobjekten und den Zeitverlauf. So besteht zumindest die Hoffnung, dass sich methodische Zuordnungsprobleme in der zeitlichen Entwicklung ausgleichen.

Von besonderem Interesse sollte auch hier die inhaltliche Analyse sein: Welchen Aspekt begrüßen die Nutzer? Welche Konkurrenzeigenschaft löst Enttäuschung aus? Steigen Sie qualitativ in relevante Beiträge ein und erstellen Sie Argumentbilanzen aus positiven und negativen Aspekten.

... zu Nutzerkriterien in Entscheidungsprozessen

Nur in der ersten Näherungsebene einer Analyse steht die Frage im Raum, welche Marke oder welches Thema mehr oder weniger positive Beiträge erhält. Wenn es darum geht, Ansätze abzuleiten, die eigene Maßnahmen prägen oder beeinflussen können, dann sollte deutlich tiefer gebohrt werden.

Durch qualitative Inhaltsanalyse kann nicht nur festgestellt werden, wie viel und worüber Nutzer diskutieren, sondern auch, in welchen Phasen sie welche Kriterien bei ihren Entscheidungen anlegen und wie der Prozess aussieht, den sie durchlaufen.

So führt die hohe Relevanz des digitalen Austausches dazu, dass sich Nutzer sehr umfassend, und über einen längeren Zeitraum hinweg, digital austauschen bzw. digital Antworten auf ihre Fragen suchen. Hierbei kann es sich etwa um mehrstufige Kaufentscheidungs-, Arbeitgeberauswahl- oder medizinische Diagnoseprozesse entlang der Customer/Patient Journey handeln, die entschlüsselt und nachgezeichnet werden können, um etwa die eigene Ist-Präsenz entsprechend einzuordnen und Soll-Kommunikationsziele abzuleiten. Einige Beispiele:

Kaufentscheidungsprozess: Zahnbürste

1. Kategorie:
   „Überlege, ob ich eine klassische Zahnbürste oder eine elektrische Zahnbürste kaufe. Welche Erfahrungen habt ihr gemacht?!"
2. Produkt:
   „Ich vergleiche gerade die Oral-B 007 und die Philips Sonicare 008. Wo seht ihr die größten Unterschiede?"
3. Beschaffung:
   „Habe mich jetzt für die 007 entschieden. Lohnt es sich, auf die nächste Generation zu warten oder soll ich jetzt das Angebot im Supermarkt nutzen?"

Für jede Stufe lässt sich aus Herstellersicht eine Argumentbilanz aufbauen. Durch welche Punkte verlieren/gewinnen Sie? Wo sollten Sie ansetzen? ◀

Arbeitgeberauswahlprozess: Automobil

1. Branche:
   „Was meint ihr, hat die Automobilindustrie als Arbeitgeber noch eine Zukunft?"
2. Kategorie:
   „Es gibt ja OEM, also Markenhersteller und Zulieferer. Was ist für einen Ingenieur langfristig spannender?"
3. Selektion:
   „Reifen finde ich nicht so spannend, Kühlschränke auch nicht. Was spricht gegen den Bodensee?"
4. Bewerbung:
   „Welche Erfahrungen habt ihr gemacht: Initiativbewerbung, Bewerber-messe oder erstmal Kontakt mit der Fachabteilung aufnehmen? Sind die gut drauf oder brauche ich eine Krawatte?"

Gibt es Mythen (oder Fake News), die Sie unnötigerweise aus dem Spiel nehmen? Wie lassen sich diese Themen erkennen und beseitigen? ◀

Diagnoseprozess/Patient Journey: Indikation X

1. Symptome, vor der Diagnose:
   „Ich habe jetzt diese Probleme immer öfter. Was kann das sein?"
2. Frisch diagnostiziert:
   „Jetzt habe ich Angst. Werde ich überhaupt noch Sport treiben können? Wie sieht das bei euch aus?"
3. In der Therapie:
   „Ich habe mich mittlerweile daran gewöhnt. Aber nächstes Jahr möchte ich wieder einmal in den Urlaub fahren. Was habt ihr für Ideen?"

Welche Fragen und Informationsbedürfnisse haben Patienten? Welche Aktivitäten bereiten ihnen besondere Schwierigkeiten? Welcher Content wäre besonders interessant? ◀

Nutzen Sie die ausführlichen Nutzerdiskussionen, um Ihr Verständnis der jeweiligen Entscheidungsprozesse auszubauen. Rekonstruieren Sie die einzelnen Phasen und destillieren Sie heraus, welche Aspekte von Ihrer Lösung wegführen. Wiederholen Sie dies mit den bestehenden und den potenziellen Wettbewerbern.

Auf dieser Basis lassen sich die kritischen Aspekte erkennen, die sich mit eigener Kommunikation bekräftigen oder ausräumen lassen. Ein darauf ausgerichtetes Alerting gibt die notwendigen Impulse dazu.

2.5.2 Wer und wo?

Beschreiben Sie die Eckpfeiler des für Ihre Fragestellung relevanten Digitalraums. Vor dem Hintergrund eines rekonstruierten Entscheidungsprozesses werden Sie zudem feststellen, dass in unterschiedlichen Phasen verschiedenen Quellen eine hohe Relevanz zukommt.

Für die Konzeption und Durchführung von eigenen Social-Media-Aktivitäten ist ein gutes Verständnis der Zielgruppen wichtig sowie im Kommunikations- und Sicherheitsbereich Kenntnisse über Stakeholder und Aktivistengruppen und deren Vernetzung.

Machen Sie sich ein Bild aus quantitativen und qualitativen Angaben zu relevanten Quellen, die sich für eigene Maßnahmen eignen oder aufgrund hoher Zielgruppenaktivität eine Rolle spielen: z. B. Reichweite, Mitglieder, Größe, Aktivität, Top-User, Top-Themen, Andockstellen für mögliche Maßnahmen usw.

Damit bieten entsprechende Steckbriefe vielfältige Ansatzpunkte, um Rankings aufzubauen:

- Wenn die Quellen einem Ranking unterzogen werden, dann lassen sich die für Ihre Fragestellung relevantesten identifizieren. Dies geschieht etwa anhand des Artikelvolumens sowie ggf. der Auffindbarkeit in Suchmaschinen, Reichweite und Aktualität.
- Besonders interessant wird es, wenn Sie in dieses Ranking die eigenen Quellen einsortieren.

Für die Analyse und abzuleitende Maßnahmen ist es – je nach Zielsetzung – aufschlussreich zu erkennen, auf welchen der Quellen das eigene Unternehmen vorkommt und auf welchen noch nicht. So ist es noch einmal wichtig zu betonen, dass die Identifikation relevanter Quellen aus der Perspektive der jeweiligen Zielgruppe erfolgen sollte: Deren Beiträge legen fest, was relevant ist.

2.5.3 Wie viel und was?

Von Themenkarrieren …

Zu Beginn der Entwicklung des digitalen Zuhörens stand die schlichte Zählung von Häufigkeiten im Mittelpunkt. Auf welche Marke oder welches Thema sind wie viele Beiträge entfallen? Jeder Beitrag ist ein guter Beitrag, stand als Denkmodell dahinter. Folglich lässt sich auch ein Share-of-Voice berechnen: Der Anteil, den jede Marke oder jedes Thema am Gesamtvolumen der Beiträge hat, Mehrfachnennungen sind zu berücksichtigen.

Natürlich ist die Aussagekraft dieser Sicht geringer als möglich;

- aber es lassen sich etwa im Vergleich bestehende Niveau-Unterschiede aufzeigen oder
- im Zeitverlauf kann die Wirkung einer Kampagne oder Produkteinführung aufgenommen werden.

Interessanter wird es, wenn nicht nur einzelne Begriffe, etwa Marken oder Namen, untersucht werden, sondern umfassendere Themenbündel: Hierzu ist die Kategorisierung aller Beiträge notwendig. Je abstrakter das Themenbündel definiert ist, desto weniger kann eine automatische Verschlagwortung helfen.

Vor allem für regelmäßige Analysen eignen sich festgelegte Themenkarrieren. Wurden die relevanten Themenbündel z. B. in einer Fokus-Analyse identifiziert, können in einem Monitoring oder Sonar alle Artikel einer bestimmten Themenkarriere (z. B. Preis, Service, Beschwerden/Kritik usw.) zugeordnet werden. Dadurch werden quantitative Vergleiche möglich (Welche Themen gewinnen oder verlieren an Nutzerinteresse? Schneiden Wettbewerber beim Service besser oder schlechter ab? Wird mehr über Klimaschutz oder Kernkraft diskutiert?).

Je nach Fragestellung lassen sich folglich Themenbündel definieren, die quantitativ verglichen oder im Zeitablauf betrachtet werden können. Die entsprechenden Veränderungen lassen sich in qualitative Aussagen transformieren: Das Gewicht von Service-Themen nimmt bei Produkt A zu, bei dem neu eingeführten Produkt B dominiert dagegen die Preisdiskussion.

Je feiner die Themenbündel aufgesetzt werden, desto präzisere Aussagen lassen sich erkennen. Eine sehr gut nachvollziehbare Form der Aufbereitung wird erreicht, wenn die Themenbündel als Ranking dargestellt werden, idealerweise mit Hervorhebung von Auf- und Absteigern im Zeitablauf: Über welche Top-Themen wird am häufigsten diskutiert?

Es bietet sich an, besonders häufige, gewichtige oder markante Beiträge als Zitat aufzuführen, um die abstrakte Ebene mit plastischen Belegen zu versehen.

... zu Themennetzen/-landkarten

Die quantitativen Entwicklungen der Beitragszahlen zu definierten Begriffen geben eine erste Vorstellung des vorhandenen Beitragsvolumens. Wir stellen allerdings fest, dass sich Nutzer etwa weniger intensiv über Marken austauschen, als sich dies die Verantwortlichen oftmals wünschen.

Folglich macht die Ausweitung der Themenbündel viel Sinn, steigert aber auch den Erfassungsaufwand, da die Beiträge zuzuordnen sind.

Als Nachteil bleibt bestehen, dass die jeweiligen Suchbegriffe vorzugeben sind. Unvermutete Schwerpunkte, schwache Signale oder aber Verbindungen zu anderen Themen bleiben unentdeckt. Die Analyse bliebe partiell blind.

Abhilfe schaffen hier semantische Themennetze, die sich auch für die Aufbereitung komplexer Inhaltsstrukturen eigenen. Innovative Verfahren der Computerlinguistik und Netzwerkanalyse können die unstrukturierten digitalen Diskussionen und Meldungen metrisch fassen: **So wird nach bereits bekannten Themen und Ereignissen automatisiert gesucht, aber auch Unerwartetes gefunden.** Es gelingt, schwache Signale im digitalen Rauschen früher zu erkennen, Kontexte von Themen, Debitoren, Marken, Talentgruppen oder Personen besser zu verstehen und eigene Maßnahmen besser zu steuern.

Dies basiert auf zwei Pfeilern:

- **Effektivität:** Die Technologie erschließt alle Beiträge aus relevanten Blogs, Foren, Nachrichten- und Bewertungsportalen.
- **Effizienz:** Begriffe werden auf ihren Wortstamm zurückgeführt und mit einem Signifikanzwert versehen, auf dessen Basis ein Ranking abgeleitet werden kann. Die Berücksichtigung von gemeinsamem Auftreten lässt ein Netzwerk mit begrifflichen Clustern entstehen.

Auf diese Weise entstehen Darstellungen, die Zusammenhänge transparent machen und die weitere Analyse wertvoll unterstützen können. Semantische Themennetze erschließen signifikante Aspekte, ohne dass tausende Beiträge einzeln gelesen werden müssen. Die entsprechenden Ansätze werden im Folgenden weiter ausgeführt.

2.6 Processing (Advanced/GALAXY): Inhaltserschließung von „Unknown Unknowns"

Der neue Datenreichtum ist bereits hinlänglich behandelt worden. Es sind nicht nur die besonders populären Kanäle wie Facebook und Twitter, sondern nach wie vor auch die unzähligen Foren, Blogs und News-Kommentare, die neben anderen Formaten einen potenziellen Reichtum an unbekannten Informationen bereitstellen.

Mehr als in anderen Funktionen gilt allerdings für **Früherkennungsfunktionen**, z. B. Corporate Security, Credit Management und Risk Management, dass die entscheidende Information im Vorhinein nicht unbedingt beschrieben werden kann: Man weiß nicht, wonach gesucht werden soll, außer dem Umstand, dass es bedrohlich für das eigene Unternehmen, einen exponierten Unternehmensvertreter, oder zumindest aufschlussreich zu einem Kunden oder Lieferanten sein könnte.

Donald Rumsfeld hatte hierfür den Begriff der Unknown Unknowns geprägt:

„As we know, there are known knowns.
There are things we know we know.

We also know there are known unknowns.
That is to say we know there are some things we do not know.

But there are also unknown unknowns,
the ones we don't know we don't know."
Donald Rumsfeld, 2002

Die Immanenz der digitalen Kommunikation führt nun dazu, dass sich für viele Entwicklungen und Aktivitäten vorlaufend schwache Signale im digitalen Raum abzeichnen. Darunter auch solche, die a priori nicht explizit benannt werden können. Die durch Algorithmen lösbare Herausforderung besteht also darin, solche entstehenden Auffälligkeiten zu entdecken.

Durch die Digitalisierung sind damit – neben gleichzeitig auch gewachsenen Bedrohungen, die hier nicht verharmlost werden sollen – neue oder zumindest ergänzende Lösungsbeiträge als Chancen für diese Unternehmensfunktionen entstanden:

- So kann einerseits das digitale Rauschen als echtzeitnahes Früherkennungssystem von Bedrohungen eingesetzt werden,
- andererseits lässt sich prüfen, welches Bild sich böswillige Dritte über das eigene Unternehmen, sein Eco-System inklusive der eigenen Schutzpersonen machen können, um entsprechend gegenzusteuern.

Hier wird nun eine Technologie fokussiert, die auf die Nutzung dieses potenziellen digitalen Assets abzielt und bereits mit Anwendungserfahrungen unterlegt werden kann.

Als informationell wertschöpfende Methodenräume können die Computerlinguistik und soziale Netzwerkanalyse herausgestellt werden: Es lassen sich Algorithmen definieren, die auch aus großen Textmengen die signifikanten Themen und Begrifflichkeiten destillieren. **Nicht die absolute Häufigkeit eines Wortes zählt, sondern die relative Häufigkeit.**

So existieren für viele Sprachen linguistische Korpora, in denen festgehalten ist, wie häufig ein Wort normalerweise vorkommt. Wird ein Begriff häufiger als in dieser Normalverteilung aufgegriffen, so steigt auch seine aktuelle Wichtigkeit bzw. Signifikanz. Weitere Hinweise gibt etwa die Analyse der Frequenzverteilung von Begriffen in Beitragsmengen. **Damit erschließen computerlinguistische Algorithmen durch Signifikanz- und Frequenzanalysen relevante Auffälligkeiten in einem umfangreichen Kontext ohne Vorgabe.**

Gleichwohl kann eine – über das Banale hinausgehende – inhaltliche Bewertung nur durch einen menschlichen Verstand erfolgen. So sollten gegenläufig menschliche Geister nicht mit Aufgaben belegt werden, die Algorithmen viel klagloser übernehmen können: Sämtliche vorbereitenden Prozesse wachsen in der Abdeckung und verkürzen sich fast auf Echtzeit.

Ein solchermaßen unterstützter Entdeckungsprozess ist der verbreiteten Nutzung von Social-Media-Monitoring-Dashboards überlegen, da dort lediglich Beiträge nach a priori vordefinierten Themenkarrieren erfasst und damit Überraschungen per Definition ausgeblendet werden.

Klassische Social-Media-Monitoring-Dashboards beschränken sich auf das Auszählen von absoluten Funden, eine inhaltliche Erschließung erfolgt nicht. Die Trefferdarstellung erfolgt dort in der Regel durch eine rein Beitragsmengen-bezogene Visualisierung, eine wackelige Tonalisierung und lange Trefferlisten. Damit sind solche Werkzeuge eher zur Erstellung längerer Zeitreihen hilfreich, weniger aber, um frühzeitig schwache Signale zu erkennen.

▶   Die digitalen Informationsräume erlauben eine deutlich intelligentere Auswertung als dies mit den Methoden des Presseclippings möglich ist. Unknown Unknowns sind nun gerade solche Aspekte, von denen der Anwender nicht unbedingt im Vorhinein wissen kann, dass sie relevant sind oder werden, und nach denen er dementsprechend auch nicht mit einem klassischen Werkzeug suchen würde.

Fünf wesentliche Nutzerfunktionen können auf Basis computerlinguistischer Algorithmen – beispielhaft dargestellt durch das cloud-basierte Werkzeug GALAXY von complexium – innovativ bereitgestellt werden.

2.6.1 Entdeckung

Wie bereits dargestellt, können Crawler (ein Computerprogramm, das automatisch Internetquellen durchsucht) und Algorithmen hypothesenfrei in digitalen Texten entstehende Auffälligkeiten identifizieren. Erkannten Begriffen wird ein Signifikanzgrad zuordnet. Neben solchen Diskussionsthemen, die emergent aus den Beiträgen erschlossen werden, gibt es in der Praxis für jeden Beobachtungsbereich auch bereits definierte Suchkategorien. **Erst dieses Zusammenspiel dieser beiden Sichtungsklassen, known Unknowns und unknown Unknowns, verhindert „Betriebsblindheit" und lässt systematisch auch Neues erkennen.**

Legende zu Abb. 2.6: Das System ermittelt die signifikanten Begriffe (Terms) auf den Hotspots einer Zielgruppe oder zu einem Themenfeld. Zusätzlich lassen sich vordefinierte Suchkategorien (Term Groups) verfolgen. Die Abb. 2.6 zeigt eine solche Kategorienübersicht aus einer Sicherheitsanwendung. Hinter jeder Kategorie, z. B. Aktivistengruppen, Bedrohungen, Demonstrationen oder einzelnen Standorten, steht eine Begriffs- und Floskelwolke, mit der die identifizierten Beiträge in nahezu Echtzeit untersucht werden. Die erkannten Hits lassen sich im semantischen Netz oder in der Textstellenliste DeepDive sehr effizient näher prüfen, um Ableitungen und mögliche eigene Maßnahmen anzustoßen.

Die blau unterlegte Rankingposition zeigt an, dass ein Begriff der jeweiligen Suchkategorie einen besonders hohen Signifikanzgrad in der Gesamtdiskussion des Themenfeldes, hier Sicherheit, erreicht hat. Die Liste dieser besonders signifikanten Terme wird durch computerlinguistische Algorithmen emergent und ohne Vorgabe aus den identifizierten Beiträgen ermittelt. Sie bildet das – hier nicht angezeigte – Ranking der „Diskussionsthemen". In der Praxis kann somit ein kontinuierlicher Abgleich der Diskussionsentwicklung mit der eigenen Sicht erfolgen. Schwache Signale werden frühzeitig erkannt.

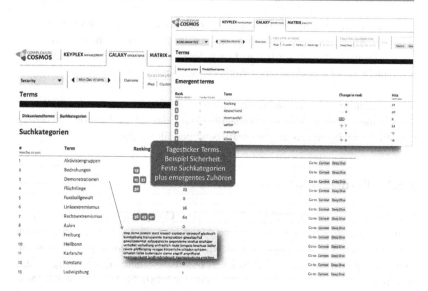

Abb. 2.6 Definierte Suchkategorien (GALAXY von complexium)

2.6.2 Ranking

Auf Basis der Signifikanzmetrik kann ein Ranking erstellt werden: Etwa ein tägliches Themen-Ranking. So wird im Sicherheitsbereich transparent, was Aktivistengruppen, im Marketingbereich, was Kundengruppen, im Personal-marketing, was Engpasszielgruppen im Tagestakt bewegt. Im Zeitablauf wird über die Tagesaktualität hinaus die Entwicklung der „emergent" erschlossenen Begriffe deutlich:

- Was wird diskutiert? Was kommt neu hinzu?
- Wie entwickeln sich diese Themen?
- Gibt es Auf- oder Absteiger?

Hier ist es noch einmal wichtig zu betonen, dass zunächst etwa für Corporate Security oder das Risk Management bekannte kritische Begriffe und Parameter im Umfeld von Unternehmen und Marken kontinuierlich überprüft werden können. Bereits ein kurzes Nachdenken über solche „Alarmworte" ergibt aber, dass diese Begriffsliste kaum erschöpfend implementiert werden kann: Es wird immer noch weitere Signalworte, etwa Bezeichnungen von entstehenden Protestbewegungen oder Hashtags, geben, die jedoch nur sehr selten auftauchen. Folglich werden Algorithmen eingesetzt, die gerade die Verwendung von üblicherweise eher seltenen Termen identifizieren. Dies ist ein Anwendungsfeld der Computerlinguistik.

Der jeweilige funktionale Nutzer wird durch diese einfache Metrik auf schwache Signale hingewiesen, die sich als langsame Aufsteiger darstellen. Durch dieses frühzeitige Erkennen können je nach Kontext eigene Maßnahmen anlaufen. Es kann etwa zwischen Signalen unterschieden werden, die aufgenommen und positiv befördert werden sollten, weil sie förderlich auf die eigenen Ziele wirken, und solchen, die eher eine Abwehrreaktion erfordern (vgl. Abb. 2.7).

Die Abbildung zeigt einen täglichen „Thementicker" aus einer Vielzahl politischer Parteiquellen: Welche Themen dominieren den politischen Betrieb, welche neuen Aspekte tauchen auf? Dieses Bild ließe sich mit der Beitragsanalyse von Nichtpolitikern auf Blogs, Foren, Twitter und in News-Kommentaren spiegeln. Welche Partei ist näher am allgemeinen Themenverlauf? Ein Klick auf die einzelnen Themen führt zum semantischen Netzwerk, ein zweiter Klick zu der Textstellenliste, um die jeweiligen Kontexte aufzuzeigen.

2.6.3   Clustering

Das Themenranking bildet aber nur den Einstieg. So kommen die identifizierten Begriffe in einem Beobachtungsbereich natürlich in unterschiedlicher Intensität in gemeinsamen Kontexten vor: Je enger und häufiger die gemeinsame Verwendung, desto stärker scheint die Beziehung. Algorithmen der Social Network Analysis (SNA) lassen sich nun aus der Soziologie auf diesen Anwendungsbereich übertragen: Sie erschließen, welche Gruppen von Begriffen stärker untereinander mit dem Rest der Begriffe verbunden sind, und sind damit in der Lage, automatisch unterschiedliche **Begriffscluster** abzugrenzen. Kontexte, Zusammenhänge und auch inhaltliche Brücken zwischen den Clustern werden quellenübergreifend deutlich.

2.6.4   Mapping

Jede schematische Abbildung reduziert die Komplexität des Ursprungsbereiches. Einen besonders facettenreichen Zugang zu den beobachteten digitalen Hotspots bieten semantische Netze. Auf Basis der beschriebenen Metriken lassen sich

CDU – Pressen　　CHOOSE DATE　05/15/2020　Go　　Overview　　LISTENING　Map | Clusters | Terms | Rankings | Statistics　　COLLABORATION　Deep Dive | Set up GALAXIES

Rankings

Data for: Friday, 15 May 2020　　Clear lines　　　　Highlight term:　　Search　Reset

	Tue May 12 2020	Wed May 13 2020	Thu May 14 2020	Fri May 15 2020	Sat May 16 2020	Sun May 17 2020	Mon May 18 2020	Tue May 19 2020
1	corona	corona	corona	corona	corona	corona	corona	corona
2	cdu	spd	merkel	bundestag	bundestag	bundestag	bundestag	bundestag
3	mai	cdu	bundestag	pandemie	merkel	spd	merkel	cdu
4	pandemie	menschen	pandemie	merkel	pandemie	merkel	akk	krise
5	europa	mai	krise	krise	spd	krise	krise	spd
6	menschen	pandemie	bundeskanzlerin	spd	krise	deutschland	spd	deutschland
7	krise	europa	maßnahmen	deutschland	akk	akk	cdu	akk
8	plenum	kinder	cdu	cdu	deutschland	cdu	deutschland	steuerschätzung
9	jahren	muttertag	mali	akk	bundeswehr	pandemie	pandemie	pandemie
10	lockerungen	nadineschoen	europa	bundeskanzlerin	bundeskanzlerin	maßnahmen	maßnahmen	maßnahmen
11	amthor	krise	wirtschaft	maßnahmen	maßnahmen	bundeswehr	bundeswehr	fraktion
12	philipp	deutschland	europäisch	grundrente	cdu	thorstenfrei	thorstenfrei	thorstenfrei
13	gesetz	sabel	lockerungen	steuerschätzung	menschen	fraktion	bundeskanzlerin	kommunen
14	spd	rbrinkhaus	bundeswehr	europäisch	steuerschätzung	steuerschätzung	kommunen	bundeswehr
15	coronakrise	nato	akk	ismel	fraktion	kommunen	steuerschätzung	rehberg
16	nato	bundestag	einsatz	mali	mali	bundeskanzlerin	fraktion	familien
17	maßnahmen	jahren	wochen	familien	wirtschaft	familien	menschen	esm
18	verschwörungstheorien	beschluss	kinder	menschen	grundrente	wirtschaft	rehberg	menschen
19	debatte	befreiung	deutschland	wochen	wochen	menschen	europäisch	kreisvorsitzendenkonferenz
20	muttertag	startups	nadineschoen	wirtschaft	euro	plenum	plenum	euro
21	kinder	berlin	sabel	bundeswehr	familien	grundrente	familien	grundrente
22	zeit	kitas	menschen	thorstenfrei	europäisch	europäisch	grundrente	peterweissmdb
23	nadineschoen	euro	bayern	nadineschoen	kommunen	europa	unifil	verbrennen
24	beschluss	zukünftigen		plenum	plenum	israel	berlin	ii

Abb. 2.7 Themenranking Politik (GALAXY von complexium)

solche Netzvisualisierungen emergent für beliebige Zeiträume generieren. Dem Anwender bietet sich eine interaktive Echtzeitlandkarte, um die Kontexte unterschiedlicher Themen zu explorieren, abstrakt gesehen also über die jeweiligen Diskussionsräume zu fliegen. Die in der Gesamttextmenge verborgenen Zusammenhänge werden – in Echtzeit – aufgezeigt. Die berechneten Cluster werden dabei farblich unterschieden. Abb. 2.8 zeigt beispielhaft eine inhaltliche Netzwerkerschließung als semantische Map.

Wenn also die Term-Listen und -Rankings die Gewichtsverteilung der aktuellen Diskussion im selektierten Digitalraum zeigen, dann kristallisiert eine solche Map die inhaltlichen Zusammenhänge und Cluster heraus: Begriffe, die durch gemeinsame Kontexte verbunden sind, werden durch eine (graphentheoretische) Kante vernetzt: Es entsteht ein beweglicher und interaktiver Zugang zu der Quellen- und Beitragsbasis als übergeordnete Orientierungsebene.

Der Nutzer kann durch Klick auf einen Term die jeweilige Textstellenliste dynamisch durchgehen und sinnvolle Aktionen oder Einschätzungen markieren. Auf diese Weise kann tatsächlich eine große Beitragsmenge effektiv inhaltlich erfasst und bearbeitet werden.

2.6.5   Qualifizierung

Mit solchen Umgebungsanalysen können zudem neue Attribute oder zunehmende Verbindungen auf Begriffsniveau erkannt werden. Essenziell für die Qualifizierung eines möglichen schwachen Signals oder auch nur eines interessanten Aspekts ist dann der Durchgriff auf die im Diskussionsraum verteilten Textbeiträge. **Der Nutzer, etwa ein Sicherheits- oder Kommunikationsmanager kann sich durch die Unterstützung der Algorithmen auf die wertschöpfenden Aufgaben und Ableitungen konzentrieren.**

Der in Abb. 2.9 dargestellte DeepDive (Textstellenliste) zeigt zu einem ausgewählten Term oder Cluster die jeweils zugehörigen Fundstellen im Quellenbereich.

Der Anwender kann damit thematische Auf- und Absteiger, Top-Themen oder zu beliebigen Themen effizient recherchieren. Mögliche Ableitungen, Sicherheitseinstufungen oder Weiterleitungen an Kollegen können direkt durch eine „Statusvergabe" zugeordnet werden, um von den Insights zu Actions zu kommen. In der Abbildung wird etwa ein Bekennerhinweis gefunden.

Das System generiert durch Algorithmen verschiedene Sichten, z. B. Rankings und Themennetze, auf das digitale Rauschen der relevanten Hotspots. Diese

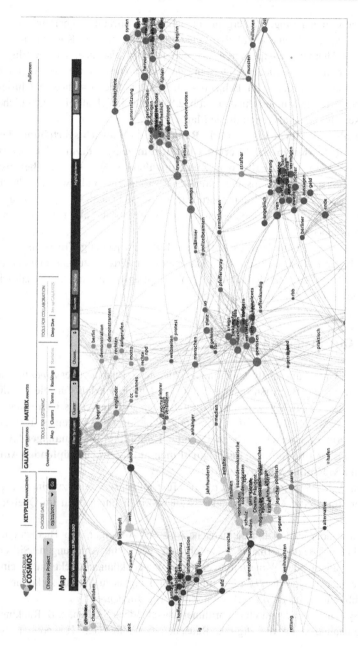

Abb. 2.8 Themenlandkarte (GALAXY von complexium)

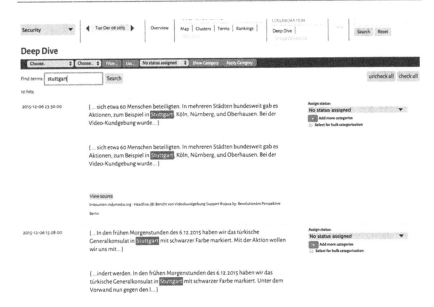

Abb. 2.9 Vertiefung der Beitragsinhalte (GALAXY von complexium)

aufgebauten Sichten machen die Beitragsmenge insgesamt inhaltlich zugänglich und können dann vertiefend qualifiziert werden.

▶ **Wichtig**

So kann diese Technologie zur Früherkennung von Bedrohungen, Risiken, Issues oder Talentthemen eingesetzt werden, da hier ein besonderes Augenmerk darauf gelegt werden muss, Überraschungen zu vermeiden und gerade das Unerwartete zu finden und schnell zu qualifizieren.

Durch frühe Hinweise auf sich verstärkende Themenfelder erhalten Analysten den Vorlauf, um zu untersuchen, ob ein sicherheitsrelevantes Issue entsteht und ggf. wer Treiber des Geschehens ist. So wird sich auch eine gesteuerte Desinformationskampagne in steigender Signifikanz niederschlagen: Das betroffene Unternehmen gewinnt Zeit zur Reaktion.

2.7   Exploring Digital Risk in Dark Networks (Gastbeitrag Webhose.io)

Our world is quickly becoming increasingly digital, virtual, and remote. We've all seen how the coronavirus (COVID-19) has isolated us and made us rely more than ever on all types of digital services. This digital evolution covers almost all aspects of life – from our day-to-day individual activities to the complex functions of organizations and governments.

Along with these benefits, however, are significant dangers. Cybercriminals, or individuals that exploit and abuse these digital services, can use them to negatively impact both individuals and organizations. They do this by employing the use of the dark and anonymous network for their cybercriminal discussions and trading. Although their incentive is mostly financial, they are also occasionally motivated by ideology.

Monitoring dark networks presents many challenges as well as many digital risks. As part of the cyber industry that monitors and protects both organizations and individuals, we'll explore these different challenges in this article.

2.7.1   An overview of the dark networks

Let's begin with a short overview of the history of dark networks. The term *dark network* was coined back in the 1970's to distinguish it from the government network ARPANET for security reasons. But it first gained serious attention with the first release of TOR (The Onion Router) back in September 2002.

TOR is an overlay network of about 7,000 servers that enable the traffic of websites like forums and marketplaces. This also allows for instant messaging anonymously without revealing user locations and user IP (internet protocol).

As one of the biggest dark networks that exist today, TOR started with the goal of protecting individuals from having to share their data and search history with websites and advertisers. Over time, however, it was also used by criminals for different illicit activities such as drug trafficking, fraudulent trading, cryptocurrency usage and trading, counterfeiting, whistleblowers and many other illicit activities. Today more than 50 % of TOR activity is tagged as illicit activity (see Abb. 2.10).

Since then, new and different dark networks have sprung up, each with its unique promise of anonymity:

Welcome to Tor Browser

You are now free to browse the Internet anonymously.

Test Tor Network Settings

Search securely with DuckDuckGo.

Abb. 2.10   TOR Browser

- **I2P (Invisible Internet Project) Network** – The first release of I2P, an anonymous peer-to-peer (P2P) distributed network, was in 2003, and included more than 60,000 volunteer hosts spread over the world. I2P is mainly used as a VPN (Virtual Private Network) to access the world wide web (and bypass the IP restriction). Most of its illicit content, located in forums and messaging services, is around hacking, trading and discussions.
- **ZeroNet Network** – First released in 2015, ZeroNet is a decentralized web-like peer-to-peer (P2P) network. Content sharing is based on torrent file sharing, which means that each piece of web content is being replicated for every peer that uses it. Each new user receives a unique ID upon registration that becomes their identity for any future interaction. Although it is considered a young network, ZeroNet contains thousands of sites, mostly around pirate content but it also includes data leak and zero-day publications.
- **OpenBazaar Network** – First released in 2016, OpenBazaar network is based on an e-commerce protocol that provides a fully decentralized marketplace. The concept of this network was initially to facilitate a robust approach to add marketplaces without fear of being shut down. Most of the illicit content there is focused around the subject of pirate content, pornography, drugs and hacking products and services.

As these anonymous networks evolved, different social networks grew along with them. These social networks grew exponentially and, like the dark networks, as part of the need to maintain user privacy and anonymity. As the larger commercial organizations like Facebook, Twitter and Telegram increasingly used embedded security protocols, cybercriminals fled to other chat applications to trade illicit goods and services. Among the popular illicit **chat applications,** we can find:

- **Telegram Network** – First released in 2013, Telegram has its own proprietary protocol called MTProto, which offers end-to-end encryption and has over 200 million global users. Cybercriminals have recently started to migrate from the regular dark web (like TOR) to deeper message-based networks like Telegram. While most of the illicit content is around recruitment for projects or groups (white/grey and black hat hackers), others are drug and weapons related. We can also find hacker trading activity and discussions in addition to racist discussions and extremism.
- **Discord Network** – First released in 2015, Discord network was originally a Voice-of-IP (VoIP) application for gaming platforms. Communication can be done via text, videos, and audio. Today there are over 150 million registered users in this network and around 530 million daily messages. The platform includes end-to-end security and anonymity which attracts different extremist communities and their controversial discussions on race, religion, politics, pornography and terrorist activities.

The main goal of a cybercriminal is to continuously discover the latest anonymous platform. This includes closed forums or deep web marketplaces as well as chat channels. These platforms provide criminal vendors with a high traffic of potential traders for the purpose of buying and selling their services or products. But just as important – they also provide anonymity.

2.7.2   Challenges in continuous monitoring of the dark networks

To ensure near real-time monitoring and the ability to quickly gather relevant information on criminals, businesses and organizations need to continuously collect content from all the dark networks. As we mentioned earlier, criminals will do their best to protect their marketplace or forum by setting high price tags to register and requiring authentication of an individual before entering a group.

They will employ other technical means as well in order to reduce exposure as much as possible, making it more difficult to robustly monitor the dark networks (see Abb. 2.11).

Let's cover some of the more common challenges in dark web monitoring and how they can be mitigated:

Finding relevant content in the hidden networks

Services like Google or Bing can provide results almost on any keyword search with the click of a button. The dark networks, on the other hand, don't have any global search engines. In the best-case scenario, some local lists of onion (TOR-based websites) links and search engines provide very poor and partial results. But often these tools are obsolete after a few months. There are two main approaches to mitigate this challenge:

- OSInt automation (open source intelligence): This approach includes building your own discovery engine that can explore thousands of pieces of content, explore new links, classify them and create alerts when valuable information is found.

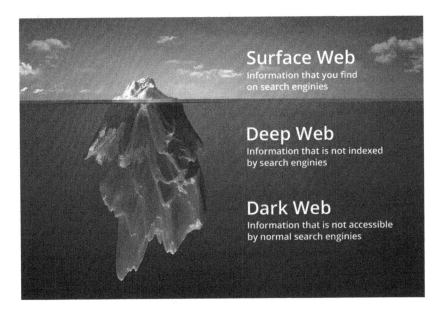

Abb. 2.11 Iceberg: Surface Web, Deep Web, Dark Web

- HUMINT approach (human intelligence): Sometimes closed groups cannot be penetrated or revealed. Instead, they can be found via a recommendation or referral link. But in order to find those recommendations or links, you'd need a cyber analyst that can interact with the relevant criminals and can easily assimilate as part of the group and find a way to infiltrate these hidden sites or links.

Automation Challenges – (e.g. are you a robot?)

As mentioned above, most valuable illicit sites have various defences to block any attempt to monitor their data. They want to do all they can to prevent being seized by law enforcement. There are many automation challenges, but I'll identify three of the more common challenges and possible solutions.

CAPTCHA protection

CAPTCHAs are a way for a user to prove they are human and not a robot. They are often a series of letters or numbers that need to be manually typed during the site registration process, login, or randomly as a user browses the site. Originally, users were asked to type a distorted letter or word. Later this shifted to the concept of reCaptcha that offers a list of images to identify or solve mathematical problems, etc.

Possible solution: The best approach to mitigate this challenge is to use third-party services that provide their own solution since it requires constant computer-vision training and, in some cases, human involvement.

Tracking user behaviour

Some sites employ the use of algorithms that attempt to locate bot behaviour, or high or intense and sometimes repetitive activity that can block your account or session. Sometimes a users' IP can also be blacklisted.

Possible solution: User-behaviour logic can mitigate this by imitating a real user profile while browsing a site. For instance, real users have fewer actions per given time period, and complete activities randomly. User ehavior logic creates a more challenging approach since real users aren't able to execute certain ehavior. For instance, real users are not able to cover large data amounts while monitoring.

Requiring confirmation of ID

The deeper forums or closed groups would require confirmation that you are one of them, either part of the criminals' group, a dealer or a trader. They often require some kind of proof – either a referral from a known member in the group or initial high value of payment by the admin, review of your crypto address history, interaction in the lingo of the hackers – or other type of ID.

Possible solution: For this challenge there is no current way to solve it through automation. Instead, you need to employ use of white-hat hackers that in some cases were one part of the black-hat group and defected. You can also use highly trained individuals that can spend a lot of time engaging with the criminals in order to gain their confidence.

2.7.3   The digital risks in dark networks

Cybercriminals devote serious effort to block any suspicious entrance to their sites or groups as they trade illicit goods and services. Abb. 2.12 covers the main illicit categories mentioned in the dark networks during Q1/2020 using Webhose's Cyber repository.

Here you can see an overview of the main illicit categories found in the different dark networks in the first quarter of 2020. Sexual content was always one of the most common types of content in anonymous networks (and probably will be in the future) but we can also see the high volume of hacking and financial fraud discussions about digital brands ranging from industries like retail and eCommerce, healthcare, financial services, government services as well as oil and energy companies and others.

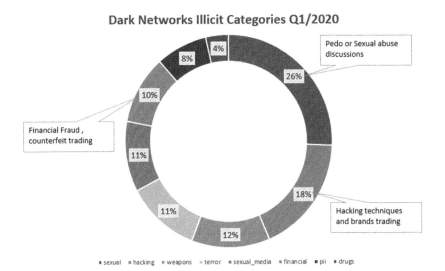

Abb. 2.12 Dark Networks Illicit Categories (Webhose.io)

Let's take a deeper dive into the most common goods and services being sold in the dark networks and how they can impact organizations.

Financial fraud and counterfeit

One of the more common illicit activities in the dark networks: Financial fraud occurs when someone takes money or other assets from you through deceptive or criminal activity. Counterfeit items are an imitation of an original branded item with the intent to steal, destroy, or replace the original in illegal transactions. Some of the more common counterfeit items sold are:

- Luxury-brands like Gucci, Rolex, Cartier that are sold at 10 % of the original price. In some cases, the manufacturing or shipping locations are mentioned, and in most of these cases the item is a replica, fake, or stolen good.
- Fake bank notes, driver's licenses, money and other types of official government papers.

In this post from the dark web you can see how a cybercriminal offers to teach others how to locate sellers and manufacturers of fake or replicated products.

Product description

Gain EXCLUSIVE access to THE #1 REPLICA MONEY MAKING SYSTEM Version 2.0

Description:

Make bank buying and selling 1:1 replicas / counterfeit goods. 1:1 means that they are damn near perfect.

The stuff that I buy and flip are usually:

- Clothes
- Accessories
- Electronics

This means DESIGNER CLOTHES, RAYBANS, ROLEXS, DR DRE BEATS, all for the low!!! Usually 10% of retail cost. You can

find nearly ANYTHING though, so think outside the box if you'd like and flip it

You'll learn:

- Where and how to find good sellers
- Where to sell goods
- Good OpSec

Here is another post of a cybercriminal selling an Amazon fake gift card:

Buy/sell gift cards ! Payment bitcoin - perfect money - webmoney - alipay (CNY)!

_____Amazon gift card _____

$2500 Gc = $200 Charges (Payment BTC/PM)
$3000 Gc = $300
$4000Gc = $500
$5000 Gc = $650
$7000 Gc = $800
$1000Gc = $100

The impact of counterfeit items sold on the dark web on these brands can be extremely damaging to the organization's reputation and revenue. Depending on how wide the phenomena is and if it was exposed and mitigated in early stages, these counterfeit sales can even affect the brand's stock option value.

Identity theft and data breaches

This is one of the more popular cybercrimes in the last few years. Identify theft is a broad term that refers to any time someone steals your personal information, like your social security number, credit card details or account details. The techniques hacking groups use to penetrate an organization are becoming increasingly advanced and the number of incidents of identity theft will only increase in the future. Cyber protection will become more sophisticated in response to this cybercriminal activity. The key, as always, is to identify the breach or identify theft in its early stages and prevent a major loss, since as long as the leak is exposed, the bigger the financial impact will be both for the organization and consumers.

In this example, we can see a cybercriminal selling access to a list of different organizations.

Here is another example of a cybercriminal that sells sensitive government information that either the actor directly hacked or traded.

Abb. 2.13 shows the last 3 months of compromised identities taken from Webhose's data breach detection repository.

Brand impersonation and phishing domains

One of the most popular cybercrimes in the last 5 years, brand impersonation and phishing, are increasing as industries become increasingly digitized.

Brand impersonation and phishing occur when domain names are hijacked with the intent to steal customers, customer data and take down competitor web-sites. This activity is very prevalent in forums, groups and marketplaces in the dark networks. Cybercriminals mention backdoors or list accounts that were taken over and are being sold to different domains. In most of the cases, they use social engineering to deceive already registered users. The result is an immediate loss of customer trust and a drop in additional transactions.

One of the key defences against brand impersonation and phishing is to identify these types of events early and block any additional loss by mitigating the existence of compromised data.

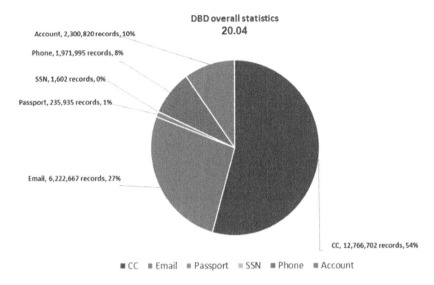

Abb. 2.13   DBD overall statistics (Webhose.io)

Here is an example of a cybercriminal selling Apple cards with credit to buy products.

Another example of stolen credit cards/gift cards from popular brands like Western Union and PayPal, among others.

Western Union,MG, PayPal, Bank Transfers, CC,Dumps, Giftcards Available Worldwide!!!!...

zeusmaye | offensivecommunity.net | 2018-10-12

http://offensivecommunity.net/showthread.php?tid=88731#pid_136581   download cache version

Western Union,MG, PayPal, Bank Transfers, CC,Dumps, Giftcards Available Worldwide My Business Regulations -... transfers :- 1: Bank name 2: Bank address 3: Zip code 4: Account Holder 5: Account number 6: Account Type... $10000 Transfer = $1000 $15000 Transfer = $1500 Buy/sell gift cards ! Payment bitcoin - perfect money... money - webmoney - alipay (CNY)! Amazon gift card $2500 Gc = $200 Charges (Payment BTC/PM) $3000 Gc = $300... Gc = $650 $7000 Gc = $800 $1000Gc = $100 Ebay gift card $2500 Gc = $200 Charges (Payment BTC/PM) $3000...

There are many more examples of illicit topics discussed in the dark networks:

- *Supply chain risks:* This mainly occurs in large industrial corporations such as the automotive, oil and gas industries and others. The idea is to disrupt the chain of activity that supplies a vital good or service.
- *Drug trafficking:* This occurs when illicit drugs are traded or sold in the dark networks.
- *Weapon trafficking:* This occurs when illicit weapons are traded in the dark networks.

2.7.4   How to best monitor and detect illicit activity

Cyber protection is a game of cat and mouse. It's similar to computer viruses and antiviruses. The most important thing to remember is to make sure you are always updated with the latest protection – which includes continuous monitoring of any illicit activity in the dark networks against your organization.

This type of visibility into the dark web enables organizations to stay a step ahead and mitigate or avoid early damage. Although it takes only one mistake for these cybercriminals to be caught by law enforcement, they need to first be able to find this mistake – which can be done through comprehensive and constant monitoring of as many dark networks as possible.

About the Author
Liran Sorani, Cyber Business Unit Manager @ **Webhose.io:** We provide on-demand access to web data feeds anyone can consume. Webhose.io empowers

you to build, launch, and scale data-driven operations as you grow – whether you're an entrepreneur, a researcher, or a senior executive at a Fortune 500 company. Developers get access to the same web data feeds that power our growing customer base of global media analytics and cyber solutions leaders. Every web data feed is optimized to deliver up-to-the-minute coverage of a specific content domain, such as dark networks, news, blogs, online discussions, and more. Just define your filters so you can focus on what you do best.

Webhose.io

support@webhose.io

Einsatzfeld Unternehmenssicherheit: Bedrohungen erkennen und vor die Lage kommen

3

„Wir können jemandem Pardon gewähren, der besiegt,
aber niemanden, der überrascht wurde."

Friedrich der Große

M. Grothe, *Digital Listening für Unternehmen*,
https://doi.org/10.1007/978-3-658-31104-9_3

Zusammenfassung

Es ist eine natürliche Vorstellung, dass die Digitalisierung immer weiterer Bereiche des ökonomischen, öffentlichen und privaten Lebens eine Vielzahl neuartiger und potenziell nutzbringender Funktionen generiert. Und natürlich erreicht in dieser Digitaldatenwelt die kunstfertige Suche („Artificial Intelligence") und Verknüpfung relevanter Daten durch Algorithmen bisher unbekannte Ebenen von Information und Wertschöpfung. So ist doch der digitale Raum keinesfalls mehr eine parallele virtuelle Teilwelt, sondern ein alles durchdringender Informations- und Meinungsraum.

Im Folgenden wird allerdings ausgeführt, wie sich in diesem Raum unternehmensbezogene Bedrohungen exponentiell verstärken: Digital versiert agierende Gegnerschaften, Data-Breaches als einfach verfügbare Munition sowie Desinformation als Angriffsvektor stellen die Unternehmenssicherheit und insbesondere die Früherkennung vor Herausforderungen. Es entsteht eine vielschichtige Bedrohungslage für Unternehmen.

Lassen Sie uns auch mit dem Gedanken spielen, dass zum einen der Digitalraum quasi eine weitere Destination („Digitalien") für die Auslands- und Reisesicherheit ist und zum anderen die digitale Ebene auch die Sicherheit der Reisenden betrifft.

Aber wir wollen den Digitalraum nicht nur als missliche Ausweitung der Angriffsfläche, sondern auch als Bereicherung für die Unternehmenssicherheit verstehen: Erlaubt er doch die Detektion zusätzlicher Informationen zu entstehenden Bedrohungen, um das unerwünschte Überraschungspotenzial zu senken.

Hierzu werden passende Analyseformate – Factbook, Premonitor und Alerting – vorgestellt und am Beispiel des G20-Gipfels in Hamburg durchdekliniert.

3.1   Was sich für die Unternehmenssicherheit ändert

Die Digitalisierung führt zu neuen Bedrohungen für Unternehmen, die über die inzwischen weitgehend etablierte, aber immer weiter zu entwickelnde IT- und Cyber-Security hinausgehen. Die Sicherheitsbereiche sind gefordert, auf die Ausweitung des Bedrohungsspektrums zu reagieren.

Für die Unternehmenssicherheit sollte allerdings die Notwendigkeit der Transformation keine neue Erfahrung sein: Liegen die Wurzeln in der Sicherung des eigenen Betriebsgeländes – ursprünglich in enger Verbindung mit der Betriebsfeuerwehr, folgte zunächst eine Ausweitung durch Ausstattung und Begleitung von Handelsreisenden. Mit der Digitalisierung gilt es nun, Cyber-Angriffen auf die eigene digitale Infrastruktur zu begegnen und abzuwehren.

3.1.1   Externe Plattformen als vierter Quadrant im Sicherheitsvisier

Will man die aktuellen Herausforderungen der Unternehmenssicherheit verstehen und insbesondere verstehen, mit welchem Hintergrund diese neuen Aspekte angegangen werden, dann ist ein Blick auf diese bisherige Entwicklung hilfreich (vgl. ASW Bundesverband 2017):

- **Objekt- und Veranstaltungsschutz**
  Klassisch liegen die Wurzeln der Unternehmenssicherheit in der Sicherung des Firmengeländes. Unbefugten sollte der Zutritt verwehrt, Diebstahl und Spionage so weit wie möglich unterbunden werden. Im Mittelpunkt für diese Aufgabe stehen Aspekte der physischen Sicherung. Veranstaltungs- und Objektschutz sind ursprüngliche Kernaufgaben. Die Abwehr von Lausch-angriffen sowie – als ganz neue und bisher relativ unbewältigte Entwicklung – die Abwehr von Drohnenflug über das eigene Gelände sind spezifische Aus-prägungen dieser Aufgabe.
- **Lage und Reisesicherheit**
  Eine geografische Ausweitung erfährt dieser Schwerpunkt mit der zunehmenden Expansion über den – hierzulande vermeintlich sicheren – Heimatmarkt hinaus. Auch in fremden Regionen gilt es, eine Orientierung und Übersicht zu vorherrschenden Gefahrenquellen herzustellen, diesen idealer-weise auszuweichen und akuten Gefährdungen zu begegnen. Reisesicherheit ist hier das hauptsächliche Stichwort (vgl. Abschn 3.1.4 Auslands- und Reise-sicherheit: Zuhören schadet nie (Gastbeitrag Friedrich Christian Haas)).
- **IT- und Cyber-Security**
  Mit dem zunehmenden Einzug digitaler Infrastrukturen und Systeme in Unternehmen sind zugleich neue Angriffsflächen entstanden. Gegner oder Wettbewerber können nun versuchen, über das Internet oder etwa verstreute USB-Sticks in die unternehmenseigenen Datenbereiche einzudringen und Abläufe zu stören, Daten zu kopieren oder erpresserisch tätig zu werden. Auch hier ist der Sicherheitsbereich – in der Ausprägung der IT- bzw. Cyber-Security – gefordert, unbefugten Zugriff auf den eigenen Bereich zu unterbinden: Ein rasanter Wettlauf hat hier eingesetzt.

Zusätzlich herausgefordert wird die eigene Verteidigung durch den Trend, dass Mitarbeiter auch eigene Devices (Computer, Laptops, Mobiltelefone, Smartwatches) als Arbeitsinfrastruktur nutzen und mit dem Unternehmensnetz verbinden: Bring your own device BYOD. Die in der Folge der Corona-Krise sprunghaft steigende Nutzung des Home-Offices, inklusive schlecht gesicherter WLAN-Umgebungen, vergrößert und zersiebt die Angriffsfläche in einem bisher unbekannten Ausmaß.

Diese Aufgabenfelder lassen sich in einem Quadrantenschema aufspannen: Die Ausprägungen reichem vom eigenen Betriebsgelände zur globalen Rest-of-World-Perspektive sowie vom physischen Analograum zum virtuellen Digitalraum. Damit ergeben sich zwei Achsen:

• Materieller vs. digitaler Bereich,
• Home/Onsite vs. Rest-of-World.

Diese Strukturierung offenbart sogleich, dass es einen vierten Quadranten geben muss: Der digitale Bereich außerhalb der eigenen Infrastruktur! So führt die Digitalisierung auch der öffentlichen Kommunikation dazu, dass Unternehmen im digitalen Raum auch auf fremden Plattformen gegen Angriffe verteidigt werden müssen:

▶   So lassen sich wesentliche Unternehmenswerte, wie etwa die Arbeitgeberreputation, das Produktimage oder sogar die Motivation der Mitarbeiterbelegschaft wirkungsvoll auf digitalen Plattformen außerhalb des eigenen Gestaltungsbereiches angreifen. Auch auf solchen externen Domänen, etwa Sozialen Netzwerken und Foren ist die Unternehmenssicherheit gefordert, gegen Angriffe vorzugehen. Wobei tatsächlich die erste Herausforderung im Erkennen, der Detektion, entsprechender Vorkommnisse liegt. Dies ist das Feld des Digital Listening und der Früherkennung.

Dieser neue Quadrant im sogenannten Sicherheitsvisier muss gegen digitalen Aktivismus, kriminelle Aktivitäten und gezielte (Des-)Informationsangriffe abgesichert werden. Abb. 3.1 zeigt dies schematisch.

Diese Ausweitung entspricht einem Muster, für das es einige Jahre zuvor einen schematischen Vorläufer in der sicherheitspolitischen Diskussion gab: So stieß auch die Aussage des damaligen Bundesministers der Verteidigung Peter Struck, *„Deutschlands Sicherheit werde nicht nur, aber auch am Hindukusch verteidigt"*

Abb. 3.1 Sicherheitsvisier mit vier Quadranten

vielerorts auf Unverständnis und Ablehnung, ist aber mittlerweile verstanden und akzeptiert.

▶ Auch der digitale Raum ist hochrelevantes Sicherheitsvorfeld: Denn neuartige Bedrohungen entstehen außerhalb der eigenen Infrastruktur. Die Unternehmenssicherheit darf hier keinen blinden Fleck zulassen. Die aktive Verteidigung überlässt den digitalen Raum nicht den Gegnern!

Früherkennung durch Digital Listening zeigt solche Bedrohungen für Unternehmen, Persönlichkeiten, Liegenschaften, Arbeitgeberbilder, Produktimages und die Reputation. Mit entsprechenden Prozessen lassen sich diese Bedrohungen früher erkennen, um passgenauer handeln zu können. Damit vermindert digitale Aufklärung eine gefährliche **Asymmetrie**: Unternehmen gewinnen Vorwarnzeit und Entscheidungssicherheit: Unliebsame Überraschungen werden reduziert.

Die weiteren Ausführungen sollen nun dazu ermuntern, den digitalen Raum und neuartige Algorithmen für das frühzeitige Erkennen von sicherheitsrelevanten Informationen, inklusive Desinformationskampagnen, einzusetzen, insbesondere solchen, die a priori nicht benannt werden können, also potenziell überraschend sind.

Bei näherer Betrachtung stellt sich heraus, dass eine solche Früherkennung durchaus für unterschiedliche Unternehmensfunktionen von zunehmender Bedeutung ist, seien es neben der Unternehmenssicherheit auch Produktentwicklung, Marketing und Vertrieb, aber auch Unternehmenskommunikation, Risk Management, Credit Management bis hin zur Personalbeschaffung.

Diese Möglichkeiten, die die Digitalisierung der öffentlichen Kommunikation eröffnet, erfordert jedoch in vielen Fällen eine Weiterentwicklung der gewohnten internen Abläufe und Entscheidungswege. Der Weg in diese Richtung lässt sich als digitale Transformation bezeichnen. Gerne soll die Unternehmenssicherheit ermutigt werden, bei diesen Prozessen nicht abseits zu stehen, sondern aktiv die eigene Sichtweise möglichst konsistent und weitflächig einzubringen. Denn solche **Veränderungsphasen** sind selten und sollten genutzt werden, um zumindest den erreichten Sicherheitsgrad zu halten, idealerweise aber auszubauen.

Wir wollen darauf hinweisen, dass entsprechende Technologien bereits vorliegen – die Herausforderung aber nun vielmehr darin besteht, diese Fortentwicklung nachhaltig einzuleiten und zu verankern. Wenn sich aktuell formulieren lässt, dass die Digitalisierung ganze Branchen und jede Unternehmensfunktion mit neuartigen – mitunter disruptiven – Lösungen konfrontiert, dann gilt dies auch für die Unternehmenssicherheit. Alles andere wäre sonderbar.

Die dunkle Seite der Digitalisierung bietet der Unternehmenssicherheit neue Möglichkeiten und Herausforderungen.

3.1.2 Transformation Verteidigungsprozess

Digitalisierung bedeutet – neben vielen anderen Dingen – dass ganz neue Kategorien und Mengen von Daten verfügbar sind. Diese potenziellen Informationswerte können für zahlreiche Unternehmensfunktionen genutzt werden. Es bedeutet auch, dass etablierte Prozesse wie die Früherkennung einer digitalen Transformation unterzogen werden sollten, um anschlussfähig zu bleiben. Ohne diesen Schritt wird es nicht gelingen, den aufkommenden **hybriden Bedrohungen** zu begegnen. Neue Methoden und Werkzeuge hierzu sind jedoch bereits verfügbar.

Aber auch wenn die digitale Bedrohung durch aktivistische Kampagnen und Desinformationsangriffe neuartiger Natur ist, scheint der entsprechende Verteidigungsprozess, grundsätzlich in bestehende Prozessgrundmuster zu passen. Dieser wird im Englischen häufig als „Incident Response Process" bezeichnet.

So folgt die Verteidigung – wie in der nachfolgenden Abbildung dargestellt –
üblicherweise einem fünfstufigen Ablauf (vgl. ASW Bundesverband 2017):

- **Vorbereitung/Prävention:**
  Grundlage jeder Verteidigung ist die vorbereitende inhaltliche Bestandsauf-
  nahme möglicher Bedrohungen und Gegnerschaften, der Aufbau leistungs-
  fähiger Systeme und Abläufe sowie die Sensibilisierung der potenziell
  betroffenen und zu beteiligenden Mitarbeiter. Letzteres sollte durch
  Schulungen, Planspiele und Dokumentationen erfolgen.
- **Detektion:**
  Entsprechend vorbereitet setzt die Früherkennung von Bedrohungen an. Im
  digitalen Raum idealerweise umgesetzt als halbautomatisches Finden und
  Filtern, bei dem Algorithmen deutlich zur Prozesseffizienz beitragen können.
  Eine besondere Herausforderung für den Sicherheitsbereich, die aber techno-
  logisch unterstützt werden kann, stellen die „unknown Unknowns" dar:
  Bedrohungen, die nicht im Vorhinein bezeichnet werden können. Dieser
  Umstand ist der Grund, weshalb Stichwort-basierte Suchsysteme, wie die
  meisten Social-Media-Monitoring-Lösungen, für den Sicherheitsbereich nicht
  passend sind.
- **Bewertung:**
  Zum jetzigen Stand der Technik ist eine Bedrohungsbewertung von digitalen
  Funden noch nicht zuverlässig maschinell zu leisten. Diese Domäne bleibt
  menschlichen Analysten vorbehalten. Es ergibt sich eine dreistufige Prüflinie:
  - Technologiegestützt identifiziert die Früherkennung auffällige Funde.
  - Analysten schätzen – teilweise mit investigativen Vertiefungen und
    Iterationen – die Bedrohungsrelevanz ein. Sicherheitsrelevante Treffer
    werden durch eine Alarmmitteilung (Alerting) oder ein zusammen-
    fassendes Berichtswesen (Reporting) aufgenommen.
  - Durch Abstimmung und gegebenenfalls Vertiefung mit den betroffenen
    Fachseiten ergibt sich das konkrete Bedrohungspotenzial: Maßnahmen
    können eingeleitet werden. Im Feedforward wird auch die Suchsyntax
    gegebenenfalls angepasst.
- **Eindämmung:**
  Die Eindämmung kann darin bestehen,
  - einer Desinformationskampagne entgegen zu treten,
  - einen unerwünschten Einblick möglichst weit abzubauen,
  - sonstige Vorkehrungen zu treffen, um das Schadenspotenzial einer
    erkannten Bedrohung zu begrenzen.

In Anbetracht der digitalen Verbreitungsmechanismen muss beispielsweise eine Eindämmung von Desinformationskampagnen sehr schnell erfolgen. Zudem darf sie sich nicht auf eine Gegendarstellung auf der eigenen Webseite beschränken, sondern muss die digitalen Plattformen, Foren und Netzwerke fokussieren, die Quelle der Entwicklung sind. In diesen Krisensituationen zahlt sich aus, wenn wichtige Quellen, Akteure und deren Vernetzung bereits im Rahmen der Prävention identifiziert wurden.

- **Vorfall-Nachbehandlung:**
  Im Anschluss an die erste Hilfe beginnen die strategischen Maßnahmen. Es erfolgt die Identifikation des Gegners und die Festlegung des Umgangs mit ihm. Dann beginnt der Lerneffekt mit neuem Input für die Verbesserung der Prävention und der Detektion. Der Kreis schließt sich.

Abb. 3.2 zeigt den Ablauf:

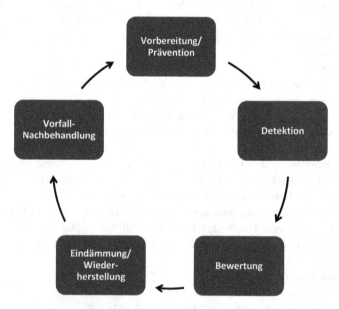

Abb. 3.2 Verteidigungsprozess

Gleichwohl ist zu betonen, dass dies ein idealtypischer Verlauf ist. In der Realität können sukzessive detektierte Bedrohungsaspekte Anpassungen der Bewertung und abgeleiteter Maßnahmen erfordern. Ein strukturierter Angreifer kann dies in seinem „Playbook" so vorsehen, indem er sich nicht nur auf einen Vektor konzentriert, sondern etwa auch Finten und Ablenkungen einsetzt.

Damit zeigt sich, dass.

- zum einen Anlass besteht, die bestehenden Verteidigungs- bzw. Incident Response Prozesse weiterhin aktuell zu halten und durch Implementierung von Digital-Listening-Komponenten auszubauen.
- Zum anderen sind den Sicherheitsbereichen, den Führungskräften sowie der Mitarbeiterschaft im Rahmen der Prävention die mit der öffentlichen digitalen Kommunikation verbundenen Gefahren zu verdeutlichen.

Datenvermeidung und -sparsamkeit sind hier die Schlagworte, um unerwünschte Einblicke und Angriffsflächen zu vermeiden. Insbesondere ist eine private Verwendung der betrieblichen E-Mail-Adressen nicht zulässig, um das Risiko von Data-Breaches zu begrenzen.

Die Früherkennung beginnt mit der Prävention, in der mögliche Angriffspunkte reduziert werden. Die digital unterlegten Herausforderungen können damit grundsätzlich mit dem bestehenden Grundprozess aufgefangen werden. Gleichwohl führt die Digitalisierung insbesondere der öffentlichen Kommunikation zu einer **neuen Verwundbarkeit von Unternehmen**, die von böswilligen Dritten ausgenutzt werden kann und wird.

3.1.3 Böswillige Dritte im digitalen Eisberg

Die Unternehmenssicherheit wird nicht nur gelegentlich dem Verdacht ausgesetzt, paranoid zu sein, überall Bedrohungen zu sehen oder zumindest zu vermuten. Hier mag es im Einzelfall durchaus Übertreibungen geben, allerdings muss auch festgestellt werden, dass – nicht zuletzt durch die Digitalisierung – es nie einfacher war, einem Unternehmen oder einer exponierten Persönlichkeit Schaden zuzufügen.

Die Simplifizierung der Möglichkeiten, insbesondere durch erhöhte Transparenz, generierbare Einblicke, umsetzbare Ansprachen sowie verfügbare Daten und Werkzeuge, führt zu einer Ausweitung potenzieller Akteursgruppen, die zu entsprechenden Aktionen fähig wären. Eine gegenläufige Tendenz, etwa in Form von zunehmender Friedfertigkeit oder auch nur Achtsamkeit kann nicht ausgemacht werden: Eher ist das Gegenteil der Fall.

Damit nimmt die Anzahl von Akteuren, die zu sicherheitsrelevanten Handlungen gegen ein Unternehmen fähig wären, kontinuierlich zu. Folglich ist weniger zu fragen, ob die Unternehmenssicherheit paranoid ist, sondern ob sie paranoid genug ist.

▶ So erfordern weder facettenreiche Desinformationsangriffe noch missbräuchliche Nutzungen von durch Data-Breaches entwendeten Nutzerdaten oder Information Leaks das Verlassen der eigenen „Comfort Zone" oder gar ein besonderes technisches Fachwissen. Selbst konkrete Cyber-Angriffe lassen sich im Darknet genauso anonym wie passgenau einkaufen: Crime as a Service.

Damit aber wird deutlich, dass wirkungsvolle Angriffe keinen staatlichen Akteur, global agierende NGO, organisierte Kriminalität oder potente Konkurrenten voraussetzen, sondern auch durch Einzelpersonen mit überschaubarer Expertise umgesetzt werden können:

Beispielsweise könnten auch **übergangene Mitarbeiter, abgelehnte Bewerber, aussortierte Freelancer, sich ungerecht behandelt fühlende Kunden, abgelehnte Kreditantragsteller, zurückgestufte Versicherungsnehmer** etc. im digitalen Raum bedrohlich agieren.

Dies soll keinen Generalverdacht nahelegen, aber aufzeigen, dass die klassischen Akteure wie sicherheitsgefährdende Aktivisten, Kriminelle, Saboteure, Wirtschaftsspione und Innentäter durch weitere Kategorien zu ergänzen sind. Natürlich könnten diese und ähnlich motivierte Personen auch im physischen Raum sicherheitsrelevant aktiv werden, jedoch ist die reale Hemmschwelle vermutlich höher als die digitale.

Reputationsschädigung, Desinformation, Information Leaks, Identitätsmissbrauch, Social Engineering, Erpressung sind denkbare Formen solcher Maßnahmen, die sich im digitalen Raum vermeintlich unkompliziert bewerkstelligen lassen.

▶ Der digitale Eisberg aus Clear Web, Deep Web und Darknet ist in seiner Gänze der Informationsraum für „böswillige Dritte". Hierbei sollte die Bedeutung des Darknets für die allermeisten Unternehmen nicht zu hoch eingeschätzt werden: Es ist durchaus angebracht, diesen anonymen Bereich etwas zu entmystifizieren und in eher größeren Zyklen auf sicherheitsrelevante Aspekte zu untersuchen. Gleichwohl sind bereits die offen zugänglichen Internetbereiche ausreichend kritisch.

Mit dieser zumindest hypothetischen Ausweitung wird die bedrohliche Asymmetrie weiter ausgebaut: Der Sicherheitsbereich muss das gesamte Unternehmen in allen Dimensionen schützen, der oder die Angreiferin kann sich einen einzelnen Angriffspunkt auswählen.

3.1.4 Auslands- und Reisesicherheit: Zuhören schadet nie (Gastbeitrag Friedrich Christian Haas)

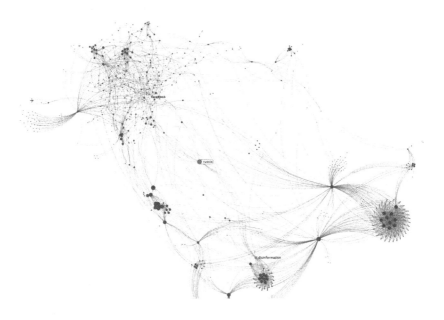

Zusammenfassung

Gut zuzuhören schadet nie, fast nie, es hängt von der Perspektive ab. Dass Mitarbeiter von Unternehmen auf Geschäftsreisen oder während einer Entsendung im Ausland ungebetene Zuhörer haben könnten, die sich für ihre Geschäftsgeheimnisse interessieren, ist allgemein bekannt. Aber es lohnt sich genauer hinzuhören, weil im Zuge der Digitalisierung und der Globalisierung auch andere genauer und vor allem anders hin- und zuhören, nämlich digital.

Globalisierung der Geschäftsreisen
Geschäftsreisen und Entsendungen ins Ausland sind für einen Großteil der deutschen Wirtschaft unverzichtbar. Maschinenbau und Chemie, um nur zwei Branchen zu nennen, können nicht vom Homeoffice aus betrieben werden. Globalisierung und Internet haben seit den 1990er Jahren zusätzlich einer Vielzahl kleiner und mittelständischer Betriebe weltweit neue Märkte und Geschäftsbeziehungen erschlossen. So bekommt z. B. eine kleine Manufaktur für hochwertige Holztreppen in Westfalen über das Internet Aufträge aus Südkorea. Eine erste Geschäftsreise führt, bei erfolgreicher Entwicklung des Geschäfts, zur Entsendung eines Mitarbeiters für den Vertrieb oder zum Aufbau einer Produktion vor Ort. In den letzten 30 Jahren hat sich der Mittelstand bis zum Einzelunternehmer und Freelancer herunter globalisiert. Hohe und weltweite Mobilität, Vernetzung und Kommunikation sind zum alltäglichen Erlebnis geworden.

Digitalisierung von Geschäftsreisen und Informationen
Allerdings ist diese Form der Globalisierung nicht denkbar ohne eine Digitalisierung, die mit entscheidend dazu beigetragen hat, dass Vernetzung, Mobilität und Kommunikation in dem Maße überhaupt für fast jeden Marktteilnehmer möglich, d. h. finanzierbar geworden sind. Wir buchen und nutzen heute Flugzeuge und führen Ferngespräche als Videokonferenzen im Netz, die es vor 30 Jahren in der Form nicht gab oder die so wirtschaftlich nicht darstellbar waren.

Ein guter Unternehmer ist informiert und ein gutes Risikomanagement beobachtet fortlaufend (Monitoring) die für seine Geschäfte relevanten Erfolgsfaktoren und Risiken, um frühzeitig Veränderungen, Trends und somit Chancen und Risiken zu erkennen. Dazu gehören regelmäßiger Austausch mit anderen Geschäftspartnern, Zeitungen, Fachzeitschriften oder auch Weiterbildungen. Gute Informationen sind wie Versicherungen. Nicht von ungefähr ist der wichtigste Versicherungsmarkt der Welt, Lloyd's of London, in Lloyd's Coffee House in London entstanden, wo sich Geschäftsleute über das Neueste aus der Welt des maritimen Handels austauschten. Es gab dort immer etwas zu hören, auch gerade was den Außenhandel, die damaligen Geschäftsreisen und Transporte auf Schiffen und Niederlassungen und Entsendungen nach Übersee betraf.

Im Zeitalter der Digitalisierung gibt es immer noch unverzichtbare Clubs in London, wo sich vertrauliche Beziehungen aufbauen und persönliche Netzwerke pflegen lassen. Aber quasi kein einziger Unternehmer, Banker, Rechtsanwalt, Versicherungsmakler oder Versicherer wird noch ohne Smartphone, Tablet, Laptop oder Satellitentelefon unterwegs sein. Die Beschleunigung von Geschäftsreisen ins Ausland ist noch von der Beschleunigung der Informationen über das Ausland überholt worden. Waren Informationen früher mit dem Schiff genauso schnell wie ein Geschäftsreisender, so brauchen sie heute nur noch Bruchteile von Sekunden und erreichen uns in Echtzeit. Über eine Webcam können wir jederzeit ein Lager an einem Auslandsstandort überwachen oder sehen, wie das Wetter am Zielort unserer geplanten Geschäftsreise ist. Journalisten berichten live aus einem Krisengebiet, in sozialen Medien erreicht uns eine Flut von Nachrichten und über Google sind Informationen in Wort, Bild und Ton rund um die Uhr recherchierbar.

Neue Unübersichtlichkeit und Ungewissheit
So viele Möglichkeiten, in Echtzeit zuzuhören, führen jedoch zur Überflutung mit Reizen und Informationen, eine sogenannten Information Overload, zu immer weniger Wissen bei immer mehr Informationen in immer kürzerer Zeit. So fantastisch die Möglichkeiten der weltweiten Vernetzung auch sind, ehrliche Wissenschaftler geben zu, dass sie nicht ansatzweise dazu kommen, die wichtigsten Publikationen ihres Fachgebietes zu lesen. Unternehmern geht es nicht anders.

So beschrieben bereits 2013 Führungskräfte in einer Langzeitstudie mit 120 Entscheidern deutscher Top-Unternehmen (vgl. IESE Management Excellence Cockpit Leadership in Zeiten der Unsicherheit. 2013) eine so bisher nicht gekannte neue Unübersichtlichkeit. Bereits in den 1990er Jahren wurde am US Army War College dazu der Begriff VUCA-World entwickelt, um eine zunehmend unübersichtlichere Welt nach dem Ende des kalten Krieges zu beschreiben: Eine Welt, die von Volatility (Unbeständigkeit), Uncertainty (Unsicherheit), Complexity (Komplexität) und Ambiguity (Mehrdeutigkeit) geprägt ist. Diese Beschreibung traf eine über die Sicherheitspolitik hinaus bestehende Grundstimmung. Die Wirtschaft übernahm den VUCA-World Begriff schnell in ihr Vokabular. Parallel entwickelte der Wirtschafts- und Organisationswissenschaftler Heijo Rieckmann (1946–2008) an der Universität Klagenfurt das DYNAXITY Modell (vgl. Rieckmann 2007), um wachsende Dynamik und Komplexität als Rahmenbedingungen unternehmerischen Handelns zu beschreiben und wie man unter diesen Umständen Führung und Management neu denken muss. In dieselbe Zeit fällt mit der Verbreitung des Internets der entscheidende Treiber von DYNAXITY in einer Welt, die von zunehmender Vernetzung – nun analog wie digital – und hoher Mobilität geprägt ist. Dieses Gefühl der Unsicherheit brachte der CIA Ausbilder Walter Burk in dem zeitgenössischen

Film The Recruit von 2003 auf den Punkt (vgl. https://www.imdb.com/title/tt0292506/plotsummary):

What you see and what you hear – nothing is what it seems and everything is a test.

Das Zitat wurde zum geflügelten Wort, weil es ein allgemeines Gefühl zum Ausdruck brachte. Diese Unsicherheit schlug sich in Unternehmen im Thema Auslands- und Reisesicherheit nieder. Hinsichtlich der Digitalisierung von Informationen brachte dies schon der Film Sneakers 1992 auf den Punkt (vgl. https://en.wikiquote.org/wiki/Sneakers_(1992_film)):

▶ *The world isn't run by weapons anymore, or energy, or money, it's run by little ones and zeroes, little bits of data. It's all just electrons.*
… There's a war out there, old friend. A world war. And it's not about who's got the most bullets. It's about who controls the information. What we see and hear, how we work, what we think… it's all about the information!

Niklas Luhmann hat einmal davon gesprochen, Komplexität mit Komplexität zu begegnen (vgl. Hasenzagl und Barbara 2013). Vor dieser Herausforderung steht heute ein Unternehmen in Bezug auf Auslands- und Reisesicherheit.

Unsere globalisierte, analog wie digital vernetzte Welt ist ein nichtlineares System, das sich der Berechenbarkeit und erst recht der Beherrschbarkeit entzieht. Der Komplexität der digitalen Informationsflut können wir nur drei Dinge entgegensetzen: Menschliche Netzwerke, Intuition und Empathie (vgl. Kruse 2020) und technisch intelligente digitale Systeme, die auf ihre Art und Weise in den digitalen Datenstrom hinein hören – kurz Digital Listening.

Die Herausforderung ist, dass Geschäftsreisen in einer VUCA-Welt oft recht kurzfristig und spontan in ein vorab nicht berechenbares Umfeld erfolgen. Aus meiner Erfahrung heraus, stellen gerade Service-Mitarbeiter dabei die größte Herausforderung dar. Verkauf, Einkauf, Geschäftsführung bei Vertragsabschluss, Monteure bei Installation, Bau oder Inbetriebnahme und erst recht zu entsendende Expats, all das sind Geschäftsreisen mit einem gewissen Vorlauf und Zeit zur Vorbereitung im Hinblick auf zu prüfende Risiken. Aber wenn eine Maschine defekt ist und ein Betrieb stillsteht, zählen Tage und Stunden. Gerade zahlreiche Übernahmen, Zusammenschlüsse oder Joint Ventures führen dazu, dass v. a. Service-Mitarbeiter kurzfristig zu einen ihnen bislang unbekannten Kunden reisen müssen, weil dort Technik im Einsatz ist, die von einer übernommenen Firma vor Jahren eingebaut wurde. Oder ein Zulieferer für einen

Maschinenbauer in Deutschland weiß nie, wo seine dort in Maschinen verbaute Technik hin verkauft wurde, bis genau dieses Teil defekt ist und der Zulieferer zur Instandsetzung kurzfristig ins Ausland reisen muss.

Neue Risiken und Verwundbarkeit im Ausland

Was früher vor allem aus Werkschutz und ggf. Personenschutz von Vorständen bestand, umfasst heute mehr denn je den Schutz der eigenen Mitarbeiter auf Geschäftsreisen und bei Entsendungen. Sie sind vielfach den größten Risiken ausgesetzt und stellen die einfachsten Angriffspunkte für Angreifer da – ob analog oder digital. Auf Reisen und bei längeren Auslandsaufenthalten sind die Möglichkeiten, von einer Person im Notfall Schaden abzuwenden oder zu minimieren, deutlich beschränkt. Daher ist Prävention durch eine gute Risiko-analyse vorab und ein ebensolches Risiko-Monitoring während der Reise bzw. des Auslandsaufenthaltes um so wichtiger.

Hinzu kommt, dass der VUCA-Welt Begriff nicht von Ungefähr aus der Sicherheitspolitik kommt. Globalisierung und Internet haben auch eine Viel-zahl neuer Konflikte und Risiken mit sich gebracht (vgl. Goldmann et al. 2015; Zeihan 2014). Sogenannte Failed States wie Somalia, Afghanistan, Syrien, Jemen oder Libyen und die Sahel Region haben neuzeitliche Piraterie wiederbelebt und Terrororganisationen mehr als nur eine Operationsbasis ermöglicht. Und das mit massiven Einwirkungen auf Handelsrouten, Geschäftsreisen und Auslandsstand-orte.

Hackerangriffe kommen nicht nur aus dem Ausland, sondern Reisende und Expats mit ihren mobilen Datenträgern sind sehr attraktiv, weil nur schwer zu schützende Ziele. Ein Laptop im vor Zutritt geschützten Raum am deutschen Standort, zudem im abgesicherten unternehmenseigenen LAN oder WLAN ist eben etwas völlig anderes, als dasselbe Gerät in einer Aktentasche unterwegs im Ausland. Es ist nicht sicherer geworden, eher das Gegenteil. Bei Bürgern wie Unternehmen wächst zudem der Zweifel, ob sie sich auf den eigenen Staat verlassen können. Der eigene Staat kämpft seinerseits nicht nur mit der Über-forderung, wen er alles vor welchen Risiken schützen soll (vgl. Siegmund 2017; Daase et al. 2013; Levinson 2016).

Was also tun, wen in dem Kontext ein Service-Ingenieur kurzfristig eine Reise ins Ausland antreten soll? Wenn beispielsweise Getränkeabfüllungsanlagen in Tripoli in Libyen oder in Peschawar in Pakistan stillstehen oder in einem Kraft-werk in Hong Kong ein wichtiges Teil aus Deutschland eingebaut werden muss, damit der Strom wieder fließt?

Stärken von Digital Listening

Genau in so einer Situation kann Digital Listening seine Stärke ausspielen, um kurzfristig einem Analysten bzw. Unternehmen wichtige aktuelle Daten zur Risikoanalyse bereitstellen zu können. Noch besser und schneller gelingt das natürlich, wenn für das Land und Projekt bereits ein fortlaufendes Risiko-Monitoring in Verbindung mit Digital Listening aufgesetzt ist. In jedem Fall muss bei der Entscheidung für eine Reise ein Monitoring erkannter Risiken sichergestellt werden, da sich eine Lage in einer VUCA-Welt jederzeit verändern kann. Digital Listening kann so Analysten helfen, relevante Informationen in folgenden Bereichen zu finden

* auf eigenen Datenbanken des Analysten,
* auf eigenen Datenbanken des Unternehmens,
* offene Quellen im frei zugänglichen Internet,
* offene Quellen im Darknet.

Dabei erstrecken sich die Fragestellungen eines Analysten an Digital Listening auf einen offenen Fragenkatalog. Offen ist dabei wichtig, weil eine Recherche unerwartete Ergebnisse zutage fördern kann, die sich als sehr wichtig herausstellen, aber überhaupt nicht in der ursprünglichen Fragestellung intendiert waren. Diese offene Herangehensweise ist die logische Konsequenz aus der Unberechenbarkeit des Umfeldes und der Umstände. Es geht um Risiken die sich auf.

* Unternehmen
* Reisende
* Geschäftspartner
* Wettbewerber
* Aktivisten
* Medien
* Kriminalität
* Land (Kultur, Geografie, Politik, Recht,...)
* Reise
* digitalen Raum

und der Wechselwirkung dieser Risiken untereinander beziehen. In einer vernetzten Welt gibt es keine isolierten Risiken und alle Risiken sind von der Digitalisierung betroffen und durch sie vernetzt. Das Allianz Risk Barometer (ein jährliches Risiko-Ranking und Risikoprognose der AGCS der Allianz Versicherung https://www.agcs.allianz.com/news-and-insights/reports/allianz-riskbarometer.html) spricht daher zurecht von vernetzten Risiken. Man erkennt hier schnell die sich daraus ergebene Dynamik und Komplexität (DYNAXITY), die eine Risikoanalyse nicht leichter macht. Zugleich bietet aber Digital Listening die Option, gerade die digitale Vernetzung der Risiken zu identifizieren und aufzuzeigen.

Spurensuche im Netz
Digital Listening folgt letztlich den Spuren, den Informationen, die wir alle im Netz hinterlassen, ob bewusst oder unbewusst, freiwillig oder unfreiwillig. Unternehmen stellen bewusst und freiwillig Informationen über sich selber ins Netz, auf der eigenen Webseite, Firmenprofilen in sozialen Medien, u.v.m. Unbewusst ist vielen Unternehmern und Unternehmen, dass ihre Bilanzen, Beteiligungen, Vermögen,… online auf staatlichen Webseiten, Wirtschaftsdatenbanken oder Medien offen einsehbar sind. Dabei kann ein übereifriger Steuerberater nicht notwendige Angaben wie zur privaten Anschrift oder Geschäftsanteilen machen, die dann behördlicherseits ins Netz gestellt werden und so öffentlich gemacht werden. Das gleiche gilt für die Geschäftsreisenden oder Entsendeten selber, was sie über sich im Netz in sozialen Medien in ihren Profilen, Kommentaren,… preisgeben oder was in Medien über ihr berufliches oder privates Leben berichten. Darüber hinaus hat die Digitalisierung noch eine unfreiwillige und oft unbewusste Preisgabe von Informationen geschaffen. Wir hinterlassen z. B. beim Schreiben von Emails, Videokonferenzen, Besuch von Webseiten, Beantragung von Visa über Agenturen, Buchungen von Flügen und Hotels, beim Bezahlen mit Kreditkarten in Restaurants digitale Spuren. Diese unterliegen Datenschutzbestimmungen, die aber weder Hacker noch staatliche Nachrichtendienste davon abhalten, auf diese zuzugreifen und sie teilweise auch im Internet oder Darknet öffentlich zu machen. Einige Hacker, die zeigen wollen, was sie können oder als politische Aktivisten auf ihre Anliegen hinweisen wollen, stellen so personenbezogene Daten ins Internet. Andere bieten gestohlene Datensätze im Darknet zum Verkauf an. Nachrichtendienste bzw. Staaten nutzen die Daten für ihre Zwecke, was bis hin zur gezielten Veröffentlichung gehen kann.

Sicherheitsrelevante Spuren
Diese Seite der Digitalisierung und der digitalen Spuren, die wir im Netz hinterlassen, werden für Auslands- und Reisesicherheit relevant, wenn sich daraus Risiken für Mitarbeiter und das Unternehmen selber ergeben können. Digital

Listening hilft grundsätzlich festzustellen, was es an öffentlich zugänglichen Informationen und daraus ableitbaren digitalen Profilen von Personen und Unternehmen gibt. Ein gut aufgesetztes Digital Listening kann in kürzester Zeit diese Informationen in einer vorab definierten Form bereitstellen und bestehende Risiken aufzeigen. Dazu ist aber notwendig, dass das Unternehmen im Rahmen des eigenen Risikomanagement klärt, welche Informationen, wenn Dritte darauf Zugriff haben, ein Risiko im Rahmen der Auslands- und Reisesicherheit darstellen: Drohen dadurch dem Unternehmen oder einer Person Gefahren, die unter Umständen Unternehmensziele oder gar Leib und Leben der Mitarbeiter im Ausland gefährden können? Zugleich muss ein Prozess modelliert werden, der die Ergebnisse des Digital Listening mit Triggern des Risikomanagements abgleicht. Im Rahmen integrierter Managementmodelle können hier Lösungen gefunden werden, die schon beim Ausfüllen eines Reiseantrags automatisierte Abfragen starten und Risiken aufzeigen, die sich aus dem Reiseziel oder der reisenden Person ergeben. (Alexander Rank hat für Kunden entsprechende digitale Prozesse im Rahmen der Software RIS https://www.ranktm.com/#ris modelliert, wo Schnittstellen zu Digital Listening Software denkbar wären.). Idealerweise sollten Unternehmen mit Standorten, Entsendeten und häufigen Geschäftsreisen einiger Personen in bestimmte Länder, Digital Listening grundsätzlich in das laufende Risiko-Monitoring einbeziehen.

Dabei ergeben sich folgende Risikofelder durch legale Nutzung, Missbrauch oder Manipulation von Informationen zu Zwecken wie

- Due Diligence
- Ablehnung von Visa, Einreise
- Verhaftung und Anklage von Straftaten
- Vorteile bei Vertragsverhandlungen
- Business Intelligence bis hin zu Industrie- und Wirtschaftsspionage
- illegale Nutzung von Kreditkarten – Privatperson oder Firma
- Identitätsdiebstahl
- Erpressung von Geld, Informationen oder Verhalten
- Vorbereitung von Straftaten wie Einbruch, Raub, Entführung
- Sabotage von Anlagen
- Schädigung der Reputation von Personen, Unternehmen und Marken.

Grundsätzlich gibt es dabei drei Formen von Informationen, die davon betroffen sein können.

Informationen,

1. die ich selber ins Netz gestellt habe → z. B. LinkedIn
2. die Dritte über mich legal ins Netz stellen → z. B. Artikel im Handelsblatt online
3. die Dritte illegal über mich ins Netz stellen → z. B. Kontodaten aus Marriot Hack

Auch andere hören zu
Dabei muss bewusst sein, dass Digital Listening keine einseitige Sache ist.

- Geschäftspartner im Ausland machen auch ihre Hausaufgaben und prüfen, welche Risiken sie bei einem Geschäft mit uns eingehen und seien es nur gesetzliche Anforderungen, die sich aus dem Bereich Compliance ergeben und diesbezügliche Haftungsrisiken. Digital Listening ist hier Teil digitaler Due Diligence.
- Staaten nutzen Digital Listening als Risikominimierung im Rahmen des Grenzschutzes, um sich ein Bild der Einreisenden zu machen, unabhängig von dem Unternehmen, für das diese tätig sind. Dies haben Geschäftsreisende erlebt, denen die Einreise in die Türkei verweigerte wurde, weil sie sich privat in sozialen Medien in einer Art geäußert haben, die als ehrverletzend oder auch strafrechtlich relevante Unterstützung von als kriminell oder terroristisch eingestuften oppositionellen Gruppierungen betrachtet wurden. Die Verweigerung der Einreise oder eines Visums ist in solchen Fällen das kleinere Übel. In nicht wenigen Fällen können auch Geld- und Haftstrafen die Folge sein. Allein aus diesem Grunde sollten Unternehmen ihre Mitarbeiter für Digital Listening und die Spuren, die sie unweigerlich im Netz hinterlassen, sensibilisieren.
- Für Wettbewerber kann Digital Listening die einfachste Art von Business Intelligence sein, wenn Geschäftsreisende mit ihrem Namen auf booking. com und tripadvisor Bewertungen von Hotels und Restaurants hinterlassen, die quasi ein Profil der Reiseroute ergeben. Je nach Branche kann man dann sehr einfach Rückschlüsse ziehen, welches Unternehmen offensichtlich dort besucht wurde. In manchen Fällen werden diese Informationen dann aber auch in Wort und Bild auf Facebook nachgereicht.
- Insbesondere investigativer Journalismus und politische Aktivisten nutzen Digital Listening, um sich mit einfachen Mitteln sensible bis kompromittierende Informationen über Unternehmen zu beschaffen und sie dann in der Regel öffentlich zu machen bzw. für Kampagnen zu nutzen.

- Kriminelle nutzen das Internet und Darknet in vielerlei Hinsicht: Im Darknet angebotene oder offen verfügbare Informationen zur Vorbereitung und Durchführung von Straftaten, vom Missbrauch einer Kreditkarte mit PIN-Nummer, bis hin zu Einbruch oder Entführungen. Wenn Geschäftsreisende unterwegs in Afrika identifizierbar und zugleich ihr Hotel oder Wohnort zu Hause leicht ermittelbar sind, erhält man die Informationen, die man für einen ungestörten Einbruch braucht. Entführer freuen sich auch, wenn sie Routinen hinsichtlich Mobilität und Aufenthaltsorten sowie Vermögensverhältnisse im Netz ermitteln können.

Aus Zuhörern werden Erpresser
Ein weithin noch unbeachtetes Risiko sind Informationen im Netz, die Rückschlüsse auf kompromittierendes Verhalten erlauben bzw. anhand von Zahlungsempfängern bis hin zu Informationen in Wort und Bild beweisen. Dazu gehören u. a. Surfen auf Erotikportalen oder Plattformen wie Tinder, Badoo,… im Hotelzimmer, Besuche in Bordellen, Nachtclubs oder die Nutzung von sogenannten Escort Services. Verschärfend kommt hinzu, wenn z. B. Prostitution in Ländern wie China offiziell verboten ist. Das gleiche gilt für den Erwerb von Drogen oder Kulturgütern und anderen Waren, die Ausfuhrverboten unterliegen. Es kann aber auch ein Geschäftsessen in einem luxuriösen Restaurant sein, das nicht zum Image einer Organisation passt bzw. gar kein Geschäftsessen gewesen ist. Für letzteres reichen datierbare Fotos im Netz mit Geodaten, ggf. noch in Verbindung mit einer Kreditkartenzahlung oder dem Bewegungsprofil eines Mobiltelefons. Dabei setzen neben Kriminellen auch Wettbewerber und Nachrichtendienste auf solch kompromittierende Informationen, um sie für Erpressung von Geld, Informationen oder gewünschtem Verhalten auszunutzen.

Hacking entlang der Reiseroute
Insbesondere Server und Datenbanken von Hotels, Gastronomie und Fluggesellschaften enthalten jede Menge solcher wertvollen wie sensiblen Informationen von Geschäftsreisenden, die für den Handel mit Hackerdaten, finanziellen Betrug oder Erpressung nutzbar sind. So wundert es nicht, dass Forbes berichtete (Christopher Elliot: Hackers Are Targeting Airlines In Record Numbers, Forbes (26.02.19), https://www.forbes.com/sites/christopherelliott/2019/02/25/hackers-are-targeting-airlines-in-record-numbers-heres-what-that-means-for-you/#464015fc32f7): *"Hackers Are Targeting Airlines In Record Numbers. Here's What That Means For You. Attacks against passenger air travel increased by more than 15,000 % between 2017 and 2018, according to Netscout's research."*

Bekannte Hacks dürften u. a. 2017 Delta Airlines, 2018 Britisch Airways und 2019 South-Western sein. Nicht minder sind bei Geschäftsreisenden beliebte Hotelketten betroffen, wie Marriot 2018 und nochmals Anfang 2020. Aber auch die Gastronomie ist immer wieder betroffen, wie u. a. in den USA 2019 die Kette Huddle House und Anfang 2020 Landry's, zu deren Firmengruppe auch ein höchst attraktives Ziel gehörte (James Gelinas: Data breach alert. Popular restaurant chains hit by card-stealing malware. Komando.com 02.01.20) https:// www.komando.com/security-privacy/data-breach-popular-restaurant-chains-hit-by-card-stealing-malware/699703/):

It also manages several high-end establishments like Morton's and Mastros, which are some of the most popular steakhouses among the U.S. business elite.

So ein Hack verspricht wertvolle Kreditkarten- und Rechnungsdaten und über Reservierungen ggf. weitere personenbezogene Daten, wie private Anschriften vermögender Personen. Informationen, die man selber nutzen oder im Darknet verkaufen kann.

Digital Listening für Auslands- und Reisesicherheit
Der digitale Raum gehört wie der analoge zur Realität von Geschäftsreisen und Entsendungen. Ebenso wie man Auslandsmärkte vorab studieren und mittels Risiko-Monitoring im Blick behalten sollte, muss man sich auch mit dem digitalen Raum befassen. Digital Listening, bietet einerseits die Chance, sich über Chancen und Risiken hinsichtlich eines Landes, der dortigen Geschäftspartner, politischer Risiken u.vm. zu informieren und umfassendere wie präzisere Risiko-analysen zu erstellen.

Zugleich zeigt Digital Listening, welche sensiblen Daten über das eigene Unternehmen und seine Beschäftigten, v. a. der Reisenden und Entsendeten, bereits im Netz stehen. Da das Netz nichts vergisst, muss sich ein Unternehmen fragen, wer diese Daten wie nutzen bzw. missbrauchen könnte und wie welche Maßnahmen zur Schadensminimierung getroffen werden können: dass kann von der Sperrung von Kreditkarten, der Änderung von Passwörtern, über die Vorbereitung einer Kommunikationsstrategie bei Aufgreifen durch die Medien bis hin zur Entscheidung der Personalabteilung, eine weniger gefährdete Person ins Ausland zu schicken, gehen. Ebenso können so bekannt gewordene Fälle dazu dienen, Geschäftsreisende und Expats für diese Risiken zu sensibilisieren. Manchmal hilft auch der Hinweis, dass das Unternehmen im Bereich des Risiko-managements Digital Listening durchführt, dass Reisende ihr Verhalten fern der Heimat ändern. Wichtig ist bei der Ansprache von Betroffenen wie der internen Kommunikation, dass deutlich wird, dass Digital Listening keine gezielte Über-wachung oder nicht abgestimmtes Monitoring von Einzelpersonen durch das

Unternehmen ist. Es ist zu erläutern, wie im Zuge der Auswertung für jedermann offen im Internet und Darknet zugänglichen Informationen über das Unternehmen auch Hinweise über einzelne Beschäftigte zu Tage treten können. Diese Kommunikation sollte mit Juristen sowie – wenn vorhanden – Betriebsrat und Datenschutzbeauftragten vorab besprochen und abgestimmt werden. Dabei gilt es immer zu bedenken, dass Technik keine Probleme löst. Für das Zuhören müssen Unternehmen sich ihrer Risiken bewusst sein und entsprechend zielgerichtet in die Weiten des digitalen Raumes hineinhören. Und Informationen allein sind wertlos, wenn sie nicht analysiert und in ein Risikomanagementsystem eingebracht werden.

In jedem Falle bieten die komplexen Algorithmen hinter Digital Listening ein Instrument, um in einer übersichtlich gewordenen komplexen VUCA-Welt Risiken zu identifizieren und zu minimieren sowie mögliche Schäden für Menschen, Reputation, Know-How, Güter oder Vermögen frühzeitig zu erkennen und zu begrenzen.

Damit trägt Digital Listening zur Führung und zum erfolgreichen Management von Instabilität bei, was, durch die Coronakrise nur verdeutlicht, längst die neue Realität des Umfeldes unternehmerischen Handelns im In- und vor allem im Ausland geworden ist.

Über den Autor
Friedrich Christian Haas studierte Internationale Beziehungen in Siegen, Köln sowie Simferopol, Ukraine, und absolvierte Lehrgänge in Verhandlungsführung (Harvard Negotiation Program) sowie Change Management (SYMA). Im Programmbereich Internationale Beziehungen der Robert Bosch Stiftung sowie als politischer Berater von Kommandeuren in NATO und EU-Einsätzen sammelte er internationale Erfahrungen u. a. in Transformationsländern und Krisengebieten. Es folgten Tätigkeiten für ein schweizerisches Beratungsunternehmen (Organisations- und Personalentwicklung). Als geschäftsführender Gesellschafter der AKE I SKABE GmbH, Bielefeld, und Gründungspartner der britischen A. Kain & Partners LLP, Hereford, berät er heute mittelständische Unternehmen, Medien und NGOs hinsichtlich compliance-relevanter Fragen des Risiko- und Krisenmanagements sowie Führungskräfte zum Management von Instabilität und Ungewissheit in Zeiten globalen Wandels.

3.2   Neue Bedrohung 1: Digitalisierung der Desinformation

facts

alternative

Zusammenfassung

Natürlich gab es schon immer üble Nachrede und Verleumdung. Auch ist Propaganda keine neue Entwicklung. Was macht die besondere Herausforderung durch Desinformation aus?

3.2.1   Begriff und Angriffsvektoren

In der Politik scheint es inzwischen gang und gäbe zu sein, Falschinformation in Umlauf zu bringen: Bewusste Desinformation, um einem Gegner zu schaden, um eigene Vorteile zu erringen, um zu destabilisieren. Dies kann ganz offen oder aber subtil erfolgen. Dies kann erfolgen, um offensiv von kritischen Themen abzulenken oder um unterschwellig Meinung zu beeinflussen.

▶   **Wichtig**

„Desinformation ist die gezielte Verbreitung falscher oder irreführender Information, Motivation ist die Beeinflussung der Meinung der Öffentlichkeit oder von Gruppen oder Einzelpersonen, um politische oder wirtschaftliche Ziele zu fördern. "

ASW Bundesverband (Hrsg.): #Desinformation: Lage, Prognose und Abwehr, Berlin 2017, S. 2. Vgl. ebenso SecuPedia: Desinformation, Quelle: https://www.secupedia.info/wiki/Desinformation.

Sehr ähnlich wird der Begriff „**Fake News**" definiert:

„Von Fake News sprechen wir, wenn falsche Informationen absichtlich produziert und gestreut werden. Dabei werden zumeist die sozialen Medien mit ihren Features des schnellen Teilens als Streufaktor genutzt. Für die nötige Aufmerksamkeit verwenden Produzenten von Fake News zumeist polarisierende Themen mit auffälligen Schlagzeilen, wie z. B. Flüchtlinge, Kinder und Missbrauch, Krieg und Frieden. "

Weber Shandwick (Hrsg.): Fake News, Paper, München 2017, S. 4.

Im Folgenden wird einheitlich der Begriff Desinformation verwandt, da der Begriff „Fake News" stärker mit der politischen Diskussion assoziiert wird.

Es wurde bereits ausgeführt, dass die Digitalisierung der öffentlichen Kommunikation der Nährboden entsprechender Bedrohungen ist:

- So zeigt die Entwicklung der letzten Jahre zum einen eine rasante Ausbreitung der Nutzung der zunächst Web 2.0, später Social Media genannten Austauschplattformen im Internet. Jeder einzelne Nutzer erhält die Möglichkeit, eigene Beiträge, Thesen, Fragen und Antworten zu veröffentlichen.
- Zum anderen führen diese scheinbar authentischen Beiträge dazu, dass auch Darstellungen von anonymen oder pseudonymen Unbekannten eine hohe Glaubwürdigkeit zugeschrieben wird. Zudem erhalten sie dadurch einen deutlichen Einfluss auf die individuelle Meinungsbildung und Entscheidungsfindung.

Beide Entwicklungen zusammen erzeugen einen wachsenden und gewichtigen Meinungs- und Informationsraum, der offen für einseitige Kampagnen ist. Durch die Vielzahl auftretender Autoren ist jedoch der Meinungsbeitrag eines einzelnen Akteurs grundsätzlich begrenzt, sofern er nicht einen sehr prominenten Account besitzt. Einfluss innerhalb der Vielzahl der aktiven Beitragsautoren ist durch eine einzelne Person allerdings kaum zu erzielen. Weitere Mechanismen sind notwendig, wie zu zeigen sein wird.

▶ Die öffentliche digitale Kommunikation im Internet bietet den zentralen Verbreitungsraum für Desinformationsmaßnahmen. Falsche Identitäten und Multiplikationsmechanismen bilden einen gefährlichen Werkzeugkasten.

Dieses wirkmächtige Arsenal ist zudem nicht auf die Politik beschränkt: Die Digitalisierung macht solche Angriffsszenarien erschwinglich, damit auch für und gegen Unternehmen und nicht nur gegen politische Akteure einsetzbar. Folglich ist ein Einsatz im aggressiven Unternehmenswettbewerb nur eine Frage der Zeit – oder gar schon Realität. So steht die Vermutung im Raum, dass die ersten Desinformationsangriffe, die nicht nur einfache Marketingbotschaften betreffen, bereits hinter uns liegen. Weil jedoch die meisten Unternehmen ihre Stakeholder, Zielgruppen und Gegnerschaften nicht per Digital Listening im Blick haben, werden diese Angriffe mitunter nicht erkannt. So müssen Desinformationskampagnen nicht auf die Wahrnehmung der breiten Öffentlichkeit, d. h. auf die sinngemäße Tagesschau zielen, sondern können auch sehr spitz umrissene Zielgruppen adressieren.

Gehen wir also davon aus, dass relativ einfach digitale Mechanismen aufgesetzt werden können, die geschickt lancierte Meinungen und Desinformation einbringen und massiv verstärken können. Gegen welche **Schutzgüter** kann diese Angriffsform aber nun eingesetzt werden?

Ausschlaggebend für diese Ableitung ist die Frage, welche Schutzgüter durch digitale Meinungsbildung beeinflusst werden oder gar erst entstehen (vgl. ASW Bundesverband 2017):

- Ein zentrales Konstrukt ist das **Arbeitgeberbild** bzw. die Employer Brand. So gilt das Grundverständnis der Marketing- und Kommunikationslehre, dass eine Marke in den Köpfen der Empfänger entsteht und nicht auf den Reißbrettern der Kreativen festgeschrieben werden kann. Folglich setzt sich auch das Arbeitgeberbild eines Unternehmens aus der Vielzahl der Aussagen, Eindrücke und geteilten Erfahrungen zusammen, die ein Einzelner aufnimmt. Damit ist es leicht möglich, im Internet durch gezielte und gegebenenfalls Bot-unterstützte Meinungsmache die Menge der Wahrnehmungen zu einem Arbeitgeber (positiv oder) negativ zu beeinflussen. Dies kann zu einer abnehmenden Bewerbungsneigung und zurückgehendem Bewerbungseingang führen. Geschickte Angreifer würden zudem die digitalen Hotspots von spezifischen Engpasszielgruppen ins Visier nehmen. Für die meisten Unternehmen sind dies derzeit IT-Fachkräfte.

- Ein sehr ähnliches Vorgehen kann auch gegen das **Image der Produkte** und Services eines Unternehmens eingesetzt werden. Auch hier gibt es für jede Produktkategorie spezifische Diskussionsforen, Bewertungsportale und Influencer-Profile, die teilweise erheblichen Einfluss auf Kaufentscheidungen haben. Unternehmen haben längst die alleinige Deutungsmacht verloren.
- Die Einschätzung der **Kreditwürdigkeit** ist ebenso ein Vermögenswert des Unternehmens, welches auch durch das Bild im digitalen Raum tangiert wird. So kommt diesen Informationen im Bereich Credit Management als Ergänzung zu etablierten Auskunfteien und den extrem nachlaufenden Informationen der veröffentlichten Bilanzen eine stetig wachsende Bedeutung zu. Aussagen, etwa über ein kritisches Zahlungsgebaren, können hier sehr bedenklich und damit schadhaft einfließen (vgl. Bundesverband Credit Management e. V. 2015, 2016).
- In angespannten Phasen, etwa bei Umstrukturierungen, Personal-Abbaumaßnahmen oder M&A-Transaktionen, wird auch von der **Mitarbeiterschaft** sehr intensiv nach neuen Informationen im Internet gesucht. Eine Streuung von falschen Fährten oder die absichtliche Verkürzung von Information kann sich unter Umständen direkt auf die Motivation der gesamten Belegschaft auswirken und das Unternehmen auf diese Weise deutlich behindern. Dieser Effekt kann verstärkt werden, wenn es gelingt, relevante Identitäten missbräuchlich zu übernehmen und für passende Verlautbarungen zu nutzen.
- Aber auch ohne eigenes Zutun kann ein Unternehmen in den Fokus einer Desinformationskampagne geraten. Als **Mittel zum Zweck** wird die Bekanntheit, d. h. der Nachrichtenwert eines Unternehmens genutzt, um beispielsweise Aspekte in der Lieferkette und auch nur mit der Produktnutzung verbundene Bezüge zu verstärken.

Damit sind fünf gewichtige Ansatzpunkte für potenzielle Desinformationsangriffe umrissen. In der Praxis müssen diese Angriffsvektoren jedoch nicht einzeln stehen, sondern können in facettenreichen „Drehbüchern" ineinandergreifen. Ebenso ist denkbar, dass diese Informationsoperationen mit Aspekten aus den anderen Quadranten des Sicherheitsvisiers verbunden werden: Insbesondere Social Engineering und Cyber-Angriffe scheinen hier potenziell geeignet.

▶ **Wichtig**
Es muss die Frage aufgeworfen werden, wann ein Unternehmen diese Angriffe überhaupt bemerkt. So liegt der Detektionsverzug bei Cyber-Angriffen derzeit wohl eher im Monats- als im Tagesbereich.

Belastbare Statistiken mit konkreten Durchschnitten gibt es nicht, da viele Vorfälle erst Jahre später oder sogar gar nicht erkannt werden. Die Unternehmenssicherheit muss sich jedoch fragen: Wann und wie bemerkt ein Unternehmen, dass die öffentlichen Diskussionen etwa um sein Arbeitgeberbild einseitig und konstant beeinflusst werden? Die zu ziehenden Ableitungen aus dieser neuen Bedrohung müssen daher an mehreren Stellen ansetzen. Der fachliche Betrachtungswinkel der Unternehmenssicherheit muss sich deutlich ausweiten, was sich auch im Scope des eingesetzten Digital Listening-Ansatzes niederschlagen muss.

3.2.2 Fiktiver Case: Facettenreicher Desinformationsangriff

Hören wir aber doch einmal hinein, wie ein Desinformationsangriff ablaufen könnte. Heute Mittag.

Fiktives Beispiel

Anna P. stellte sich stets eine Situation am Mittagstisch vor, in der die Zielpersonen nahe dran wären, ihren behutsam orchestrierten Angriff zu erkennen: *„Etwas war gerade anders als sonst, dachte Kurt F., der Geschäftsführer, eben in der Pause. Peter K., der altgediente Personalleiter kam deutlich später als sonst zu der üblichen Runde. Es werde immer schwieriger, gute Kandidaten zu bekommen. Wieder war jemand abgesprungen. Anscheinend geistern vermehrt negative Kommentare über das Unternehmen durch das Internet, sagt er. Kann man nichts machen, aber ärgerlich. Besonders, weil immer noch unter Hochdruck Verstärkung für das Entwicklerteam für das neue Großprojekt gesucht wird. Top Prio.*

Aber Gerd S., der Geschäftsentwickler, hatte direkt abgewunken: So eilig wäre es dann doch nicht. Der neue Großkunde, jedenfalls der Fast-schon-Kunde, hatte plötzlich noch Bedenkzeit eingefordert. Compliance-Themen seien aufgetaucht. Irgendwo hatte jemand gestreut, dass bei den letzten Projekten nicht alles mit rechten Dingen zugegangen sei. Auch hätten Zulieferer über verspätete Zahlungseingänge geklagt. Anonym natürlich, aber anscheinend glaubwürdig. Dauert also, aber hoffentlich brennt da nichts mehr an. Dieses Projekt ist zentral für die geplante Expansion.

Endlich wären sie den etwas innovationslahmen Konkurrenten gleich mehrere Schritte enteilt. Und zwar in deren Heimatmarkt! Da können die Konkurrenten machen, was sie wollen.

Kurt F., der Geschäftsführer wusste, dass die neue Produktlinie dem hoch innovativen Mittelständler auch helfen würde, die anschwellende Kritik gegenüber den alten Versionen abzuschütteln. So schlecht, wie immer – und gerade jetzt besonders – behauptet wird, waren die Lösungen nämlich gar nicht. Der Chef-Entwickler wirkte derzeit zwar etwas abgelenkt, aber wer weiß, woran das wieder liegt. Man munkelt von neuen Herausforderungen. Jedenfalls steht er gerade mit seinem Handy am Ohr draußen vor der Tür. Im Regen. Headhunter? Es läuft nicht rund, dachte Kurt F., aber momentan gab es für ihn Wichtigeres."

So stellte sich Anna P. den Moment vor, in dem das Zielunternehmen am Ehesten den Zusammenhang des seit vier Wochen laufenden Angriffs erkennen würde. Durch bewusste Verbreitung von Desinformation war sie dabei, dem Unternehmen an mehreren Ansatzpunkten zu schaden.

Anna P. zog diese plastischen Bilder den doch recht abstrakten Angriffsvektoren vor, die ihr Vorgesetzter ihr üblicherweise als Briefing gab. So konnte sie leichter die zweite Ebene einbeziehen: Kombiniertes Vorgehen gegen Funktion und Person. **Sie zielte fein orchestriert direkt auf interne Personen und indirekt über digitale Foren auf externe Stakeholder-Gruppen.**

Diese Version eines hybriden Angriffs erhöhte den Erfolg ihrer Maßnahmen und ihr kleines Team konnte so schneller zum nächsten Auftrag übergehen. Zeit ist Geld. Negativkampagnen sind auch nur ein Business.

So hatte Gerd S., der Geschäftsentwickler, auf der personenbezogenen Ebene gerade von einem Headhunter über mehrere Schritte ein verlockendes Angebot erhalten. Bestechendes Beiwerk war, dass die Aufgabe in der Landeshauptstadt mit Karten für die Oper schmackhaft gemacht wurde – zufälligerweise schwärmte Frau S. für derlei Kulturgenuss, zumindest auf Instagram.

Peter K. wurde von einer jungen, wissbegierigen Studentin eingewickelt, natürlich rein virtuell, denn ganz so verführerisch sah Annas Teammitglied Paul in Realität nun doch nicht aus. Folglich nutzte er Bilder aus dem Katalog und ein Business-Netzwerk.

Dem Geschäftsführer bzw. seiner Ehefrau waren einige Bilder zugestellt worden, die den Schulweg ihrer Kinder zeigten. Mehr nicht. Auf diese Weise senkte Anna P. die aktive Aufmerksamkeitsspanne der Entscheiderebene deutlich ab: die eigentlichen Angriffe blieben länger unentdeckt und konnten damit mehr Wirkung entfalten. ◄

Im Fall dieses fiktiven Szenarios sollte die Wirkung das Unternehmen auf mehreren Feldern treffen: Markterfolg, Personalsuche und Finanzen.

Die fiktive Maschinenbau KG, die ihre beachtliche Erfolgsgeschichte kontinuierlicher Entwicklungsarbeit verdankte, sollte in der Expansion ausgebremst, vom Heimatmarkt des Auftraggebers ferngehalten werden, dann – entscheidungsschwach – als leichtes Opfer übernommen oder als angereichertes Datenpaket weitergegeben werden. Im anonymen Internet-Bereich, dem Darknet, haben die aufgebauten Zugangswege einen Weiterverkaufswert.

Anna P. hatte fiktiv nur sehr begrenzte Unterstützung von der eigenen technischen Abteilung in Anspruch nehmen müssen. Für ihren Angriffsplan, das „**Playbook**", hatte sie selbstständig Personen, interne Schwachpunkte und Tummelplätze der externen Zielgruppen, etwa Bewerber, Fachjournalisten und Business-Partner, identifiziert.

Sie hatte Fake Profile aus plausiblen, aber erfundenen Identitäten für die Vertiefung der Kommunikation und Bot-Routinen für die Verbreitung von Kritik aufgebaut. Mit einem klaren Fahrplan und dem bestehenden Bot-Netzwerk ließen sich die Kommunikation gut takten, die Profile schnell mit einer Legende aufladen, die Bots zeitlich passgenau einsetzen.

▶ Die fiktiven Vorgesetzten einer solchen Angriffsagentur schätzen das geringe Risiko, das solche Desinformationsangriffe bei hoher Wirksamkeit für sie und die eigentlichen Auftraggeber bedeutete. Niemand musste mehr Müllberge durchsuchen („Dumpster Diving" im Fachjargon der Ausspähung), über Mauern klettern oder sich auf andere Art in Gefahr begeben. Zudem brauchten sie keine knappen IT-Spezialisten, die sich oftmals zu schade waren, um als digitale Infanterie in das Tagesgeschäft des Wirtschaftskrieges zu ziehen. Ihr reichte Disziplin in der Kampftaktik, ein gutes psychologisches Grundgerüst und einige Schulungstage zum Angriffsbaukasten.

Noch war es ein einfaches Spiel: Die wachsende Nachfrage nach solchen Angriffen ließ sich unkompliziert bedienen. Allerdings würde diese spezielle Internet-Agentur, eigentlich ein Startup, nie an die Börse gehen. Desinformateure freuen sich still.

Die Aufgabe war deshalb einfach, weil die allermeisten Zielunternehmen noch nicht darauf eingestellt waren. **Die digitalen Arenen sind zwar inzwischen für Kunden, Bewerber, Business Partner und Meinungsmacher zu einem äußerst gewichtigen Informationspool geworden, aber viele Unternehmen verzichteten auf eine kontinuierliche Beobachtung: Quasi Nachtflug ohne Instrumente.**

So entgehen ihnen zum einen viele nützliche Erkenntnisse über Kunden- und Kandidatengruppen, mit denen sie etwa die eigene Kommunikation hätten verbessern können, zum anderen aber auch subtile Bestrebungen, das Meinungsklima beginnend mit den digitalen Tummelplätzen, wie etwa Soziale Netzwerke und Foren, gegen sie zu gestalten.

Erkennen können dies teilautomatisierte Systeme, die kontinuierlich den digitalen Raum scannen und nach Schlüsselbegriffen oder inhaltlichen Auffälligkeiten fahnden. Auf einer solchen Basis kann ein Sicherheitsanalyst schnell einordnen, ob die Thematik, die plötzlich an Bedeutung gewinnt, etwa eine berechtigte Kundenkritik oder eine um sich greifende Falschmeldung ist. Die frühe Aufnahme solcher schwachen Signale und Hinweise zu unterschiedlichen Fragestellungen kann Gegenmaßnahmen in Gang setzen, um den Schaden zu begrenzen oder aber Chancen zu nutzen. **Der Verteidigungsprozess greift erst, wenn die Detektion funktioniert.**

Im Idealfall untersuchen digital affine Sicherheitsanalysten mit ihren Systemen das digitale Geschehen zu Unternehmen und Schutzpersonen; sie gewährleisten eine Früherkennung von Bedrohungen: Initial sollte eine Status-Quo-Analyse stehen, die dann kontinuierlich durch Alerts und Reports fortgeschrieben wird.

Noch aber sind viele Sicherheitsbereiche darauf fokussiert, das eigene Gelände zu sichern, materiell und digital. Natürlich werden die Schutzpersonen auch auf Reisen außerhalb des eigenen Gestaltungsbereiches begleitet.

▶   Die Reise ins digitale Neuland gilt jedoch als Freizeit.

Die Erkenntnis, dass die Sicherheit auch auf digitalen Bereichen außerhalb der eigenen Domänen massiv angegriffen werden kann, ist noch relativ wenig verbreitet: Für die Mehrzahl der Unternehmen hat das Sicherheitsvisier noch drei Quadranten.

Diese notwendige Ausweitung ist weder Hype noch Trend, sondern Realität. Desinformation ist kein neues Phänomen, aber die relativ einfache Informationsbeschaffung im Internet, das hohe Gewicht in der Meinungsbildung und die Möglichkeiten der Beitragsverbreitung durch Bots steigern die Relevanz dieser Bedrohung.

Dies wird dadurch erleichtert, dass im Internet jeder nicht nur Leser, sondern auch Autor sein kann. Da nun für sehr viele Leser die Information aus digitalen Quellen ein hohes Meinungs- und Entscheidungsgewicht erhält, ist die Versuchung groß, als Autor zielführende Desinformation einzustreuen. Für ein eigenes unlauteres Anliegen ist dies unter Umständen ein großer Hebel.

▶   Der Umgang mit Desinformation ist eine systemimmanente, akute
und wachsende Herausforderung in Politik, Sicherheit und Business.

3.2.3   Mechanik der digitalen Desinformation

Drei Aspekte spielen zusammen, um die Bedrohung durch Desinformation aufzubauen. Es sind dies Aspekte, die die Fähigkeit zum Digital Listening heraus-
fordern.

Identität: Fake und Fiktion
Eine Desinformationskampagne beruht auf digitalen Akteuren mit Identitäten, die
zumeist im Zusammenspiel auftreten und auf ein Ziel ausgerichtet sind. Abb. 3.3
stellt diese drei Aspekte mit ihren Ausprägungen dar:
Natürlich wird kaum jemand bewusste Desinformation unter seinem Klarnamen betreiben: Aber der digitale Raum bietet Akteuren weitgehenden Schutz,
um anonyme Beiträge zu verfassen. Ebenso ist es hinreichend einfach, eine
falsche Identität zu entwerfen.
So ist die Identität der erste Aspekt bei der Beurteilung dieser neuen
Bedrohung. Es lassen sich die Typen Trolle und Sockenpuppen unterschieden:

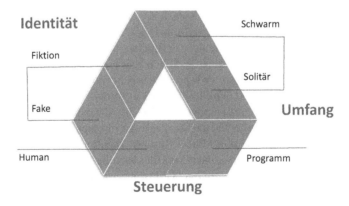

Abb. 3.3 Dreieck der Desinformation

Trolle

- behindern die Kommunikation im Internet auf destruktive Weise,
- leisten keinen sachbezogenen oder konstruktiven Beitrag zur Diskussion,
- verfassen Beiträge, die sich auf Provokation anderer Teilnehmer beschränken,
- versuchen, Konflikte zu schüren,
- sind innerhalb der Community isoliert,
- versuchen, ihre virtuelle Identität zu verbergen, etwa durch die Nutzung von Sockenpuppen.

Es gilt die Schutzregel: Beachte sie nicht – *„don't feed the trolls!"*
Trolle sind auffällig und ärgerlich, aber in der Regel keine sicherheitsrelevante Bedrohung, sondern bestenfalls Ablenkung. Anders sieht es mit Desinformation durch gefälschte Benutzerkonten aus: Solche Profile werden Sockenpuppen genannt. Die wahre Absicht, das wahre Gesicht ist getarnt und damit unauffällig.

Sockenpuppen

- sind zusätzliche Benutzerkonten,
- um etwa die eigene Privatsphäre zu schützen,
- um die Regeln einer Community zu unterlaufen,
- um andere Benutzer oder deren Argumente zu diskreditieren,
- um Meinungen oder Vorschläge mit mehreren „Stimmen" zu verstärken,
- um ganz allgemein illegitime Zwecke zu verfolgen.

Bekanntester Fall ist eine digitale Kunstfigur, die zur Falle für amerikanische Geheimnisträger wurde: So wurde **Robin Sage** als fiktives, attraktives Profil mit rudimentärer Legende von einem amerikanischen Journalisten geschaffen, um – vermutlich – Spitzenpersonal in Militär und Geheimdienst in Versuchung zu führen (Quelle: https://www.privacywonk.net/download/BlackHat-USA-2010-Ryan- Getting-In-Bed-With-Robin-Sage-v1.0.pdf). Als Ergebnis erhielt die Sockenpuppe in diesem Experiment zahlreiche Angebote von Headhuntern, Freundschaftsanfragen von MIT- und St. Pauls-Absolventen, über 300 Kontakte zu hochrangigen Mitarbeitern in Militär, Rüstung, Diensten. Dem falschen Profil wurden militärische Geheimdokumente zu Einsätzen in Afghanistan sowie zahlreiche Einladungen zum Essen zugestellt, aber aber aus naheliegenden Gründen nicht angenommen wurden.

Eine stimmige, aber falsche Identität kann sich im digitalen Raum Vertrauen erschwindeln und dieses ausnutzen. Damit gilt schon mit diesem klassischen Ansatz:

▶   Wenn der Gegner nur eine einzige Person mit Verständnis für soziale
Netzwerke ist, dann ist die Informationssicherheit bereits auf das
Höchste bedroht.

Trolle lassen sich wahrscheinlich durch die verwendeten Begrifflichkeiten schnell
mit Digital Listening erkennen, für Sockenpuppen gilt dies grundsätzlich nicht:
Jede vorschnelle Verlinkung bei einer digitalen Freundschaftsanfrage stärkt
die Legende, verschafft der Sockenpuppe positive Netzeffekte. Schon einfache
Checks können demgegenüber das Risiko reduzieren.

Falsche Identitäten

Digitale Akteure können sich fiktiver oder falscher Identitäten bedienen:

- Identitätsdesign (z. B. Robin Sage) oder
- Identitätsdiebstahl (temporäre Übernahme von digitalen Profilen).

Nutzerdaten aus gehackten Plattformen (Data-Breaches) können hierzu das
relevante Datenmaterial liefern. ◀

Umfang: Solitäre und Schwärme

Dieses Grundmuster des Einsatzes von Sockenpuppen lässt sich nun multi-
plizieren: Wenn Solitäre auf – ggf. mehrere – einzelne Zielpersonen ausgerichtet
sind, dann haben Schwärme solcher Profile über Meinungs(trug)bilder die
jeweilige Öffentlichkeit im Visier.

Solche Schwärme können in ganz unterschiedlichen Größenordnungen auftauchen:

- Vermögende Privatpersonen mögen einen „**Smale-Scale-Fanclub**" beschäftigen,
  um die eigene Reputation zu stärken.
- Staatliche Einrichtungen können dagegen eine „**Large-Scale-Troll-Army**"
  unterhalten, um Operationen im Information Warfare umzusetzen. In vielen
  Quellen, die russische Aktivitäten beschreiben, wird eine staatlich geführte
  „digitale Infanterie" beschrieben. In den Vorwürfen werden Meinungsziele
  wie Finnland (Stimmung gegen die NATO) und die Ukraine (Destabilisierung)
  genannt.

Es gilt: **Wenn der Gegner eine Gruppe von Akteuren (Sockenpuppen) steuert, dann kann unter Umständen ein umfassendes Meinungsbild wirksam beeinflusst werden.**
Solche Angriffe können auch Unternehmen treffen. Dies kann

- die Reputation des Unternehmens und seiner Vertreter belasten,
- Geschäftspartner irritieren,
- potenzielle Kunden abschrecken,
- geeignete Talente ablenken,
- Wettbewerbern einen Vorteil verschaffen,
- persönlichen Stress aufbauen.

Es können damit alle vier Strategie-Perspektiven der Corporate Balanced Scorecard (zugleich) angegriffen werden. Es ist die Aufgabe des Digital Listenings, diese Aktivitäten zu erkennen und in der Analyse zu enttarnen.

Steuerung: Menschen und Programme: Bots

Zielgerichtete Desinformation setzt Steuerung voraus. Mit der Digitalisierung der Desinformation wird aber genau an dieser Stelle ein neues Level erreicht. So ist eine solche Angriffsstrategie für Aggressoren nur effizient einsetzbar, wenn sich sehr viele Sockenpuppen digital steuern lassen und sich reale Dialogpartner effektiv nicht daran stören.

50 Jahre nachdem Joseph Weizenbaum erstmals ein Softwareprogramm namens **ELIZA** auf den Turing-Test ansetzte, können Menschen immer weniger unterscheiden, ob Mensch oder Maschine kommuniziert. Der Turing-Test postulierte, dass Algorithmen erst dann als intelligent gelten sollten, wenn ein menschlicher Gesprächspartner nicht mehr unterscheiden könne, ob er sich mit seinesgleichen oder einem programmierten Regelwerk unterhalte. Dies blieb bisher erfolglos.

Am 12. April 2016 öffnete Facebook seinen Messenger für Chatbots. Menschliche Nutzer können nun ihre Fragen, etwa in Bezug auf einen Arbeitgeber oder seine offenen Stellen, direkt – in einer bestimmten Notation – im Messenger stellen. Künstliche Intelligenz und Information Retrieval liefern im Idealfall die Antworten. Siri und Amazon Echo folgen. Der Turing-Test ist hinfällig geworden: Menschen stört es nicht mehr, mit Algorithmen zu parlieren.

Damit werden nun digitale Verstärker relevant – auch wenn sie noch nicht perfekt menschliche Kommunikation reproduzieren können. So lassen sich sogenannte Bots programmieren, die einfache Wenn-Dann-Regeln, etwa das

Re-Tweeten von Twitter-Beiträgen mit bestimmten Hashtags oder von definierten Twitter-Profilen, automatisiert umsetzen können.

Auch hier kann ein einzelner Verstärker wenig ausrichten. Erst das Zusammenspiel einer größeren Anzahl von Bots kann ein Thema, etwa die Unterstellung von Kinderarbeit oder Umweltverschmutzung, wirkungsvoll verstärken.

In der Praxis wurden bereits Bot-Nets enttarnt, die mehrere Hunderttausend solcher Regelwerke umfassten, etwa das sogenannte „Star Wars-Botnet" (vgl. Echeverria und Zhou 2017).

Mit einer solchen virtuellen Meinungsmacht kann ein Thema in die „trending topics" auf Twitter und damit direkt in den Wahrnehmungsbereich klassischer Multiplikatoren wie Journalisten gehoben werden. Sobald gestreute Desinformation dann von menschlichen Nutzern aufgenommen und weiterverbreitet wird, ist der Ursprung kaum noch auszumachen.

Es ist zu betonen, dass diese digitalen Accounts, etwa Twitter-Profile, die die Desinformationsbeiträge weitertragen, zwar dem Anschein nach menschliche Profile sind, aber als Fake Accounts mit erfundenen Identitäten angelegt werden (vgl. Grothe 2016).

Auf diese Weise reduziert sich der notwendige Aufwand für entsprechende Angriffskampagnen: Die Verbreitung wird durch maschinell erzeugte Profile mit festen Regelwerken umgesetzt. Ein Beispiel:

BREXIT-Bots

Vor der BREXIT-Abstimmung wurde in Großbritannien von beiden Lagern intensiv digitale Kommunikation eingesetzt. Die Befürworter setzten jedoch in einem Ausmaß auf Bots, d. h. auf automatisiert erstellte und geteilte Beiträge, das weit über das der Remainer hinausging. Der digitale Meinungsraum wurde quasi mit Pro-BREXIT-Tweets geflutet, sodass ein interessierter Beobachter den Eindruck überwältigender Ablehnung erhalten musste. Desinformation und Schweigespirale greifen ineinander. ◄

Mit diesem Wissen wird die These gestützt, dass die in der öffentlichen Wahrnehmung bisher auf die politischen Bereiche (Abschuss Flug MH17 über der Ukraine, US-Wahlkampf 2016, BREXIT-Abstimmung 2016, französische Präsidentenwahl 2017) fokussierten Desinformationskampagnen und Fake News auch als Waffe in der Auseinandersetzung zwischen Unternehmen eingesetzt werden.

Die technischen Anforderungen sind denkbar gering. Es braucht keinen „Nerd" oder auch nur Wirtschaftsinformatiker, niemand muss ins Darknet einsteigen, um seinen Angriff aufzubauen. Stattdessen finden sich sehr nutzer-freundliche Webseiten, die die Gestaltung entsprechender Regelwerke für alle gängigen Social-Media-Kanäle erlauben.

Als Beispiel für den Bot-Bau zu Twitter-Accounts sei hier „**If this than that**" genannt: https://ifttt.com/twitter. Abb. 3.4 zeigt ein Beispiel aus diesem großen Baukasten:

Aktuell nehmen Angebote („Apps") zum Bau von Chatbots rasant zu. Beispiele hierfür sind etwa:

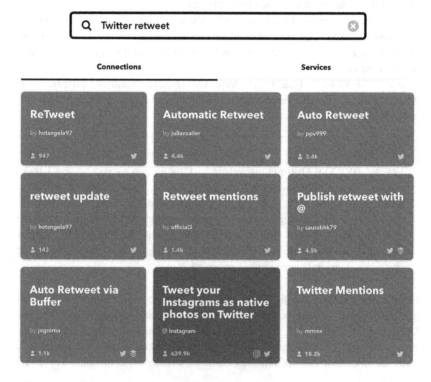

Abb. 3.4 Einfache Bot-Templates auf ifttt.com

- https://api.ai/ sowie https://docs.api.ai/docs/get-started
- https://dialogflow.com sowie https://dialogflow.com/docs/getting-started/building-your-first-agent
- https://www.programmableweb.com/category/bots/api
- https://wit.ai/

Es kann bezweifelt werden, dass die Unternehmenssicherheit bereits ausreichend auf diese neue Herausforderung vorbereitet ist. So hat es den Anschein, dass sich derzeit das Hauptaugenmerk auf die klassische IT-Security richtet. Über die Abschirmung eigener Infrastrukturen wird die Bedrohung auf anderen Quellen außer Acht gelassen.

Bots werden massiven Einfluss darauf haben, wie Menschen nach Informationen suchen und kommunizieren. In Bots können Artificial Intelligence und Information Retrieval/Internet Search verbunden werden. Durch ausgefeilte Steuerung „kennen" sie ihre menschlichen Dialogpartner und können profilkonform reagieren. Die Wirkung steigt.

Damit werden Social Bots ein Problem für die Sicherheit. Via Fake-Accounts werden nicht-menschliche Profile angelegt, die programmiert sind, sich selbstständig an Diskussionen zu beteiligen oder eigenständig Informationen zu versenden (z. B. via Twitter), um einen bestimmten Zweck zu erfüllen: z. B. Meinungsbeeinflussung, Diskreditierung.

▶ Wenn Ihr Gegner Social Bots gegen Sie einsetzt, dann sollten Sie die Fähigkeiten zur Prävention und Detektion bereits breit in der Organisation verinnerlicht haben: Sie können massiv unter Stress gesetzt werden.

Durch diese Digitalisierung steigt die Steuerbarkeit und damit der potenzielle Umfang von Desinformationsangriffen. Zusätzlich sinkt das notwendige Budget: Folglich werden sich auch nichtstaatliche Akteure, etwa aggressive Unternehmen im globalen Wettbewerb, zunehmend dieser neuen Angriffsformen bedienen.

Als wäre dies nicht bereits bedrohlich genug, finden böswillige Dritte immer einfacher auch sicherheitsrelevante Munition, die sie gegen ihre Ziele einsetzen können.

3.3   Neue Bedrohung 2: Data Breaches als Munition für böswillige Dritte

Digitale Munition gegen Unternehmen und Personen ist da, verfügbar und wachsend – ein Lagebild

Digitalisierung ist alternativlos, gerade jetzt. Aber ohne Berücksichtigung der „dunklen Seite" ist sie fahrlässig. Dies gilt auch für den Unternehmens- und Personenschutz. Dies gilt insbesondere in Zeiten sozialer Distanzierung und digitaler Fokussierung: Datenspuren im Netz nehmen zu, böswillige Energie auch.

Angriffe gegen Schutzpersonen und Unternehmen sind vielfach möglich. Die notwendigen Daten sind für Dritte verfügbar. Der notwendige Recherche-Aufwand sinkt durch gehackte Daten aus „dunklen Foren" (Data-Breaches) auf Stunden und der Angreifer muss seine Comfort Zone nicht einmal verlassen.

Folglich macht es auch für die Verantwortlichen für Personenschutz und Unternehmenssicherheit sehr viel Sinn, die sich in dunklen Foren ansammelnde Munition für böswillige Dritte zu identifizieren, zu bewerten und rechtzeitig mit Gegenmaßnahmen zu versehen.

Schutz- und Abwehrmaßnahmen verbinden Digital Listening mit Sensibilisierung. Geboten ist ein profundes Verständnis dieser neuen Bedrohung.

3.3.1   Die dunkle Seite der Digitalisierung

Gut ein Jahr, nachdem selbst die Tagesschau über die gerade bekannt gewordene **Collection #1** berichtete, haben die wenigsten Unternehmen reagiert. Kontinuierlich aber bieten Hacker erbeutete Datenbestände an: Daten, die oftmals gegen Unternehmen eingesetzt werden können. **Nur sehr langsam erkennen Sicherheitsverantwortliche, dass im digitalen Raum wirkmächtige Bedrohungen gegen Unternehmen und Schutzpersonen erwachsen:** Neben aktivistischen Ankündigungen, unerwünschten Einblicken und Information Leaks sind dies Data-Breaches, die eine aktive Verteidigung begrenzen sollte.

Wie kommt es zu dieser Bedrohung?
1. Mitarbeiter (und Schutzpersonen) nutzen externe digitale Services und melden sich an diversen Plattformen an, sehr häufig ist hierzu die Eingabe einer Email-Adresse erforderlich. Teilweise verwenden Nutzer auch bei privaten Zwecken ihre betriebliche Email-Adresse.

2. Diese Anmeldedaten mit der Email-Adresse und weiteren Nutzerdaten werden von Hackern gestohlen: es kommt zu einem Data-Breach auf den benutzten Plattformen.
3. Diese Datensätze werden gesammelt in Compilations (umfassende Zusammenstellungen, die i.d.R. das Klartext-Passwort, aber keine Quelle enthalten) oder einzeln für die gehackten Plattformen in anonymen Internetforen angeboten.
4. Böswillige Dritte – auch ohne IT-Kenntnisse – finden diese Hackerfiles und können sie als Munition für ihre Machenschaften nutzen.

Bedeutsame Angriffsvektoren

Data-Breaches bedrohen die Sicherheit von Unternehmen, exponierten Persönlichkeiten und Mitarbeitern. Sie können für kriminelle oder aktivistische Motive genutzt werden:

- **Erpressung oder Reputationsschädigung** ← Kompromate etwa durch Flirt-/Seitensprung-Portale. Der Verweis auf die Nutzung etwa von Badoo, Fling, Zoosk kann als Kompromat zur Erpressung eingesetzt werden.
- **Identitätsübernahmen** ← gehackte Profile mit Passwörtern. Von Hackern bereitgestellte Netzwerkidentitäten erlauben böswilligen Dritten Identitätsmissbrauch. Durch die Übernahme eines Profils entsteht auch der Zugriff auf die Kontakte und das Nachrichtenpostfach.
- **Social Engineering, Spear-Phishing** ← Vielzahl einzelner Puzzlesteine: Attribute und Präferenzen. Data-Breaches liefern Detaildaten, wenn sie Bezüge zu spezifischen Plattformen offenbaren: Attribute und Präferenzen für gezielte Ansprachen, Social Engineering und Spear-Phishing.

Mögliche Folgen sind **Informationsabfluss** und die Vorbereitung von **Cyber-Angriffen.** ◄

Data-Breaches sind nicht nur Munition für böswillige Dritte und Kriminelle, sondern erleichtern auch Cyber-Angriffe.

Die jeweilige Sicherheitslage kann in fünf Dimensionen beurteilt werden:

	Anzahl Treffer: An wie vielen Stellen tauchen Email-Adressen der Unternehmens-Domain in der Gesamtheit der Data-Breaches auf?
	Anzahl Mitarbeiter: Wie viele unterschiedliche Email-Adressen gibt es innerhalb der Treffer? – Durchdringung der Organisation, Awareness-Grad
	Anzahl Data-Breaches: In wie vielen Hackerdaten-Files wurden Adressen zu der Domain gefunden? – Präsenz in dunklen Foren
	Anzahl Kompromate: Wie viele Treffer haben möglicherweise ein Erpressungspotenzial? – besonders schwerer Bedrohungsgrad
	Trend: Wie verändert sich die Bedrohung durch neue Treffer im Zeitablauf?

3.3.2   The hidden threat to corporations (Gastbeitrag Klaus Pfeifer, Pinkerton)

Abstract

Every day cyber-attackers capture personal data such as email addresses, personal information and passwords. Many of these data are then published in data breach collections on the dark web and can be used for further illegal activities.

We were interested to see how larger German companies are potentially subject to such illegal activities: Analysis of corporate email addresses in dark web data breach collections.

Survey of eleven M-Dax companies: Chemical/Biotech and Finance/Insurance Industries

We selected a non-representative sample of eleven companies, listed on the M-Dax, from the Finance/Insurance and Chemical/Biotech Industries. The names of the companies were anonymized.

We then ran a check across over 2 billion unique email addresses from thousands of data breach collections on the dark web to see if the corporate email addresses of these companies are possibly affected by data breaches.

▶   5 % of all corporate email addresses are affected by data breaches.

The results of our check were quite alarming: We found over 8,000 total hits in data breach collections. Almost 5,000 unique email addresses were affected (Abb. 3.5). All surveyed companies together have a total workforce of over 95,000 employees.

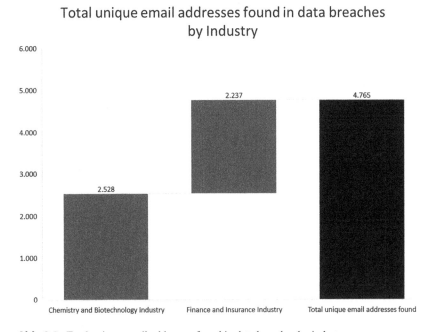

Abb. 3.5 Total unique email addresses found in data breaches by industry

Putting the total affected email addresses in relation to the total workforce of these companies, we see that five percent of all employee's email addresses from the selected eleven companies were found in data breach collections on the dark web.

We found the email addresses in over 800 different data breach collections on the dark web. For the Chemical/Biotech companies the percentage is even higher at around 7 % and for the Financial/Insurance companies we found around 4 % of the total workforce corporate email addresses is affected by data breaches.

Kompromates – compromising material in data breaches

Over 170 unique corporate email addresses were also found in so-called Kompromates. This are – for example – databases containing email and passwords from dating portals. Employee's using their corporate email addresses to register on dating portals can be subject to blackmail and impose a potential hidden threat to their employer.

The distribution of email addresses in Kompromates databases is larger for the Financial/Insurance companies. Here we found 133 unique email addresses vs. 40 unique email addresses from the selected Chemical/Biotechnology companies (Abb. 3.6).

Abb. 3.6 Total unique email addresses in Kompromates Databases

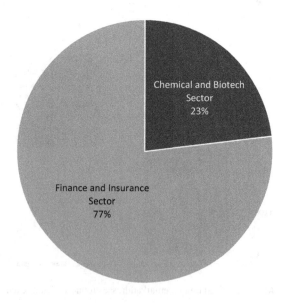

Chemical and Biotech
Sector
23%

Finance and Insurance
Sector
77%

Chemical and Biotechnology firms - Breached unique email
addresses as a percentage of total workforce

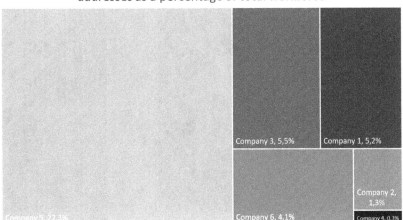

Abb. 3.7   Chemical and Biotech Firms: Breached unique email addresses

Significant difference between Corporations

When we looked at the exposure of companies to data breaches, we could see huge differences regarding the exposure of companies (Abb. 3.7).

In the Chemical/Biotechnology Segment we found the least affected company having 0.3 % of its corporate email addresses in data breaches. For the highest affected company every fifth corporate email address was part of a data breach collection (22.3 %).

For the Financial and Insurance firms we screened, we could also see large differences between the companies regarding their exposure to data-breaches (Abb. 3.8). The least affected firm had 0.7 % of its total corporate email addresses affected by data breaches. The most affected firm – out of the five companies we screened – had over 8 % of its total corporate email addresses affected by data breaches.

▶   **Every company is affected:** Even our small – non representative – sample shows, that corporations have to take potential threats from data breaches seriously. Employees use their corporate email address for setting-up profiles on a wide range of platforms: Ranging from business newsletters to dating sites. Regardless of how often they change their password, profiles on dating sites might be used as Kompromates.

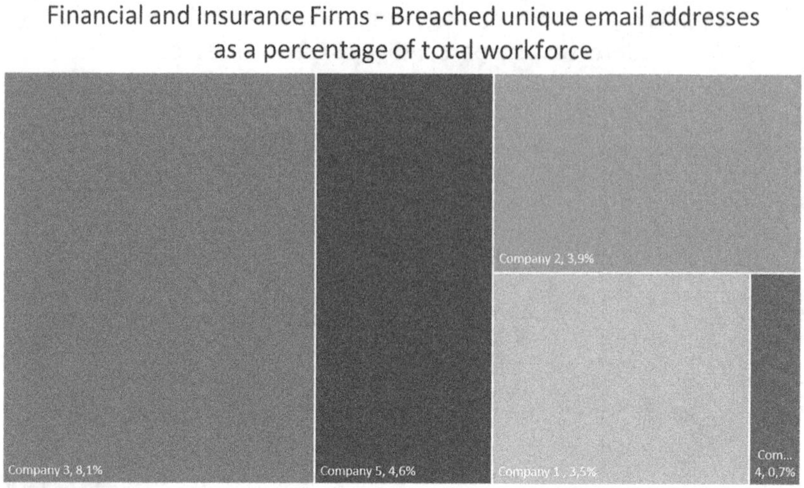

Financial and Insurance Firms - Breached unique email addresses
as a percentage of total workforce

Company 2, 3,9%

Company 3, 8,1%   Company 5, 4,6%   Company 1 , 3,5%   Com...
                                                                              4, 0,7%

Abb. 3.8 Financial and Insurance Firms: Breached unique email addresses

Executives are normally more reluctant to use their business email address, but it
is possible to detect their private ones, if the dark web data pool is large enough.

Total Risk Perspective to analyze Risk

Pinkerton takes a total risk perspective to analyze risk. We break down risk into
four connected quadrants:

- Hazard & Event Risk
- Operational & Physical Risk
- Market & Economic Risk
- Technology & Information Risk

We examine all potential threats with a macro and micro, external and internal
point of view.

We see that changes in one quadrant have an impact on the company's risk
exposure in another quadrant. Focusing on only one component of risk without
understanding the connectivity can lead to unintended consequences.

Due to the current COVID-19 Pandemic many companies decided to move their staff into home offices. Employees connecting to a corporate network from home or from a personal device, can create potential access points for hackers.

Employees using their corporate email addresses to register with different types of web sites can – if these sites are subject to data breaches – also impose a hidden threat to corporations.

▶ **Companies are advised**
to monitor the data-breach-exposure of their email-domain regularly and to check the digital visibility of their top executives and critical personnel regularly.

Companies have to take care, when employees are sent abroad. Similarly, they should take care, when employees travel digitally. It appears not to be sufficient, to only install compliance guidelines. Employees should be sensitized and trained how to protect their digital identity and with that protect their companies against cybercrime.

Many of the potential threats to companies – from social engineering, espionage to blackmailing can be easily engineered using data breach repositories from the dark web. Companies need to be on top of the game and combat this hidden threat. The risk at stake is too high.

Pinkerton and complexium can support corporations et all levels from tactical to strategic, ad-hoc to regular checks.

About the Author
As Regional Director, Klaus Pfeifer heads the German and Eastern European business for Pinkerton, a global provider of risk management and security solutions.

Mr. Pfeifer has more than 20 years of international management experience in leading multinational companies. He has successfully established, acquired, restructured, integrated and expanded businesses in Germany, Asia and Russia.

Mr. Pfeifer is an expert in digital transformation and a dedicated practitioner with extensive multinational business expertise and a strong customer focus.

3.3.3   Aktuelle Fallstudien: Factbook Data-Breach-Investigation 2020

Zusammenfassung

Um die konkrete Präsenz dieser Bedrohung zu verdeutlichen, hat complexium einige Konstellationen in der Tiefe untersucht. Hierzu wurde ein Verzeichnis von etwa 15.000 Hackerdaten-Files mit mehr als 3 Mrd. unterschiedlichen Adressen nach den jeweiligen Treffern durchsucht, dann weiter ausgewertet und bewertet.

Einige Befunde werden im Folgenden skizziert:

Berlin vs. Hamburg: Hohe Data-Breach-Exposure von Städte-Domains.
Die Städte-Domains für Hamburg und Berlin bilden mit ihren jeweiligen Sub-Domains einen guten Teil der Behördenstruktur dieser zwei größten deutschen Metropolen ab. Auch die digitalen Aktivitäten der Beschäftigten in diesen Strukturen werden durch Hacking kompromittiert. Insgesamt lassen sich in Data-Breach-Files **knapp 9.000 Treffer für Hamburg.de und über 10.000 für Berlin.de finden.**

Die hohe Anzahl betroffener Sub-Domains zeigt die umfassende Durchdringung dieser Bedrohung:

- Für Hamburg.de: 114 Sub-Domains, z. B. HPA, BSU, BSB, FB, BWA, BSG, Wandsbek, ...
- Für Berlin.de: 90 Sub-Domains, z. B. Senbwf, SenStadt, Senatskanzlei, Lageso, ...

Email-Adressen zu den Domains Berlin.de und Hamburg.de finden sich in hunderten Data-Breaches: Teilweise in großen Adresssammlungen (Compilations, zumeist mit Passwort), teilweise in Data-Breaches einzelner Webseiten. Nicht jeder dieser Treffer ist bedrohlich, gleichwohl finden sich hunderte Kompromate durch die Nutzung der dienstlichen Email-Adressen für Flirt-/Seitensprungportale. Folgerung: Email-Adressen werden nicht immer achtsam bzw. in Einklang mit den Compliance-Regeln eingesetzt.

Bund.de: Weder Ausnahme, noch Vorbild.
Eine Untersuchung der Email-Domain **Bund.de** gibt folgendes Bild:

- Treffer: **2.956**
- Verschiedene Adressen: 1.701
- Betroffene Sub-Domains: **93**, darunter alle Ministerien, aber auch @polizei.bund.de und @bka.bund.de
- Relevante Breaches: 266, darunter auch verschiedene Flirt-/Seitensprung-portale.

MDAX: Hohe Data-Breach-Exposure.
Für zwei Branchen im MDAX mit jeweils 5 bis 6 Unternehmen wurde die Betroffenheit durch Data-Breaches untersucht:

- Chemie & BioTech
- Banken & Versicherungen

▶   Im Mittel sind 5 % der Mitarbeiter betroffen. Die Anzahl der Vorkommnisse pro betroffener Adresse liegt recht stabil bei 1,74. Beide Größen können zur Abschätzung der eigenen Bedrohung herangezogen werden. Aber: Die Anzahl der Kompromate schwankt pro Unternehmen zwischen 0 und 122, d. h. Achtsamkeit ist möglich!

Sicherheitswirtschaft: Überwiegend   achtsamer   Umgang   mit   der Email-Adresse
In Summe haben die untersuchten zehn Sicherheitsunternehmen mehr als 55.700 Mitarbeiter. Insgesamt tauchen nur 380 Treffer dieser Unternehmen in Data-Breaches auf. Betroffen sind 243 verschiedene Email-Adressen.

Die Fallzahlen sind also sehr gering: Die Werte sprechen für einen disziplinierten Umgang mit der betrieblichen Email-Adresse – wobei nicht bekannt ist, wie viel Prozent der Mitarbeiter über eine eigene Email-Adresse verfügen. Bedrohlich sind aber mögliche Kompromate durch Flirt-/Seitensprung-Portale.

Der Unternehmenssplit zeigt allerdings, dass die Belegschaften der Unternehmen durchaus unterschiedlich achtsam mit den betrieblichen Email-Adressen umgehen. Es gilt jedoch: Die untersuchten Sicherheitsunternehmen haben nur wenige Hausaufgaben zu tun. Andere Unternehmen sind deutlich stärker betroffen.

Landesbanken: 4 % der Treffer sind Kompromate
In einem untersuchten Testfeld aus fünf Landesbanken sind ungefähr 4 % der Treffer dem Kompromat-Bereich zuzuordnen, wobei sogar jedes Institut betroffen ist.

Hochschulen vs. Auto-Konzern: Überschaubare, aber unnötige Einblicke
In einem Testfeld aus zwei kleineren Hochschulen und einem Automobil-
hersteller ergeben sich zahlreiche Treffer. Hierbei sind auch Fakultätsmitglieder
und ein Dekan betroffen, was in Prüfungssituationen o.ä. ausgenutzt werden
könnte. Gleichwohl ist die Betroffenheit bei dem DAX-Konzern (11.670 Treffer
verglichen mit 234 und 1.442 Treffern, davon mehr als 800 Kompromate)
zahlenmäßig vielfach präsenter.

Champions League: Exponierte Vereine spielen teilweise sehr anfällig
Auf nur wenige andere Bereiche fokussiert sich ein vergleichbares Ausmaß
an breiter Emotion, regelmäßiger Begeisterung oder Enttäuschung wie auf
die Top-Vereine im europäischen Fußball. Zudem ist das Vereins- und Spiel-
geschehen eng mit Investorengeldern, Wetteinsätzen, Sponsoring und Produktver-
käufen verbunden.

Integrität sollte für die Clubs ein hoher Wert sein: Für zehn Top-Clubs aus fünf
Ligen wurde die Data-Breach-Betroffenheit untersucht. Die Achtsamkeit ist sehr
unterschiedlich ausgeprägt.

▶   Es gibt sogar Spieler, die in verschiedenen Clubs mit jeweils neuer
       Email-Adresse das jeweils gleiche Kompromat aufgebaut haben.

Die Treffer liegen zwischen 11 und 309, betroffen sind 3 bis 201 Personen pro
Club.

Die Quote aus Kompromaten pro Person weist zwei Cluster auf: Die in dieser
Disziplin besten sechs Clubs liegen zwischen 0 und 12 %, die nicht so achtsamen
allerdings zwischen 31 und 79 %. Eine Korrelation mit dem fußballerischen
Erfolg kann aber rein zufällig sein.

Mittelstand Hamburg: Der digitale Deich ist derzeit leider ein Sieb.
Für ein Set aus 100 Unternehmen mit Sitz in Hamburg wurden kleine, große und
mittlere Unternehmen einbezogen und ein breiter Branchenmix abgebildet:

▶   Für die allermeisten der Unternehmen konnten Email-Adressen
       in Data-Breaches gefunden werden. Dies betrifft in vielen Fällen
       auch Kompromate. Es wird böswilligen Dritten leicht gemacht: **Die
       Bedrohung ist da, relevant und wachsend.**

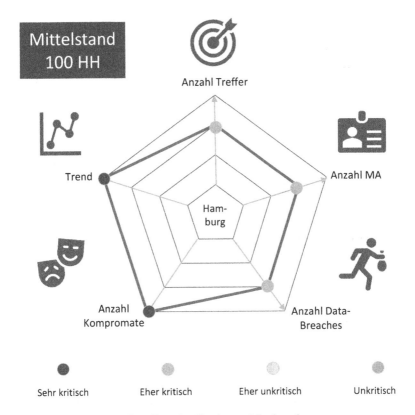

Abb. 3.9 Sicherheitslage: Data-Breaches Hamburger Mittelstand

Abb. 3.9 zeigt das Lagebild: Notwendig ist zum einen ein deutlich höheres Maß an Achtsamkeit jedes Einzelnen und zum anderen eine digitale Früherkennung für die Unternehmen, um das Risiko von Angriffen auf die Reputation und Integrität sukzessive einzudämmen und möglichst frühzeitig erkennen zu können.

Die Top 25 Unternehmen aus dem Set kommen jeweils auf beachtliche Größenordnungen in Bezug auf Treffer und betroffene Mitarbeiter. Für 40 % der untersuchten Unternehmen wurden 10 und mehr unterschiedliche Email-Adressen detektiert. In etwa 15 % ergaben sich zwischen 100 und 1.000 Zugänge. Die Anzahl der betroffenen Data-Breaches schwankt zwischen 14 und 173.

Präzise Ansprachen möglich, ggf. Erpressbarkeit
Die Nutzung von Flirt-/Seitensprung-Portalen soll in der Regel weder betrieblich, noch ehelich bekannt werden. Mehrere Hundert Mitarbeiter tauchen allerdings mit ihrer Email-adresse in Data-Breaches entsprechender Angebote auf. Für die untersuchten 5 Unternehmen mit der größten Trefferzahl gilt: Gut 4 % der Treffer sind grundsätzlich als Kompromat geeignet.

In vielen Unternehmen sind es wohl nur Einzelphänomene – wenngleich jeder einzelne unnötige Zugang vermieden werden sollte.

▶ Besorgniserregend ist der deutliche Zuwachs in einer Zweimonats-periode. Sollten bereits Sensibilisierungsmaßnahmen bestehen, so scheinen diese keine Wirkung zu zeigen.

3.3.4   Ableitungen und Empfehlungen: The Next Line of Defense!

▶ **Wichtig**
Diese punktuellen Einblicke, die durch hier nicht aufgeführte unter-nehmensspezifische Analysen ergänzt werden, offenbaren eine durchgehende Schwäche, ggf. sogar einen blinden Fleck im Sicher-heits-Lagebild. Es bedarf einer ergänzenden Aufstellung:
The Next Line of Defense!

Digitaler Unternehmens- und Personenschutz wird weder von Behörden, noch von Software-Tools gewährleistet. Es ist Ihre Auf-gabe!

So fordert die Sicherheit von Unternehmen und den exponierten Persönlich-keiten durch die digitale Sichtbarkeit fundamental neue Sicherheitsstrategien und -lösungen: Gegnerschaften nutzen den digitalen Raum bereits versiert zur Daten-gewinnung, Koordination, Durchführung und Beschreibung von aktivistischen oder kriminellen Vorhaben. Neue Sicherheitsbausteine vermindern durch Digital Listening die bedrohliche Asymmetrie:

1. **Früherkennung von Aktivismus, Produktproblemen, Desinformation**
   Digitale Früherkennung erkennt Bedrohungen, die im Internet auf-tauchen, z. B. Protestaufrufe zur Hauptversammlung, Blockade-Planungen, zunehmende Kritik an Produkten, Angebot von Produktfälschungen.

Sie können hierzu eine Vielzahl von Open Source Intelligence-Tools nutzen (z. B. www.OSINTFramework.com als Übersicht sowie Abschn. 2.4 Collection: Spezielle Werkzeuge der Open Source Intelligence) und/oder einen Spezialisten wie complexium hinzuziehen, der Algorithmen und eigene Analysten für ein qualifiziertes Alerting einsetzt: **Die erkannten Threats werden strukturiert und bewertet, um Ihnen ein klares Lagebild zu schaffen.** Betrachtet werden der öffentliche digitale Raum sowie Data-Breaches.

2. **Digitaler Personenschutz: Sichtbarkeitsanalysen für Inhaber und Vorstände**

   Der Schutz für diese Personen muss gewährleisten, dass diese frei von äußerer Gefahr, böswilligem Druck oder krimineller Einwirkung Entscheidungen treffen können. Die Möglichkeiten, durch unerwünschte digitale Einblicke eine Annäherung an die Schutzpersonen und ihre Familien zu erreichen, werden durch Sichtbarkeitsanalysen untersucht. Mit einem systematischen Prozess der investigativen Recherche wird überprüft, welche sicherheitsrelevanten Informationen zur Schutzperson/-familie sich aus digitalen Quellen und identifizierten Data-Breaches ermitteln lassen. **Es wird aufgezeigt, welches Lagebild sich ein böswilliger Dritter aufbauen kann: Wohnorte, Ehepartner, Kinder, Schulwege, Freizeitroutinen, Passworte etc.** (vgl. Abschn. 4.3.3 Sichtbarkeitsanalyse für Schutzpersonen). Wichtige und praktikable Anpassungen des eigenen digitalen Verhaltens lassen sich aufzeigen und einüben.

3. **Data-Breach-Inspection: Schutz von Reputation und Integrität Detektions- und Sensibilisierungsprozess**

   Die regelmäßige Prüfung der eigenen Data-Breach-Betroffenheit ist ein wichtiger Sicherheitsbaustein. Zur Prüfung einzelner Adressen wird häufig die private Seite eines australischen Microsoft-Managers empfohlen: https://haveibeenpwned.com/

Sicherheitsrelevant sind jedoch auch komplette Email-Domains oder besondere Suchlogiken. complexium hat ein eigenes Verzeichnis aufgebaut, das stetig ergänzt wird. Mit dem Analysesystem kann auf **3 Ebenen** detektiert werden:

1. Email-Adressen: z. B. Karl.Koenig@XMail.com → Data-Breach-Trefferliste
2. Personen-Namen: z. B. „Karl König", insb. für Schutzpersonen → Data-Breach-Trefferliste zu möglichen (!) Adressen
3. komplette Domains: z. B. @UnternehmenX.de, inklusive Sub-Domains → Liste betroffener Email-Adressen sowie Liste relevanter Data-Breaches

Aus den Ergebnissen dieser drei Module ergeben sich Ableitungen für die Unternehmenssicherheit, den Personenschutz, die Informationssicherheit und die (präventive) Krisenkommunikation.

▶ Früherkennung und Analyse relevanter Internetbereiche reduzieren sicherheitsbezogene Überraschungen und ihre Auswirkungen. Unternehmen gewinnen Vorwarnzeit und Entscheidungssicherheit. Schutz- und Abwehrmaßnahmen verbinden Digital Listening mit Sensibilisierung. Dies gilt für jeden Einzelnen genauso wie für das Unternehmen insgesamt. Achtsames Digitalverhalten, insbesondere in Bezug auf die betriebliche Email-Adresse, reduziert die für böswillige Dritte verfügbare Munition.

3.4   Digital Listening und Corporate Security: Formate und Perspektiven

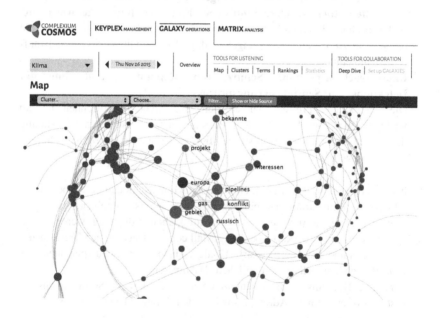

In den vorstehenden Kapiteln wurden zahlreiche Werkzeuge vorgestellt, mit denen sicherheitsrelevante Daten erkannt und qualifiziert zusammengetragen werden können. Analysten sind gefordert, um die Relevanz der entsprechenden Sachverhalte zu bewerten und darzustellen, damit Ableitungen getroffen und Maßnahmen aufgesetzt werden können.

Im Folgenden werden Strukturierungen vorgeschlagen, um diesem facettenreichen Prozess einen Rahmen zu geben. Insgesamt wird eine Folge aus

- **initialer Bestandsaufnahme** als Lagebericht durch ein Factbook,
- einem **regelmäßigen Reporting** mit Vorausschau (Premonitor) sowie
- einem – gegebenenfalls temporärem – täglichen **Alerting als Früherkennung**

dargestellt.

3.4.1 Bestandsaufnahme: Factbook Lagebild

Als grundlegende Gliederung lassen sich die Perspektiven der Balanced Scorecard heranziehen. So vermeiden Sie eine zu enge Ausrichtung der Digital-Listening-Analyse. Obwohl es zu jedem Unternehmen spezifische Besonderheiten zu berücksichtigen gilt, können einige grundsätzliche Ansätze aufgezeigt werden:

- **Perspektive Strategy:** Für dieses Feld sollte in der Analyse die Perspektive gewechselt werden: Welche Einblicke kann sich ein Gegner verschaffen?
  - Auf Unternehmensebene wird dies durch das Aufgabenfeld Corporate Counterintelligence beschrieben (vgl. Abschn. 5.5 What have you got to lose? The case for Corporate Counterintelligence (Gastbeitrag von Chris West, Jerry Hoffmann and Udo Hohlfeld)),
  - bezogen auf exponierte Personen, Vorstände und Inhaber durch Sichtbarkeitsanalysen (vgl. Abschn. 4.3.3 Sichtbarkeitsanalyse für Schutzpersonen), idealerweise inklusive der Prüfung auf Data-Breach-Betroffenheit.

Aus den jeweiligen Ergebnissen lassen sich Maßnahmen zum Abbau, zur Relativierung und zur künftigen Vermeidung unerwünschter Einblicke ableiten.

- **Perspektive Potenzial**: Im Bereich der Bedrohungen gegen Potenziale des Unternehmens sind im digitalen Bereich insbesondere die aktuellen und künftigen Mitarbeiter zu sehen:

- Eine Untersuchung der digitalen Hotspots der Engpasszielgruppen – und nicht nur der wichtigen Arbeitgeberbewertungsplattformen wie Kununu und Glassdoor – kann gezielte Angriffe auf das Arbeitgeberbild enthüllen.
- Die Aufnahme der Data-Breach-Betroffenheit der geschäftlichen Email-Domain zeigt auf, inwieweit Angriffsmöglichkeiten wie Social Engineering, Erpressung und Identitätsmissbrauch gegen Mitarbeiter im digitalen Raum verfügbar sind (vgl. Abschn. 3.3 Neue Bedrohung 2: Data Breaches als Munition für böswillige Dritte). In der Regel sollte auf dieser Basis ein Sensibilisierungsprozess aufgesetzt bzw. bestehende Maßnahmen konkretisiert werden.

- **Perspektive Processes:** Mit ineinandergreifenden Ansätzen lässt sich diese breite Perspektive abbilden: Zum einen erleichtert die Data-Breach-Betroffenheit zahlreicher Mitarbeiter Angriffe durch Social Engineering und Erpressung auf die Integrität der Unternehmensabläufe, zum anderen stellt Informationsabfluss, Information Leakage, eine unter Umständen große Bedrohung dar. So ist für letzteres zu prüfen, ob und welche internen Dokumente, Protokolle, Verzeichnisse etc. unbefugt in den digitalen Raum gelangt sind. Gerade Lagepläne und technische Beschreibungen erfreuen sich großer Beliebtheit und lassen sich auf dunklen Foren finden. Hierbei gilt, dass es nicht immer die geheimen Rezepturen sein müssen: Auch unscheinbare interne Anleitungen zum Öffnen bestimmter Werktore oder der Schichtplan der Werkssicherheit fallen in diesen Bereich. Zudem gibt es aber auch immer noch unzureichend gesicherte Unternehmensserver, auf die von extern zugegriffen werden kann.
- **Perspektive Finance:** In der digitalen Analyse ist die Finanz-Perspektive ein sehr spezifischer Bereich. Ein entsprechendes Modul sollte prüfen, ob es Angriffe oder zumindest kritische Beiträge zur Kreditwürdigkeit des Unternehmens gibt. Dies kann auf die Betrachtung von eigenen Lieferanten ausgeweitet werden, so gewinnt die Analyse der Supply-Chain an Bedeutung.
  Bezogen auf die Zahlungsfähigkeit der Abnehmerseite ist das Credit Management gefragt, mögliche Ausfälle im Blick zu behalten. Eine digitale Bestandsaufnahme kann hier initial hineinleuchten.
  In den letzten Jahren gab es zudem auch Angriffe auf Aktienkurse: Short-Attacks. Folglich sind Kapitalgesellschaften auch gefordert, Finanzforen, Kommentarbereiche und andere relevante Quellen und Datenbanken im Blick zu haben.
- **Perspektive Markets:** Für die meisten Unternehmen hat die Perspektive der Märkte und Kunden eine herausgehobene Relevanz, insbesondere, wenn es

um Angriffe auf die Reputation des Unternehmens und seiner Produkte oder Lösungen geht. Hierbei sind zwei Ebenen zu unterscheiden:

- Zum einen direkt produktbezogene Kritik, die natürlich im normalen Ausmaß keine Sicherheitsrelevanz hat. Sobald sich jedoch die Stimmen verdichten und schriller werden, gegebenenfalls sogar zu Maßnahmen aufgerufen wird, muss genauer hingeschaut werden. Eine Bestandsaufnahme ist geeignet, um hier für das jeweilige Unternehmen das passende Maß zu definieren.

  Natürlich ist auch darauf hinzuweisen, dass der Produktbereich ein bevorzugtes Angriffsziel von Desinformation ist. Folglich sollte die Unternehmenssicherheit einen „Rückversicherungsprozess" entwickeln, um intern zu klären, ob der entsprechende Vorwurf berechtigt sein kann oder nicht. Das Gleiche gilt für Vorwürfe im Arbeitgeberkontext, etwa bezogen auf aktuelle Bewerbungsgespräche.

- Zum anderen gibt es die kritische Öffentlichkeit, die sich mit Protestaktionen gegen das Unternehmen oder bestimmte Praktiken, Lieferländer o.ä. richtet. In einer digitalen Bestandsaufnahme sind solche Bestrebungen zu identifizieren und geplante Aktionen, z. B. lokale Demonstrationen, zu erkennen, um vorbereitend entsprechende Sicherheitsmaßnahmen treffen zu können. Hierbei sollte auch der Blick über das eigene Unternehmen hinaus geweitet werden: Welche Bedrohungen können von ähnlichen Unternehmen herüberschwappen?

Mit diesen Bausteinen liegt eine umfassende **Bestandsaufnahme** vor. Allerdings können die Anzahl und die Unterschiedlichkeit der erkannten Bedrohungen recht hoch sein. Folglich empfiehlt sich ein einheitliche Bewertungsraster für die einzelnen Bedrohungen, um priorisieren und ein Gesamtbild verdichten zu können. Als mögliche Variante wird in Abb. 3.10 ein Schema aus fünf Dimensionen vorgestellt

▶ Es ergibt sich, dass ein entsprechendes Factbook zu jedem erkannten Bedrohungsvektor die Schwere und Frequenz des Vorwurfs bzw. des Vorkommnisses bewerten sollte; dazu sind Aussagen zu den jeweiligen Quellen und die Vernetzung mit anderen Themen für die Einordnung relevant. Als Skala kann gut eine Systematik von unkritisch bis sehr kritisch herangezogen werden.

Mit einer solchen durchgängigen Aufbereitung wird die aktuelle Bedrohungslage sehr transparent und strukturiert dargestellt. Natürlich bildet die digitale

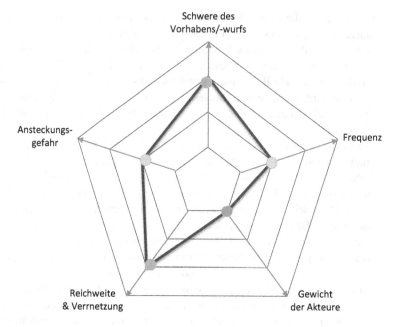

Abb. 3.10 Bedrohungsvektoren als „Spinne"

Bestandsaufnahme nur einen Ausschnitt der vorhandenen Datenlage ab, aber nichtsdestotrotz kann dieses digitale Lagebild mit weiteren Erkenntnissen, die oftmals nicht sonderlich strukturiert vorliegen, angereichert werden.

3.4.2   Berichtswesen: Premonitor-Reporting

Die Bestandsaufnahme kristallisiert die Aspekte heraus, in denen besondere Bedrohungen vorliegen. Neben einer regelmäßigen ereignisoffenen Detektion sollten genau diese Bereiche zentral beobachtet werden., um die Entwicklungen der entsprechenden Vorwürfe oder Vorkommnisse frühzeitig zu detektieren und Überraschungen zu reduzieren, das Lagebild also im Zeitablauf weiter aktuell zu halten.

Dies kann etwa durch den Einbezug der Hotspots der Recruiting-Engpasszielgruppen in die Früherkennung und natürlich die kontinuierliche Prüfung der Data-Breach-Betroffenheit erfolgen.

▶ In einem regelmäßigen Security-Report geht es darum, die erkannten Bedrohungen im Blick zu behalten, neue auftauchende oder sich verstärkende Aspekte zu erkennen sowie eine Vorausschau über mögliche Entwicklungen zu versuchen.

Vorgeschlagen wird hier auf oberer Ebene eine Strukturierung an den zentralen Fragen – Abb. 3.11 zeigt die Leitfragen – sowie in größerer Detaillierung an den aufgespannten Bedrohungsvektoren mitsamt relevanten Einzelhinweisen, wie in Abb. 3.12 dargestellt.

Jedem einzelnen Bedrohungsvektor lässt sich aus den bewerteten fünf Einzeldimensionen eine „Gesamtbedrohung" zuordnen. Aus diesen Werten ergibt sich für die Gesamtliste der Bedrohungen eine Rangfolge, die sich natürlich von Monat zu Monat ändern kann.

Diese Ordnungsbildung ist ein iterativer Prozess und unter Umständen nicht streng numerisch auszulegen. Aber diese strukturierte Betrachtungsweise ist einem doch zuweilen trägen Bauchgefühl überlegen.

Die Frage „Was ist wichtig?" kann damit auf eine klare Überlegung und konkrete digitale Entwicklungen oder Funde zurückgeführt werden: „Warum genau?". Der Report zeigt sodann Verschiebungen im Zeitablauf und bildet auf diese Weise die Dynamik des Geschehens strukturiert und nachvollziehbar ab.

3.4.3 Früherkennung: Alerting

Reporting und Alerting können mit einem unterschiedlichen Fokus aufgesetzt werden: Beispielsweise für das Unternehmen insgesamt oder auch nur in Bezug auf bestimmte, sicherheitsrelevante Maßnahmen, etwa eine Werkschließung. Ein sehr sinnvolles Szenario setzt auch in der Vorbereitung auf die Hauptversammlung an: Welche Vorwürfe stehen im Raum, welche Aktionen werden geplant?

Auch für eine solche Fokussierung sollte eine Bestandsaufnahme Anhaltspunkte geben. Bei einem täglich getaktetem Alerting steht das schnelle Auffinden und Bewerten von relevanten Hinweisen im Mittelpunkt: Folglich lässt sich dies auch als **qualifizierte Früherkennung** bezeichnen. Die jeweils erkannten Hinweise werden üblicherweise per strukturierter Email oder per Telefon übermittelt.

Eine solche Qualifizierung ist deshalb notwendig, weil bei einer sicherheitsrelevanten Früherkennung nicht a priori genau spezifiziert werden kann, was gesucht wird. Wenn also in der Suchsyntax noch Freiheitsgrade bestehen, dann müssen die auf diese Weise ermittelten Treffer kritisch hinterfragt werden. Es

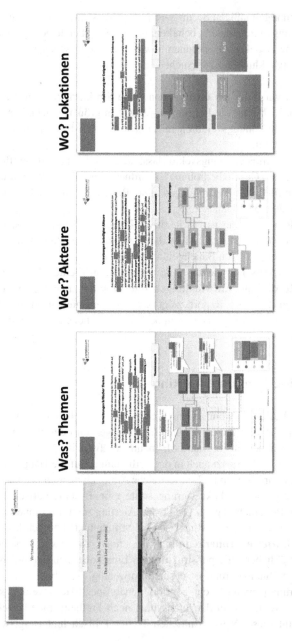

Abb. 3.11 Corporate Security Premonitor 1: Lagebild: Was, wer, wo?

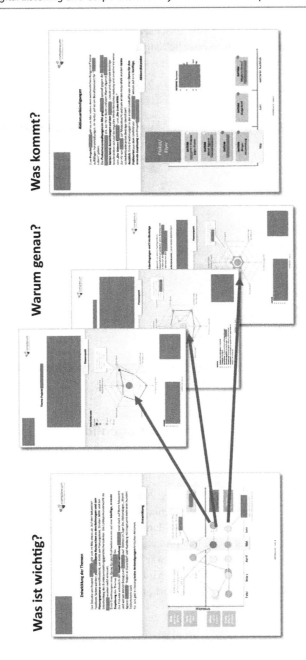

Abb. 3.12 Corporate Security Premonitor 2: Bedrohungsvektoren.

macht Sinn, bei diesen immanent unscharf definierten Aufgaben auf Werkzeuge zur semantischen Inhaltserschließung zurückzugreifen (vgl. Abschn. 2.6
Processing (Advanced): Inhaltserschließung von „Unknown Unknowns").

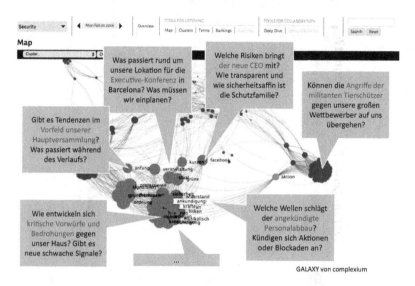

GALAXY von complexium

Ein umfassendes Beispiel für den Einsatz dieser drei verschiedenen Analyseformate ist die Begleitung des G20-Gipfels in Hamburg.

3.5   Case G20-Gipfel: Sicherheitslagebild und
Früherkennung

▶   Übersicht
Bilder zum G20-Gipfel in Hamburg 2017 haben sich im kollektiven
Gedächtnis festgesetzt: Straßenschlachten, ungehindert wütende,
schwarz vermummte Gruppen und lange Zeit ohnmächtig wirkende
Staatsmacht. Der materielle und immaterielle Schaden war enorm.
    Nichts von dem, was passierte, war allerdings überraschend. Mit
diesem Digital Listening-Beispiel wird das seinerzeit umgesetzte
digitale Frühwarnsystem rekapituliert und dargestellt.

Der Gipfel am 7. und 8. Juli 2017 war das 12. Treffen der Gruppe der 20 wichtigsten Industrie- und Schwellenländer. Neben deren Staats- und Regierungschefs nahmen Politiker weiterer Staaten und Vertreter internationaler Organisationen daran teil.

Rund 31.000 Polizisten wurden zum Schutz der Zusammenkunft und der Stadt Hamburg eingesetzt. Bei Demonstrationen, Blockaden und anderen angemeldeten Veranstaltungen brachten Zehntausende ihren Protest gegen den Gipfel zum Ausdruck. Meist außerhalb davon begingen verschiedene Akteure, darunter Linksextremisten, Sachbeschädigungen, Plünderungen und Angriffe auf Polizeibeamte. Bei Ausschreitungen und Polizeiübergriffen wurden hunderte Personen verletzt.

▶ **Wichtig**
Auf allen Seiten begannen die Vorbereitungen auf dieses Ereignis bereits viele Monate im Vorfeld: Eine (von complexium erstellte) tägliche Morgenlage zu aktivistischen Themen und Entwicklungen zeigte schon Ende 2016 konkrete Aufrufe und einsetzende Vorbereitungen von aktivistischer Seite, siehe hierzu Abb. 3.13. Dies bezog sich nicht nur auf Deutschland.

Die Morgenlage zeigte demnach früh, dass der G20-Gipfel auf aktivistischen Webseiten thematisiert und kritisiert wird. Erste Aktionen wurden frühzeitig geplant. Je näher das Event rückte, desto detaillierter wurden die Planungen der großen Events.

Für zahlreiche in Hamburg vertretene Unternehmen wurde eine digitale Früherkennung entworfen und aufgesetzt, die hier im Folgenden nachgezeichnet wird. Abgestimmt auf den zeitlichen Vorlauf wurde von der ersten Lageinformation ein immer aktuelleres Bild aufgebaut, das sowohl allgemeine Entwicklungen wie auch mögliche Bezüge zu den beteiligten Unternehmen darstellte. Alle relevanten Informationen wurden zudem den lokalen Sicherheitsbehörden zur Verfügung gestellt.

Die hochgradige Relevanz für Unternehmen ergibt sich nicht nur daraus, wenn sie etwa im Fokus aktivistischer Gruppierungen stehen. Eine sicherheitsbezogene Relevanz ist auch gegeben,

- wenn etwa Unternehmensliegenschaften an Protestrouten oder im Umfeld von Versammlungsorten liegen,
- wenn entschieden werden muss, ob Mitarbeitern der Weg zu Arbeit und wieder zurück nach Hause zugemutet werden kann, hierbei ist auch zu prüfen, ob etwa Pendlerströme auf An- oder Abreiserouten liegen,
- wenn das Unternehmen etwa Verkehrsmittel, Infrastrukturen oder Knotenpunkte auf den Anreiserouten der Protestierenden betreibt, dies kann sich etwa auf Bahnen, Busse, Bahnhöfe und Fernbusabfahrbereiche beziehen,
- wenn das Unternehmen für die Sicherheit von Gästen oder Kunden verantwortlich ist. So ist Hamburg eine Hafenstadt mit regem Passagierschiffsverkehr und damit punktuell notwendigen An- und Abreiserouten für hohe Personenzahlen, die nicht beeinträchtigt werden dürfen: Es muss folglich rechtzeitig über möglicherweise alternative Anlandestellen entschieden werden, was wiederum eine ganze Kette von weiteren Folgemaßnahmen nach sich zieht.

Das gesamte Vorhaben wurde mit dem notwendigen Vorlauf begonnen und in zwei Phasen unterteilt: **Prephase und Akutphase.** So kann hier bereits herausgestellt werden, dass ohne eine entsprechende Vorbereitung viel notwendiges Wissen fehlt. Ein kurzfristig anberaumtes Szenario verlässt sich auf Zufallstreffer und Banalitäten. Dies gilt nicht nur für internationale Großereignisse, sondern auch etwa für Hauptversammlungen oder Verlautbarungen mit kritischem Inhalt.

WEN: TARGET	Frühzeitig organisieren sich Aktivisten und schärfen das
Alle Wirtschaftsbranchen	Bewusstsein zur Mobilisierung gegen den G20-Gipfel in Hamburg.
Banken & Finanzinstitute	Auch erste physische Übergriffe werden in der Weihnachtszeit
Politik und Regierungen	gemeldet.

WANN & WO: TERMIN	Am 27. Dezember greifen die Nutzer *Anti-g20* nach eigenen Angaben
26. November 2016: Hamburg	auf der Plattform *linksunten* eine Bank in Lund/Schweden an: „*This is*
27. Dez. 2016: Lund/Schweden	*part of the anti-capitalist mobilization for the G20 in Hamburg in*
04. Dezember: Bundesweit	*July. This is a step in delegitimatizing capitalist institutions, in*
05./06. Juli 2017: Hamburg	*showing the resistance towards them in a concrete way. This is just*
07./08. Juli 2017: Hamburg	*the beginning.*" Mit weiteren Übergriffen im Vorfeld des G20-Gipfels
17./18. März 2017: Baden-Baden	ist somit zu rechnen.

Abb. 3.13 complexium Morgenlage zu G20-Vorbereitungen

Wenngleich die Skala unterschiedlich sein mag, so lassen sich die eingesetzten Abfolgen und Formate übertragen.

Im aufgesetzten Digital Listening- und Analyse-Prozess werden Algorithmen mit Analysteneinschätzungen verbunden. Untersucht werden OSINT-Quellen (News-Seiten, Facebook-Pages, Twitter-Accounts, Aktivisten-Foren etc.) mit Relevanz für den G20-Gipfel.

▶ Es wurden mehrere ausführliche Lageberichte mit einem strukturierten Überblick zu geplanten Aktionen vor Ort, im Bereich der An- und Abreise, digitalen Aktionen, z. B. Aufrufen, besonderen Hinweisen und ggf. betroffenen Unternehmen erstellt. Ein regelmäßiger G20-Event Report (Premonitor) verdichtete und bewertete Hinweise auf bedrohliche Aktivitäten im G20-Kontext aus digitalen Open-Source-Quellen. Das Alerting behielt spontane und zeitkritische Entwicklungen im Blick.

Aktivitäten der Prephase:
- Briefing
- Erfassung und Abstimmung wichtiger Keywords, Namen und Adressen zu
  - den G20-Lokationen (Kontext) und
  - den beteiligten Unternehmen, ihren Liegenschaften und exponierten Personen
- Setup des Analysesystems
- Erstellung eines Überblicks der aktuellen Entwicklungen und Bewertung der einzelnen Informationen in einem verdichteten Lagebild, um eine erste Übersicht zu schaffen
- Aktualisierung des Lagebildes, um vorbereitende Maßnahmen in die Wege zu leiten
- Beginn eines täglichen Alertings im Mailformat

Aktivitäten der Akutphase (während des Events):
- Aufnahme und Filterung der Masse an Beiträgen, um einen strukturierten Überblick
  - zum bisherigen Geschehen sowie
  - zu anstehenden, sich entwickelnden Aktionen zu generieren
- Aufstellung von Hypothesen über wahrscheinliche Szenarien,
- insbesondere Ziele und Zeitpunkte
- Kontinuierliches Alerting im Mailformat, um eine schnelle Reaktion auf neue Entwicklungen zu ermöglichen
- Debriefing

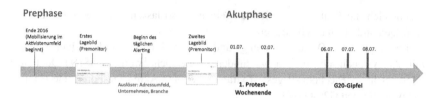

Abb. 3.14   G20: Aufbau und Ablauf Digital Listening

Abb. 3.14 zeigt den zeitlichen Verlauf dieser Digital Listening-Maßnahmen im Überblick.

3.5.1   Prephase

Zwei Premonitore zur Sicherheitslage im Vorfeld des G20-Gipfels liefern Vorabinformationen und Einschätzungen. Sie ermöglichen eine unternehmensspezifische Planung und Vorbereitung. In diesen Lagebildern werden die Informationen in drei Dimensionen verdichtet:

- Inhaltlich,
- zeitlich,
- räumlich.

So wurde diesen Berichten inhaltlich Wichtiges auf einen Blick zusammengeführt, um die fragmentierten Informationen in einem bewerteten Zusammenhang zu bringen: Watch-Out.

Allein durch die zahlreichen Anleitungen zum Bau von Molotow-Cocktails und zum Bepacken der Rucksäcke wurde sehr frühzeitig deutlich, dass es – für Teile der Protestierenden – kein friedlicher Protest werden sollte (vgl. Abb. 3.15).

▶   Neben dieser inhaltlichen Verdichtung ist die Projektion der Einzelheiten auf eine zeitliche Schiene wichtig. Dies leistet ein Kalender, der geplante Aktionen auf einen Blick zeigt.

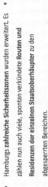

Watch-Out: Wissenswertes auf einen Blick

- Hamburgs zahlreiche Sicherheitszonen wurden erweitert. Es zählen nun auch viele, spontan verkündete Routen und Residenzen der einzelnen Staatsoberhäupter zu den abgesperrten Bereichen.

- Da bereits Banken und große Verkehrsunternehmen Opfer aktivistischer Angriffe wurden, ist davon auszugehen, dass sich dieses Angriffsmuster fortsetzt. Ziele der kapitalismuskritischen Aktivisten werden sehr wahrscheinlich zahlreiche große Unternehmen und deren Filialen sein.

- Farbangriffe auf eine Bankfiliale ebenso wie Brandangriffe auf Polizeifahrzeuge verfügen über eine starke Symbolkraft, die Nachahmer motiviert, sich ebenfalls gegen die „Symbole des Kapitalismus und des Staates" aufzulehnen.

Watch-Out: Stimmung zwischen Polizei und Aktivisten

- Die Stimmung zwischen Aktivisten und Polizei ist durch **Hausdurchsuchungen und Repressionen** im Vorfeld des G20 und Konflikten mit der Staatsgewalt, wie bei der **Räumung** des Kiezladens Friedel154 in Berlin am 29.06. aufgeheizt.

- Dies birgt die Gefahr einer schnelleren Eskalation in sich bzw. werden evtl. mehr gewaltbereite Aktivisten anreisen.

Vorbereitung der Aktivisten

- ein Mobilisierungsvideo (mittlerweile gelöscht), das eine mit Musik unterlegte Darstellung der mitzubringenden Gewalt-Werkzeuge und eine Anleitung zum Bau von **Molotow-Cocktails** enthält.

- Außerdem wird über die Kapazität, Ausrüstung sowie Rechte von Polizeibeamten aufgeklärt.

- Zweck dieser Aufklärungsmaßnahmen ist, dass die Protestaktionen möglichst gut vorbereitet und erfolgreich (lange, großflächig, öffentlich) ablaufen und zudem mediale Präsenz erfahren.

Abb. 3.15 G20-Prephase Premonitor: Watch-out

	Montag	Dienstag	Mittwoch	Donnerstag	Freitag	Samstag	Sonntag
KW 25	19 Aktionstraining, Köln #Brandanschläge Deutsche Bahn	20 "Come together, RIGH/O/T NOW", Berlin "KOMM MIT UNS INS GEFAHRENGEBIET", Frankfurt …	21	22 Reclaim the world, G20 überrollen, Köln Rechtshilfe zu Demonstrationen, Oldenburg	23 Mobiveranstaltung, Oldenburg "Wet the blue zone", HH Mobiveranstaltung, Fürth #Anschlag, Flensburg	24 Aktionstraining für G20, Tübingen Refugee-Demo against G20, HH Solidarität statt G20, HH Stop all deportation, Jena …	25 #Anschlag, Frankfurt Sossenheim
KW 26	26 G20-Soli-Protestcamp, Münster Letzte Infos zu Block G20, Darmstadt …	27 Letzte Veranstaltung zu G20 in Berlin BlockG20-Treffen, HH G20-Soli-Protestcamp, Münster …	28 Info: Block G20 – Colour the red zone, HH Mobilisierung: Queerfeministinnen gegen G20, HH	29 No-G20-Infoabend, HH Umgang mit Repression auf Demonstrationen, Kiel Räumung Friedel54, B …	30 "Wet the blue zone", HH Informationen zur Anreise, Kiel Aktionstraining Erfurt, Antikapitalistisches Camp	Juli 01 G20 WARM-UP (Rave) Demonstration, Lüneburg	02 #G20Protestwelle, HH Aktions-/Blockadetraining, HH
KW 27	03 "Vom Hafengeburtstag zu G20" Infoveranstaltung zum Einsatz der Bundeswehr, HH	04 Massencornern (Straßenfest Karoviertel, St. Pauli, Schanzenviertel)	05 1000 Gestalten, Gipfel globale Solidarität, Nachttanzdemo Women's march gegen Trump und G20, HH …	Hauptanreisetag 06 #Welcome to hell Gipfel für globale Solidarität, HH	G20-Gipfel 07 #Block G20, #HamburgCityStrike, #Anarchistischer Aufruf, Colorful Mass, G20 entern, Bildungsstreik…	G20-Gipfel 08 #Grenzenlose Solidarität statt G20 #Camp	Abreisetag 09 Prisoners-Solidarity-Demonstration to GeSa, Harburg #Camp
KW 28	10	11	12 autonome Nachbereitung, Berlin	13	14	15	16 Nachbereitung zu G20 Protesten, Kiel

Abb. 3.16 Digital Listening: *G20-Gipfel Kalender*

Der Kalender – siehe Abb. 3.16 – bietet eine Übersicht über Mobilisierungsveranstaltungen und aktivistische Vorkommnisse während der Prephase sowie über die relevantesten Planungen für die Zeit des Gipfels.

Anhand von Karten wird ein Überblick zu den wichtigsten Routen, Treffpunkten und möglichen Krisenherden gegeben. In diese räumliche Ebene lassen sich im weiteren Verlauf neu hinzukommende Informationen einordnen, vgl. beispielsweise Abb. 3.17.

Im Vorfeld der Prephase werden bereits zahlreiche Aktionen angekündigt und organisiert. Dies erstreckt sich über eine Vielzahl von digitalen Kanälen. Hierbei leisten Hashtags die zentrale Orientierungsfunktion, beispielsweise **#Camp**, **#WelcometoHell** sowie **#BlockG20**.

Dieses Geschehen wird durch verschiedene Digital Listening-Formate begleitet:

- Die Reports liefern einen detaillierten Einblick und eine Risikoanalyse für die wichtigsten Events im Vorfeld und während des Gipfels.
- Durch Alerts werden Unternehmen schnell und direkt über Entwicklungen und Dynamiken informiert.

Dieses Zusammenspiel wird in Abb. 3.18 für drei gewichtige Stränge aufgezeigt.

Neben den langfristig geplanten und breit angekündigten Aktionen kommt es während der Mobilisierung der Aktivisten auch immer wieder zu spontanen Einzelaktionen: **#Anschläge**.

Die Alertings zu solchen spontanen Aktionen basieren auf der kontinuierlichen Sichtung relevanter Internetquellen und Bewertung der detektierten Informationen. Aus diesen Erkenntnissen lassen sich Muster und Ableitungen erkennen. Diese werden in den Premonitoren aufbereitet.

Vorkommnisse in Hamburg sind im G20-Kontext oft zeitkritisch, Vorfälle in anderen Städten ermöglichen Prognosen für Hamburg. Als Beispiele lassen sich hier Anschläge auf Banken und das Anzünden von Autos nennen. Mitunter scheint es, als würde mit diesen Aktionen für das Großevent in Hamburg geübt (vgl. Abb. 3.19).

Durch die Erkenntnisse der Prephase wird ein deutliches Bild zu den zu erwartenden Aktionen gezeichnet. Dies gilt in Bezug auf die zentralen Routen und Einzugsgebiete, die zu erwartenden Teilnehmeranzahlen sowie die Intentionen von relevanten Teilgruppen, d. h. in Bezug auf die Härte der Aktionen.

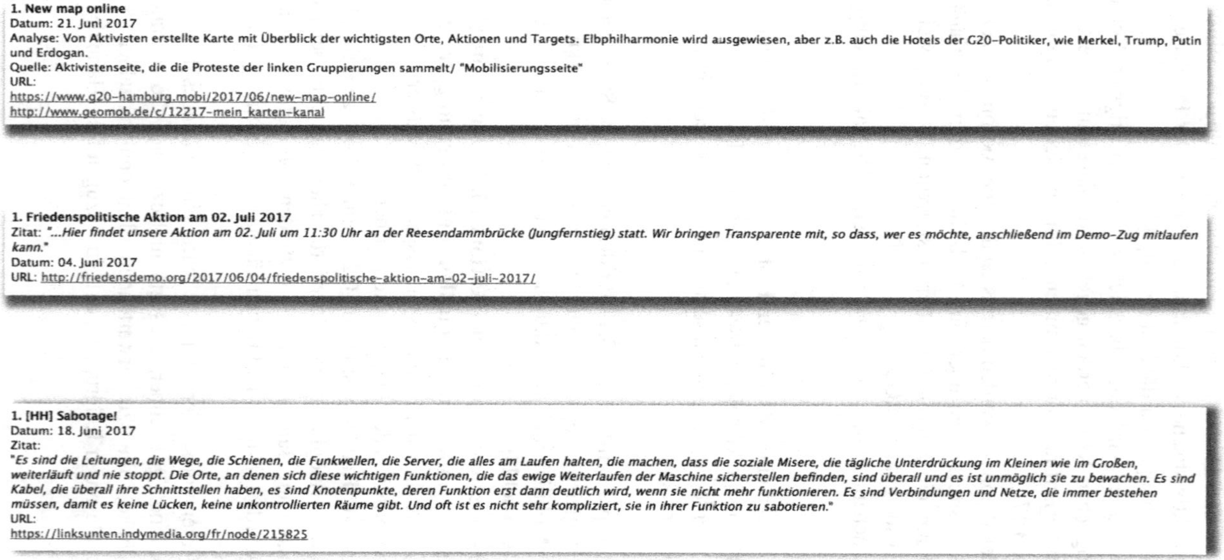

1. New map online
Datum: 21. Juni 2017
Analyse: Von Aktivisten erstellte Karte mit Überblick der wichtigsten Orte, Aktionen und Targets. Elbphilharmonie wird ausgewiesen, aber z.B. auch die Hotels der G20-Politiker, wie Merkel, Trump, Putin und Erdogan.
Quelle: Aktivistenseite, die die Proteste der linken Gruppierungen sammelt/ "Mobilisierungsseite"
URL:
https://www.g20-hamburg.mobi/2017/06/new-map-online/
http://www.geomob.de/c/12217-mein_karten-kanal

1. Friedenspolitische Aktion am 02. Juli 2017
Zitat: "...Hier findet unsere Aktion am 02. Juli um 11:30 Uhr an der Reesendammbrücke (Jungfernstieg) statt. Wir bringen Transparente mit, so dass, wer es möchte, anschließend im Demo-Zug mitlaufen kann."
Datum: 04. Juni 2017
URL: http://friedensdemo.org/2017/06/04/friedenspolitische-aktion-am-02-juli-2017/

1. [HH] Sabotage!
Datum: 18. Juni 2017
Zitat:
"Es sind die Leitungen, die Wege, die Schienen, die Funkwellen, die Server, die alles am Laufen halten, die machen, dass die soziale Misere, die tägliche Unterdrückung im Kleinen wie im Großen, weiterläuft und nie stoppt. Die Orte, an denen sich diese wichtigen Funktionen, die das ewige Weiterlaufen der Maschine sicherstellen befinden, sind überall und es ist unmöglich sie zu bewachen. Es sind Kabel, die überall ihre Schnittstellen haben, es sind Knotenpunkte, deren Funktion erst dann deutlich wird, wenn sie nicht mehr funktionieren. Es sind Verbindungen und Netze, die immer bestehen müssen, damit es keine Lücken, keine unkontrollierten Räume gibt. Und oft ist es nicht sehr kompliziert, sie in ihrer Funktion zu sabotieren."
URL:
https://linksunten.indymedia.org/fr/node/215825

Abb. 3.17 Beispiele für Hinweise mit räumlichem Bezug

#Camp: Report und Alerts

Abb. 3.18   G20 Reports und Alerts

Bedrohungsvektoren, die sich gegen einzelne Branchen oder Unternehmen richten, werden verdichtet dargestellt und weitergegeben. Ebenfalls erschlossen sind relevante Bezeichnungen, Plattformen und Hashtags, um eine effektive digitale Beobachtung der explosionsartig steigenden Beitragsanzahlen gewährleisten zu können. Natürlich aber entwickeln sich nicht alle Aktionen wie geplant, zudem kommt es zu spontanen Aktionen und Anpassungen auf die jeweilige Lage. Diese Entwicklungen zu erkennen, aufzuzeigen und einzuordnen war Hauptaufgabe während der Akutphase.

3.5.2   Akutphase

Eine Woche vor dem G20-Gipfel beginnt die Akutphase.

#Welcome: Report und Alerts

Abb. 3.18 (Fortsetzung)

- Donnerstag, der 06. Juli 2017
- Freitag, der 07. Juli 2017
- Samstag, der 08. Juli 2017
- Sonntag, der 09. Juli 2017

Der Rechtsstreit um das Aktivisten-Camp bestimmt die Kanäle. Es werden immer mehr Details zu geplanten Aktionen bzw. Material zur aktivistischen Vorbereitung veröffentlicht. Alert-Hinweise transportieren die aktuelle Entwicklung. Hierbei werden jeweils mehrere Quellen zu einem Hinweis verdichtet. Einige Beispiele illustrieren dieses Prinzip:

#Block G20: Report und Alerts

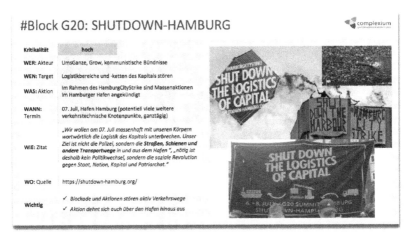

#Block G20: SHUTDOWN-HAMBURG

complexium

Kritikalität	hoch
WER: Akteur	UmsGanze, Grow, kommunistische Bündnisse
WEN: Target	Logistikbereiche und -ketten des Kapitals stören
WAS: Aktion	Im Rahmen des HamburgCityStrike sind Massenaktionen im Hamburger Hafen angekündigt
WANN: Termin	07. Juli, Hafen Hamburg (potentiell viele weitere verkehrstechnische Knotenpunkte, ganztägig)
WIE: Zitat	*„Wir wollen am 07. Juli massenhaft mit unseren Körpern wortwörtlich die Logistik des Kapitals unterbrechen. Unser Ziel ist nicht die Polizei, sondern die **Straßen, Schienen und andere Transportwege** in und aus dem Hafen ", „nötig ist deshalb kein Politikwechsel, sondern die soziale Revolution gegen Staat, Nation, Kapital und Patriarchat."*
WO: Quelle	https://shutdown-hamburg.org/
Wichtig	✓ *Blockade und Aktionen stören aktiv Verkehrswege* ✓ *Aktion dehnt sich auch über den Hafen hinaus aus*

1. 10. JUNI: "SHUT DOWN THE LOGISTICS OF CAPITAL" - AUCH IN BREMEN!
Datum: 6. Juni 2017
URL: https://shutdown-hamburg.org/index.php/2017/06/06/10-juni-shut-down-the-logistics-of-capital-auch-in-bremen/

1. Aktion zur Logistik des Kapitals im Hamburger Hafengebiet am 07.07.17 angekündigt.
Datum: 07. Mai 2017
URL:
https://shutdown-hamburg.org/index.php/2017/05/07/hamburger-hafengeburtstag-shut-down-the-logistics-of-capital/
https://www.g20-hamburg.mobi/2017/04/aktionsuebersicht-nog20/

Abb. 3.18   (Fortsetzung)

Akutphase – Alerting eine Woche vor dem Gipfel:

2. [AntiG20] Hamburger Polizei hindert das Antikapitalistische Camp ohne Rechtsgrundlage

Datum: 02. Juli 2017
URL: https://linksunten.indymedia.org/de/node/217107
https://twitter.com/Antikap_Camp

2. Spontane Protest-Camps und (angebliche) Übernachtungsmöglichkeiten
Datum: 04./05. Juli 2017
Zitat: "Hamburger Schauspielhaus öffnet Raum für G20-Gegner. Direkt gegenüber Hauptbahnhof"
"(HH). Kleines NoG20 Camp in der Hafenstraße"
"Wir haben um 12 Uhr den Platz vor der Johanniskirche an der Max-Brauer-Allee besetzt. Es stehen schon zwei Zelte und später gibts auch was zu essen. Kommt vorbei G20 versenken!"
URL:
https://twitter.com/freundeskreisv/status/882489464785969152 (10 Retweets, 11 Likes, 504 Views)
https://twitter.com/NoG20fr/status/882365697732616192 (24 Retweets, 20 Likes)
https://linksunten.indymedia.org/fr/node/217324
https://linksunten.indymedia.org/fr/node/217268

3. G-20 Blockadetraining nahe der Binnenalster

Datum: 01. Juli 2017
Quelle: Aktivistenseite
URL: http://www.interventionistische-linke.org/termin/aktions-und-blockadetraining-hamburg-13-uhr

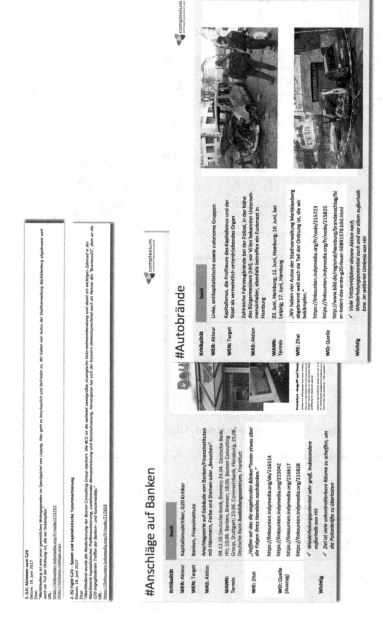

3. (LE) Aktionen zum G20
Datum: 16. Juni 2017
Zitat:
"Markkleeberg ist eine jener gemütlichen Wohngegenden im Speckgürtel von Leipzig. Hier geht es beschaulich und befriedet zu. Wir haben vier Autos der Stadtverwaltung Markkleeberg abgebrannt weil auch sie Teil der Ordnung ist, die wir bekämpfen."
URL:
https://linksunten.indymedia.org/fr/node/215723
https://isshera.noblogs.org/

2. ISI Fight G20 – Sponti und kapitalistische Tatortmarkierung
Datum: 18. Juni 2017
Zitat:
"Abschließend wurde die Niederlassung der Boston Consulting Group markiert. Die BCG ist die weltweit zweitgrößte strategische Unternehmensberatung und damit ein wichtiges Zahnrad in der Maschinerie kapitalistischer Profitmaximierung, zunehmender Monopolisierung und Rationalisierung. Hervorgetan hat sich der Konzern dementsprechend auch als Partner des "business20" ohne an die G20 angegliederten Treffen der Banken- und Konzernlobby."
URL:
https://linksunten.indymedia.org/fr/node/215828

#Anschläge auf Banken

Kritikalität	hoch
WER: Akteur	Kapitalismuskritiker, G20 Kritiker
WEN: Target	Banken, Finanzinstitute
WAS: Aktion	Anschlagsserie auf Gebäude von Banken/Finanzinstituten mit Hämmern, Farbe und Steinen oder "Besuchen".
WANN: Termin	09.12.16 Deutsche Bank, Bremen; 24.04. Deutsche Bank, HH; 10.06. Banken, Bremen; 18.06. Boston Consulting Group, Stuttgart; 23.06. Commerzbank, Hamburg; 25.06. Deutsche Bank Ausbildungszentrum, Frankfurt.
WIE: Zitat	"Helfen wir das die angehenden Bänker*Innen etwas über die Folgen ihres Handelns nachdenken."
WO: Quelle (Auszug)	https://linksunten.indymedia.org/de/216514 https://linksunten.indymedia.org/215042 https://linksunten.indymedia.org/216617 https://linksunten.indymedia.org/215828
Wichtig	✓ Wiederholungspotential sehr groß, insbesondere außerhalb von HH ✓ Ziel ist viele unkontrollierbare Räume zu schaffen, um die Polizeikräfte zu überlasten

#Autobrände

Kritikalität	hoch
WER: Akteur	Linke, antikapitalistische sowie autonome Gruppen
WEN: Target	Kapitalismus, die Profiteure des Kapitalismus und der Staat als vermeintlich unterdrückendes Organ
WEN: Target	Zahlreiche Fahrzeugbrände bei der Polizei, in der Nähe des Bürgermeisters (HH), vor Vilen bekannter Unternehmensinhaber, ebenfalls betroffen ein Funkmast in Hamburg
WAS: Aktion	03. Juni, Hamburg; 12. Juni, Hamburg; 16. Juni, bei Leipzig; 17. Juni, Hamburg
WANN: Termin	"Wir haben vier Autos der Stadtverwaltung Markkleeberg abgebrannt weil auch sie Teil der Ordnung ist, die wir bekämpfen."
WIE: Zitat	https://linksunten.indymedia.org/fr/node/215723 https://linksunten.indymedia.org/fr/node/215825
WO: Quelle	http://www.bild.de/regional/hamburg/brandanschlag/hier-lodert-das-erste-g20-feuer-50891570.bild.html
Wichtig	✓ Viele Trittbrettfahrer ohnehe Aktion nach. Wiederholungspotential auch und vor allem außerhalb bzw. im weiteren Umkreis von HH

Abb. 3.19 Alerts und *Reports zu spontanen Aktionen*

Der **Donnerstag, 06. Juli 2017,** eröffnet die kritische Phase des Gipfels. Zum einen gilt es, die angekündigten Aktionen (insb. die Demonstration der Links-radikalen "Welcome to hell") und deren Entwicklung und Eskalationsstufen im Blick zu behalten, zum anderen müssen spontane Aktionen gefunden und bewertet werden. Die enorm steigende Informationsflut, insb. auf Twitter, lassen sich nur mit Werkzeugeinsatz filtern.

5. Bekennerschreiben zum Anschlag auf das Porsche Zentrums in Hamburg Eidelstedt
Datum: 06. Juli 2017
Zitat: *„Bevor sie uns alltäglich im Straßenbild ankotzen, habe wir uns entschlossen, sie vorsorglich gleich im frisch ausgelieferten Neuzustand zu entsorgen. Vor dem Hintergrund einer gigantischen Obdachlosigkeit (nicht nur unter den Protestierenden zu Gipfelzeiten!) in einer Stadt mit den meisten und dicksten Geldsäcken widert uns der auf den Straßen zur Schau gestellte Reichtum an. Wir erwähnen in diesem Zusammenhang gern das aktuell im Bau befindliche Prestige-Projekt, in Hamburg ein neues Porsche-Protz-Zentrum zu errichten."*
URL:
https://linksunten.indymedia.org/de/node/217501

1. Demo der radikalen Linken heute ab 16 Uhr, Hamburger Fischmarkt
Datum: Demonstration am 06. Juli 2017
Ablauf: Demonstration hat ihren Auftakt am **Fischmarkt** um 16 Uhr, verläuft dann ab 19 Uhr über die **Landungsbrücken** Richtung Reeperbahn, in einem **Bogen um das Messegelände** und findet ihren Abschluss am Millerntorplatz.
Analyse: Demo kann gewaltbereite Individuen anziehen; die Stimmung ist aufgrund der vorherigen Aufeinandertreffen von Polizei und Aktivisten angespannt; Gefahr für Ausschreitungen – auch abseits der genehmigten Demonstrationsroute – ist hoch.
https://enoughisenough14.org/2017/07/06/ngg20-hamburg-updates-july-6-live-blog-welcome-to-hell-demo/ (Live-Blog der Demo)
https://g20toheii.blackblogs.org/
https://linksunten.indymedia.org/fr/node/216659

1. Ausschreitungen bei Welcome to hell Demo
Datum: 06. Juli/ 07. Juli 2017
Ablauf: *Zwei Stunden nach der brutalen Auflösung der Grossdemo, sind noch immer zich Wannen, Heli und wilde spontane Zusammenkünfte über die Stadt verteilt. Viele zogen sich in ihre Camps zurück um morgen rechtzeitig den verschiedenen Blockadeaktionen beizuwohnen. Trotzdem ist nicht davon auszugehen dass heute Nacht noch Ruhe eintritt. Viva Anarchia!*
URL:
https://linksunten.indymedia.org/de/node/217523
https://www.flickr.com/photos/pressaxservice_rathenow/sets/72157683205359493 (Fotos der Demo)
https://twitter.com/enough14/status/883015300115956480 (220 Retweets, 170 Likes)
https://enoughisenough14.org/2017/07/06/hamburg-updates-july-6-live-blog-welcome-to-hell-demo/ (Live-Blog der Demo)
http://www.presseportal.de/blaulicht/pm/6337/3678826

1. Block G20 ab 15 Uhr auf dem Millerntorplatz
Datum: 06. Juli 2017
Zitat: *„Viel kassiert, bisschen abgekühlt worden, aber wie vor Laune und noch viel Energie." Nä. Treffpunkt 15 Uhr Millerntorplatz! #BlockG20"*
URL:
https://twitter.com/BlockG20/status/883275037150785537 (33 Retweets, 41 Likes)

Freitag, der 07. Juli 2017, ist geprägt von Ankündigungen zu Treffpunkten und Meldungen von Behinderungen im Kontext der Aktion „Block G20". Relevant sind außerdem Ankündigungen zu Protesten außerhalb der Szeneviertel bzw. in anderen Städten.

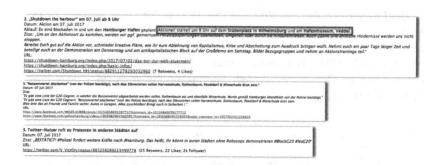

Samstag, der 08. Juli 2017. Die Informationsflut hat ihren Höhepunkt erreicht. Digital Listening funktioniert durch eingeschwungene Filter-Mechanismen und aufgebaute Themenexpertise. Ein Ausblick auf den Tag ist wichtig:

- Von aktuellen Informationen (zur Präsenz der Polizei),

```
6. "Polizei auch heute morgen wieder mit Eskalationsstratregie unterwegs. Ist jetzt auf Campgelände Altona #G20 #NoG20 #BlockG20 #G20HH2017"
Datum: 08 Juli 2017
URL:
https://twitter.com/PerspektiveOn/status/88359117154881945h (645 Follower)
```

- allgemeinen Aufrufen („kein Gewaltverzicht"),

```
Im Rahmen der Heutigen Großdemonstartion "GRENZENLOSE SOLIDARITÄT STATT G20":

5. Organisatoren der Demonstration angeprangert: "Für's Protokoll: #Passadakis #ATTAC ruft NICHT zum Gewaltverzicht auf! "
Datum: 08 Juli 2017
URL:
https://twitter.com/eysvog3l/status/883579522540503040 (3.327 Follower)
```

- möglichen Konflikten (Konfrontation zwischen links- und rechtsextremen Lager)

1. Eine mögliche Zuspitzung der Lage auf eine Konfrontation zwischen links- und rechtsextremen Lager hin wird angedeutet
Datum: 08 Juli 2017
Zitate:
"Die Meldungen über vereinzelte Faschos in der Stadt häufen sich, haltet die Augen auf! #Antikap_Camp #NoG20 #BlockG20"
"16.03 Achtung ersts #HoGeSa nazis sind jetzt saturn hbf #NoG20 #welcometohell #BlockG20"
"watch out for fascists near reeperbahn #BlockG20 #yeswecamp #NoG20 #schlaflosinHH #G20HH2017 #allesallen"
URL:
https://twitter.com/Antikap_Camp/status/883689819754442752 (4.203 Follower)
https://twitter.com/elbfrontantifa/status/883688219832922112 (93 Follower)
https://twitter.com/Schlaflos_in_HH/status/883682599872458752 (447 Follower)

- bis zu konkreten Ankündigungen („IKEA besuchen") lassen sich Ableitungen treffen und Alerts aussenden.

8. "Ich habe mich endlich dazu durchgerungen, mir den IKEA #Hamburg mal anzugucken. Soll gemütlich sein.. Bis später! :) #nog20 #yeswecamp #G20"
Datum: 08 Juli 2017
URL:
https://twitter.com/twitgeridoo/status/883511020169416705 (5.390 Follower)

3.5.3   Ergebnis und Learnings

Für die Digital Listening-Funktion bietet diese Früherkennungsaufgabe zum G20-Gipfel mehrere zentrale Learnings:

Aspekt	Ableitung
Die Planung der Aktivisten beginnt lange im Voraus (erste Funde bereits Ende 2016)	✓ Frühzeitig ein Digital Listening-Konzept aufsetzen!
Aktivisten nutzen in der Vorbereitung/zur Mobilisierung das Netz	✓ Breites Scanning schafft Überblick
Gefahr von Anschlägen auf bereits benannte Zielunternehmen nimmt zu, je näher das Event rückt	✓ Suchfrequenz stetig steigern

Aspekt	Ableitung
Während der Aktionen nimmt das Beitragsaufkommen massiv zu, insbesondere durch Sympathisanten	✓ Filterwerkzeuge sind wichtig
Spontane Aktionen können jederzeit die Planungen ergänzen	✓ Offene Suche ohne Vorgaben
Gefahren entstehen auch indirekt durch die örtliche Nähe	✓ Adressumkreise in der Suche abbilden
In Aufrufen und Anleitungsvideos werden häufig Umschreibungen genutzt (um einfache Suchen ins Leere laufen zu lassen)	✓ Suchkontexte anpassen
Quellen und Accounts wechseln mitunter kurzfristig bzw. werden eingestellt; Hashtags sind stabiler	✓ Schnelles Lernen

Insgesamt ist es mit dem beschriebenen Szenario gelungen, die Beitragsflut zu strukturieren, zu selektieren und zu bewerten. Es wurde jederzeit ein umfassender und verlässlicher Überblick zur Sicherheitslage erreicht. Es wurden einzelne, schwache Signale frühzeitig identifiziert: Verschiedene konkrete Hinweise mit Sicherheitsrelevanz für die beteiligten bzw. entsprechend informierten Unternehmen wurden im Vorfeld erkannt und weitergegeben. Es gelang, konkreter zu sein als die Live-Ticker aus TV und News-Seiten, etwa mit präzisen Orts- und Zeitangaben. Damit war das Digital-Listening-Team ein verlässlicher Ansprechpartner für die Sicherheitsbereiche, um auf Nachfragen und direktes Feedback zu reagieren.

Literatur

ASW Bundesverband (Hrsg.). (2017). *#Desinformation: Lage, Prognose und Abwehr* (S. 6. ff.). Berlin: ASW Bundesverband.

Bundesverband Credit Management e. V. (Hrsg.). (2015). *Bundeskongress 2015 –Die digitale Transformation und das Credit Management*. Kleve: Bundesverband Credit Management e. V.

Bundesverband Credit Management e. V. (Hrsg.). (2016). *Bundeskongress 2016 – Verlässliches Credit Management in turbulenten Zeiten*. Kleve: Bundesverband Credit Management e. V.

Echeverria, J., & Zhou, S. (2017). *Discovery, retrieval, and analysis of the 'star wars' botnet in twitter*. London: University College (UCL).

Daase, C., Engert, S., & Junk, J. (Hrsg.). (2013). *Verunsicherte Gesellschaft – überforderter Staat. Zum Wandel der Sicherheitskultur*. Frankfurt: Campus.

Goldmann, M., et al. (2015). *Future crimes. Inside the digital underground and the battle for our connected world*. London: Penguin.

Grothe, M. (2016). Von Sockenpuppen und Trollen – Desinformation im Netz und wie man sich schützt. In Bundesamt für Verfassungsschutz (Hrsg.), *Neue Gefahren für Informationssicherheit und Informationshoheit* (S. 33. Ff.). Berlin. (10. Sicherheitstagung BfV und ASW Bundesverband, Tagungsband).

Hasenzagl, R., & Barbara, M. (2013). Der Wandel im Wandel. Austrian Management Review 3. https://www.aml.academy/publikationen-elementor-3-2/.

IESE Management Excellence Cockpit Leadership in Zeiten der Unsicherheit. (2013). https://docplayer.org/6540378-Iese-management-excellence-cockpit-leadership-in-zeiten-der-unsicherheit.html.

Kruse, P. (2020). *Next Practice: Erfolgreiches Management von Instabilität*. Offenbach: Gabal.

Levinson, M. (2016). *An extraordinary time. The end of the postwar boom and the return of the ordinary economy*. New York: Basics Books.

Rieckmann, H. (2007). *Managen und Führen am Rande des 3. Jahrtausends* (4. Aufl.). Frankfurt: Peter Lang.

Siegmund, T. (2017). *Allein unter Feinden? Was der Staat für unsere Sicherheit tut – und was nicht*. Freiburg: Herder.

Zeihan, P. (2014). *The accidental super power. The next generation of american preeminence and the coming global disorder*. New York: Twelve.

Einsatzfeld Digitaler Personenschutz: Mit Sichtbarkeit umgehen

4

„Quidquid agis, prudenter agas et respice finem."

„Was auch immer du tust,

tue es klug und denke daran, wohin es führt."

aus: Gesta Romanorum

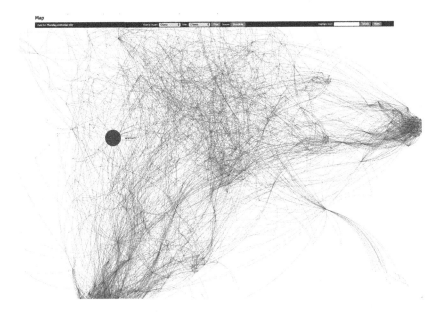

© Springer Fachmedien Wiesbaden GmbH, ein Teil von Springer Nature 2020

M. Grothe, *Digital Listening für Unternehmen,*

https://doi.org/10.1007/978-3-658-31104-9_4

Zusammenfassung

Die Sicherheit von Unternehmen und exponierter Persönlichkeiten erfordert durch die digitale Sichtbarkeit neue Vorgehensweisen und Werkzeuge: So sind Schutzpersonen und ihre Familien aktiv oder passiv im Internet präsent. Böswillige Dritte verfügen über neuartige Werkzeuge und Zugänge.

Ausgehend von der professionellen Struktur des Personenschutzes lässt sich die digitale Komponente aufnehmen. Digital Listening kommt hierbei eine hohe Bedeutung zu, es gilt zudem, auch neue Bedrohungen wie Data-Breaches mit zu berücksichtigen: Sichtbarkeitsanalysen bieten aus Täterperspektive einen wichtigen Baustein des Lagebildes, laufende und fallweise digitale Aufklärung und Sensibilisierung der Schutzpersonen müssen ein begleitender Prozess sein bzw. werden.

Die Digitalisierung ändert damit sowohl Anforderungen als auch Möglichkeiten des Personenschutzes. Es wird aufgezeigt, wie sich die Profession weiter entwickeln muss. Als zentraler Baustein wird die Sichtbarkeitsanalyse für exponierte Persönlichkeiten in ihren einzelnen Dimensionen beschrieben.

4.1   Personenschutz und die digitale Ebene (Gastbeitrag Heinz-Werner Aping)

Personenschutz ist kurz gefasst die Gewährleistung von Sicherheit einer Person gegen Angriffe durch Dritte.

Personenschutz ist weit mehr und tatsächlich ein breites Feld notwendigen Wissens, sehr qualifizierter Ausbildung, vielfältiger Herausforderungen, und das alles in einem überaus persönlichen, gegebenenfalls sehr intimen Umfeld. Alles, was sich dahinter verbirgt, bietet Raum für vielfältige sachlich-fachliche Überlegungen und Arbeit, umfangreiche Analysen, Konzepte, Pläne und Maßnahmen sowie materiellen Einsatz.

Darüber hinaus ist Personenschutz aber auch mehr als nur die Abwehr von „klassischen" Angriffen durch Dritte gegen eine vermögende oder einflussreiche Person, wie sie in der breiten Öffentlichkeit bekannt sind oder verstanden werden. Manipulation von Entscheidungsprozessen, Täuschen über Identitäten, Geschäftsprozesse, Kompetenzen, Angriffe gegen Einzelpersonen, um über deren Isolation Teams und deren Arbeit zu verlangsamen oder zu sprengen und vieles mehr ist eine aktuelle Gefahr, der es genauso zu begegnen gilt. „Social Engineering" hält Einzug.

Personenschutz bietet immer auch Raum für Geheimnisse, Mythen, Klischees, Romane und Filme. Gerne in Anspruch genommen wird dafür zumindest im deutschsprachigen Raum der bekannte Film „Bodyguard" von 1992 mit Whitney Houston und Kevin Costner in den Hauptrollen. In Anspruch genommen wird er oftmals auch deshalb, um professionellen Personenschutz vom Klischee des „Bodyguard" abzugrenzen, der sich millimeternah neben einer zu schützenden Person bewegt und sich in letzter Konsequenz zwischen die vom Attentäter abgefeuerte Kugel und das von ihm ausgesuchte Opfer wirft.

Tatsächlich aber bildet dieser Film wesentlich mehr Tätigkeiten zum Schutz einer Person ab als diese letzte und möglicherweise unausweichliche Handlung. Allerdings erhalten diese Schritte weniger Aufmerksamkeit beim „Publikum", daher ist der Wunsch professioneller Personenschützer verständlich, die Vielfalt der Tätigkeit und das Anforderungsprofil für Personenschützer nicht über die englische Vokabel „bodyguard" im allgemeinen Sprachgebrauch unzulässig verkürzt zu sehen.

Die verkürzende Sichtweise auf Personenschutz sieht ihn auch keinen großen Änderungen im Lauf der Zeit unterworfen, geht es doch im billigen Verständnis seit Beginn menschlicher Gesellschaften immer nur um die Abwehr dieser letzten Gefahr. Tatsächlich aber ändern sich mit der gesellschaftlichen und technischen Entwicklung nicht nur die möglichen Angriffe auf eine Person, sondern zwangsläufig auch die darauf auszurichtenden Abwehrmaßnahmen. Der Vielfalt der menschlichen Fantasie anderen Menschen zu schaden ist kaum eine Grenze gesetzt.

▶ Vor allem geht es beim Personenschutz entgegen der landläufigen Meinung aber nicht nur um den Schutz einer Person gegen Gefahren für Leib, Leben und Gesundheit. Ein ganz wesentliches Schutzgut ist die Gewährleistung der Willens- und Entscheidungsfreiheit.

Egal ob es sich um einen frei gewählten Politiker handelt, der ohne Angst um seine persönliche Sicherheit seine Politik vertreten können muss, den Journalisten, der unbequeme Wahrheiten oder gar Lügen und Skandale aufdecken will oder den Verantwortlichen einer Firma, der seine legalen Geschäftsideen umsetzen will, sie alle müssen es ohne Sorge um Angriffe gegen ihre Person oder der ihnen nahestehenden Menschen tun können.

Diese Aufzählung möglicherweise gefährdeter Personen ist nicht abschließend.

Die Überlegungen zur Abwehr einer Gefahr für die Sicherheit einer Person unterliegen gerade in den letzten Jahrzehnten allerdings einer Dynamik, die frühere Zeiten in diesem Maße nicht erlebten.

Waren es in den sechziger und siebziger Jahren des vorigen Jahrtausends (!) terroristische Handlungen, die man zuvor so nicht befürchten musste, brachten die achtziger und neunziger Jahre technische Entwicklungen an Waffen jeglicher Art, die deutlich über frühere Möglichkeiten hinausgingen. Selbst Anschläge mit Gift, im allgemeinen Verständnis der Menschen eher Angriffsformen aus der Zeit früherer Jahrhunderte, müssen wieder aktuell bedacht werden, wie traurige Attentatserfolge belegen.

Der radikale Umbruch der Welt nach dem Zusammenbruch der Sowjetunion, dem Fall der Mauer in Deutschland und systemverändernden Entwicklungen in den östlichen, nah-östlichen oder auch afrikanischen Staaten führte zu massiven Einschnitten in vielen Lebensläufen von Menschen. So gab und gibt es nicht wenige Menschen, die sich aufgrund mangelnder anderer Perspektiven einer kriminellen Zukunft öffneten.

Die neunziger Jahre und der Millenniumswechsel führten uns letztlich bis in die heutige Zeit in eine Welt hoher Mobilität und weltweiter Vernetzung. Was früher fern war, ist es heute lange nicht mehr. Das gilt für die räumliche Ferne genauso wie die kulturelle. Globalisierung war und ist das Stichwort und eröffnet gute wie gefährliche Möglichkeiten. Damit verbunden sind nicht nur, aber auch die Gefahren und Risiken, die sich im Zusammenhang mit Reisen ins Ausland oder längere Aufenthalte dort ergeben.

Die terroristischen Gefahren im Zusammenhang mit dem islamistischen Terrorismus bildeten insbesondere nach dem schrecklichen Angriff auf die USA am 11.09.2001 ein weiteres Gefahrenfeld, das nicht nur Menschen in politischer Verantwortung betrifft.

Lange Jahre stand die gewaltsame Entwicklung der sog. rechtsextremen Szene nicht im Vordergrund der Beobachtung. Die gewaltsamen Entwicklungen des Rechts-Terrorismus sind europaweit ein Gefahrenfeld, das überhaupt noch nicht bewältigt ist.

Aktuell stellt die Ausbreitung bedrohlicher Krankheitserreger über unsere weltweite Mobilität eine herausragende Gefahr dar und zwingt uns zu drastischen Einschnitten.

Nicht zu vergessen sind die Gefahren und Angriffsmöglichkeiten, die sich im wirtschaftlichen Bereich aufgrund der Globalisierung aller Handels- und Finanzströme ergeben. Das Ausspähen von Geheimnissen, das Kompromittieren von Firmen und handelnden Personen, das Vereiteln von Geschäften geschieht eben auch über Angriffe gegen die für Gesellschaften und Organisationen handelnden Menschen.

Eine weitere und ganz erhebliche Gefahr ergibt sich aus der Entwicklung zu einer digitalen Gesellschaft. Der Begriff „Gesellschaft 4.0", abgeleitet aus dem Begriff „Industrie 4.0", beschreibt die Vision des Umbaus unserer Gesellschaften weltweit. Die digitale Transformation des Lebens in all seinen Bereichen wird nicht nur als vierte industrielle Revolution, sondern als die größte Herausforderung der Menschheit überhaupt angesehen.

Professioneller Personenschutz muss sich vor allem in der westlichen Welt, insbesondere in Deutschland, sehr gewissenhaft mit dieser ganzen Vielfalt von Gefahren beschäftigen.

Deutschland als Exportnation und unzweifelhaft großer politischer wie wirtschaftlicher Faktor in der Mitte Europas sowie seine politischen, wirtschaftlichen und kulturellen Vertreter sind ein lohnendes Ziel für Angreifer. Die „Gefährdeten" oder die zu ihrem Schutz Beauftragten müssen sich mit allen (!) diesen Gefahrenfeldern beschäftigen, wollen sie Angriffe gegen Leib und Leben, Gesundheit sowie Willens- und Entscheidungsfreiheit erkennen und ihnen erfolgreich begegnen.

▶ **Wichtig**
Mehr als je zuvor ist professioneller Personenschutz deshalb eine Aufgabe, die nur von qualifizierten Teams bewältigt werden kann. Die Gefahren und ihre Abwehrmöglichkeiten sind zu komplex, als dass sie von Einzelpersonen überblickt und bewältigt werden können. Kennzeichen qualifizierter Teams sind nicht zuletzt Menschen, die sich auf bestimmte Gefahren und das notwendige Wissen um ihre Angriffs- wie Abwehrtechniken spezialisieren. Das betrifft im Zusammenhang mit diesen Ausführungen vor allem alles, was sich um das „Digitale" herum ergibt.

Natürlich ist uns der Gebrauch von PC, Laptop, Tablet oder Smartphone insbesondere innerhalb der letzten 15 Jahre zur alltäglichen Routine geworden, und wir haben alle die Mahnungen im Kopf, wie unsicher im Hinblick auf Missbrauch unserer Daten das ist, aber nur die Wenigsten wissen wirklich, was für die tatsächlich Fachkundigen alles möglich ist oder berücksichtigen das in ihrem eigenen täglichen Verhalten.

Die Menschen erhalten zwar zahlreiche Hinweise, dass und wie man sich schützen kann, doch nur eine geringere Zahl der potenziellen Opfer folgen ihnen konsequent. Die täglichen Routinen werden nicht nur als unverzichtbares Element eines erfolgreich strukturierten Tagesablaufes gesehen, sie werden quasi als von außen bestimmt gleichermaßen zur Begründung und Entschuldigung für Nichtbeachtung von Sicherheitshinweisen gesehen.

Das gilt insbesondere, wenn wir gewohnte und uns lieb gewordene Abläufe oder Verhältnisse im unmittelbaren Umfeld ändern sollen. Unzweifelhaft wäre es ein unerträgliches Leben, hinter jeder Person und hinter jeder Ecke, eben auch im privaten Nahraum eine drohende Gefahr zu vermuten. Das Vertraute, das engere soziale Umfeld erscheint uns sicher.

Italienische Mafia-Experten lächelten schon vor 20–30 Jahren über Vorstellungen in anderen Ländern wie beispielsweise Deutschland, die Mafia als Pizza-Connection zu „erkennen". Stattdessen wiesen sie darauf hin, dass die kriminellen Gewinne früherer Zeiten den „Familien" längst soziale Aufstiege ermöglichten, in deren Folge die Kinder und Kindeskinder über Ausbildung und Studium in gehobene Gesellschaftskreise hineinwuchsen sowie gesellschaftlich und wirtschaftlich relevante Funktionen einnahmen.

So finden sich selbstverständlich Kriminelle jeglicher Couleur in den Vereinigungen, den Clubs, den gesellschaftlichen Gruppen und Bezügen, die viele als ihr privates Umfeld, als Rückzugsgebiet gegenüber der umtriebigen und risikobehafteten Welt „da draußen" erleben.

Das Vertraute, das engere soziale Umfeld erscheint uns sicher. Wir sind „entre nous".

Es ist für einen Menschen mit kriminellen Absichten eine sinnvolle und leistbare Investition, sich beispielsweise ein Flugticket der Business-Class oder der First-Class zu kaufen und sich mit diesem stundenlang in den entsprechenden Business- oder First Class-Lounges großer Flughäfen aufzuhalten. Beobachten Sie selbst einmal aufmerksam, wie unachtsam, wie sorglos nicht wenige Menschen sind, die ihre Wartezeit in diesen „Warteräumen" verbringen.

Viele sehen sich im Kreis ähnlich privilegierter Menschen, vermuten bei ihnen gleiche Maßstäbe oder Wertvorstellungen wie ihre eigenen und sehen sich in einem „vertrauten Umfeld". Beobachten Sie einmal in solchen Lounges (oder vergleichbaren „Warteräumen") allein den Umgang mit Smartphone, Laptop, Tablet: kurz allein gelassen für den Gang zu Speisen und Getränke oder zum Zeitungsständer, keine Sichtsperre gegen Beobachtung von hinten und vieles mehr.

Sie können die Business-Lounge auch durch den Golf-Club oder das Nobel-Restaurant oder andere adäquate „Warteräume" ersetzen. Ein Eldorado für diejenigen bösen Spezialisten, die wissen, wie man in kurzer Zeit in fremde Systeme eindringen kann.

▶ Professioneller und vor allem zeitgemäßer Personenschutz muss sich heutzutage zwingend mit den Gefahren und den Möglichkeiten, auch den Chancen beschäftigen, die sich aus dem „Digitalen" ergeben. Das lässt sich an den Themen zeigen, die auch bisher schon Arbeitsfeld eines professionellen Personenschutzes sind.

Das sind vor allem alle Arbeiten und Maßnahmen zur Erstellung eines Lagebildes, Schwachstellenanalysen, Sicherheitsgespräche, Sicherheitskonzepte, materieller und Objekt-Schutz, Termin- und Reiseplanungen, überhaupt Reisetätigkeit, Aufklärung im Umfeld der gefährdeten Person und letztlich auch im Bereich Bewegung und unmittelbare Begleitung.

4.1.1 Lagebild

Personenschutz sehen wir regelmäßig als geboten an, wenn wir von einer Gefahr für eine Person ausgehen. Was aber bedroht unsere Sicherheit tatsächlich, ist eine wirkliche Gefahr und wie ausgeprägt ist sie? Das Wissen darum ist nicht nur notwendig, um die Frage nach dem „ob" des Personenschutzes zu beurteilen, sondern vor allem auch, um das „wie" zu organisieren. Die Schutzmaßnahme sollte bestenfalls der erkannten Gefahr entsprechen.

Ein professionelles Lagebild beschäftigt sich traditionell durch Auswertung und Analyse allgemein zugänglicher Quellen genauso wie gezielter Informationserhebung mit der Frage, ob im Hinblick auf die betroffene Person Anhaltspunkte für eine Gefährdung vorliegen. In diese Betrachtung fließen viele Faktoren wie Position und Funktion der betroffenen Person, familiäre, berufliche und Vermögenssituation ein. Es erfolgt eine Auswertung bereits bekannter Vorfälle, Bedrohung oder bereits überstandener Angriffe, der Medienberichterstattung und vieles mehr.

In vielen Fällen besteht das Problem, dass es regelmäßig wenig Hinweise auf eine konkrete Gefährdung gibt, z. B. ein angekündigter Angriff oder ein bekannter Angreifer. Stattdessen beschäftigen sich die Überlegungen vielfach mit abstrakten Gefährdungsaspekten, die mit einer Bewertung über ihre Wahrscheinlichkeit versehen werden müssen. Je konkreter und besser ein Lagebild ist, umso mehr gelingt es, das Wahrscheinliche vom Möglichen abzugrenzen.

Wir haben alle gelernt, dass es eine sichere Welt, eine Welt ohne Unsicherheit, nicht gibt, dass wir täglich und immer wieder neu auch mit Unsicherheiten leben, doch ändert das nichts am existenziellen Wunsch, Unsicherheiten zu vermeiden oder zu verhindern.

▶   Sicherheit ist im allgemeinen Verständnis der Zustand, der frei von unvertretbaren Risiken ist oder als (weitgehend) gefahrenfrei angesehen wird.

Diesen Zustand erleben wir als objektive Sicherheit im Sinne des tatsächlichen (objektiven) Nichtvorhandenseins von Gefährdung resp. Gefahr. Die notwendige Ergänzung ist die subjektive Sicherheit im Sinne der Abwesenheit von Furcht vor Gefährdung.

Insbesondere die weltweite Entwicklung der Gesellschaft zu einer medialen führt immer wieder und immer mehr zur Diskussion, inwiefern sich die tatsächliche Sicherheit und die gefühlte Sicherheit, die objektive und die subjektive Sicherheitslage, immer weiter voneinander entfernen. Während zum Beispiel Kriminal-Statistiken regelmäßig belegen, wie „überschaubar" die objektive Sicherheitslage ist, steigt die Kriminalitätsfurcht vieler Menschen ungehindert an.

Je weniger aussagestark und unqualifizierter ein Lagebild ist, umso mehr fallen objektive und subjektive Beurteilung auseinander. Das reicht von unsachgemäßer Negierung der Gefahr bis zur Angst, dass sich hinter allem und jedem eine Gefahr verbirgt.

▶   Ein professionelles Lagebild erfordert deshalb vielfältige und qualifizierte Informationen genauso wie geschulte und geübte Analysten. Das Lagebild stellt nicht nur Informationen zusammen, sondern kommt im Ergebnis auch zu einer Einschätzung über das ob und das Maß einer Gefährdung. Das ist schon im Bereich der althergebrachten Informationsmöglichkeiten aufwendig und schwierig.

Eine ganz andere Dimension von Informations- und Analysemöglichkeiten ergibt sich durch die Nutzung der digitalen Kommunikationskanäle.

Es ist immer wieder erstaunlich zu beobachten, dass selbst erfolgreich in Führungs- wie Entscheidungsprozessen stehende Menschen völlig überrascht oder gar erschreckt sind, was an Informationen alles „im Netz" über sie und gegebenenfalls ihre Familie zu finden ist. Diese Informationen sind auch allen Angreifern zugänglich und bieten Anlass, eine Person als lohnenswertes Angriffsziel zu identifizieren.

Ein aktuelles professionelles Lagebild kann heute nicht ohne Recherche im digitalen Raum erstellt werden. Der bisher gute Analyst muss entweder für diese Anforderung ausgebildet sein und ständig fortgebildet werden oder das Team wird um eine entsprechende Fachperson ergänzt. Die berühmte Halbwertzeit des Wissens ist gerade im Bereich der digitalen Welt erschreckend kurz.

Das Lagebild schließt üblicherweise neben der Darstellung der Gefährdungslage mit einer Einschätzung über den Grad der Gefährdung und damit die
Empfehlung, ob überhaupt Schutzmaßnahmen ergriffen werden sollen.

4.1.2   Schwachstellenanalyse

Es dürfte kaum jemanden geben, der nicht bereits irgendwelche Schutzmaßnahmen
oder Mechanismen für sich und sein Umfeld geschaffen hat. Unser Eigentum
schützen wir durch Verschließen oder das Vermeiden unberechtigter Kenntnis darüber, private Dinge tragen wir nicht in die Öffentlichkeit und Vertrauen
schenken wir nicht jedermann.

Leider sind die meisten dieser Maßnahmen oder Mechanismen nicht so wirksam wie viele denken, Nachlässigkeiten und Routinen stellen sich ein, oder es
werden bestehende Schwachstellen gar nicht erkannt.

▶   Die professionelle Analyse aller täglichen Routinen, der Wohn-
         und Berufsadresse, der Fahrtwege, der besuchten Örtlichkeiten,
         der offenkundigen Kontakte und Termine und vieles mehr zeigt die
         Schwachstellen auf, die ein Angreifer nutzen kann.

Es ist kein Geheimnis, dass Angreifer ihre Opfer, ihr Umfeld, ihre Kontakte,
Fahrtwege und Gewohnheiten teilweise über lange Zeiträume ausspähen, um
neben der Frage des Ob eines Angriffes auch die Frage nach dem Wann und Wie
beantworten zu können.

„Break the Routine" ist eine Standardempfehlung im Personenschutz. Leider
ist den meisten von uns nichts lieber als eine gute und funktionierende Routine.

Schwachstellenanalysen ziehen sich gegebenenfalls über längere Zeiträume
hin und erfordern schon für die herkömmlichen Analysen ein eingespieltes und
erfahrenes Team.

Das Gleiche gilt selbstverständlich heute auch für unser Leben in der digitalen
Welt. Was sind die „Fahrzeuge", die „Wege", die „Kontakte", mit und auf denen
sich eine Person bewegt. Wie sicher sind die bisher von der Person selbst vor-
genommenen Schutzmaßnahmen. „Break the Routine" ist ein Grundsatz, den
eigentlich alle auch im digitalen Bereich beherzigen und zum Beispiel regelmäßig
ihre Passwörter ändern sollten. Wer macht es wirklich? Nichts ist uns lieber als
eingespielte Routine auch in diesem Bereich unseres Lebens.

Mit dem Wechseln von Passwörtern allein sind allerdings die Schwachstellen im digitalen Umfeld nicht zu schließen. Diese erkennt das entsprechend professionalisierte Team.

An Schwachstellenanalysen im digitalen Leben einer gefährdeten Person geht kein Weg vorbei.

4.1.3 Sicherheitsgespräch

In einem ersten Sicherheitsgespräch müssen das Gefährdungslagebild als auch das Ergebnis einer Schwachstellenanalyse mit dem Betroffenen eingehend erörtert werden.

Das beste Schutzkonzept bleibt lückenhaft oder gar wirkungslos, wenn der Betroffene sowohl das Lagebild wie die Schwachstellenanalyse nicht kennt, versteht und akzeptiert.

Dazu kommt noch ein aktiver Part der möglicherweise gefährdeten Person. Sie hat gegebenenfalls ergänzende Informationen, Auffälligkeiten, Erfahrungen, die sie bisher nicht mitgeteilt hat, und die im Lagebild somit bisher nicht berücksichtigt werden konnten. Das gemeinsame Verständnis des Lagebildes und der Schwachstellenanalyse ist Voraussetzung für die notwendige Akzeptanz aller weiteren Maßnahmen. Schließlich sind die zu überlegenden Maßnahmen oftmals Kosten verursachend, sie greifen in die Routine der bisherigen Lebensführung ein und berühren die intimen Verhältnisse der Menschen.

▶ **Wichtig**
Erneut gilt das auch für das digitale Leben und Verständnis der gefährdeten Person. Der mündliche Vortrag, das Zeigen am Beispiel schafft ein ganz anderes Verständnis und eine ganz andere Akzeptanz für die Notwendigkeit von Veränderungen als das Lesen eines Berichtes. Es ist ein großer Irrtum zu glauben, dass das nur für Menschen gilt, die es weniger gewohnt sind, mit Berichten zu arbeiten und auf ihrer Grundlage Entscheidungen zu treffen.

Die Naivität von Menschen ist oft genug völlig unabhängig von ihrer Intellektualität. So stellt sich auch für das Sicherheitsgespräch die Frage, ob das „Digitale" von jedermann vorgetragen werden kann oder ein Spezialist teilnehmen sollte.

4.1.4 Sicherheits- oder Schutzkonzept

Im Ergebnis des Lagebildes, der Schwachstellenanalyse und des (ersten) Sicherheitsgespräches erstellt die beauftragte Stelle oder Firma ein Sicherheitskonzept.

Ein Sicherheitskonzept ist erst einmal der Plan, in welchen Bereichen und auf welche Art und Weise der Schutz für eine Person erfolgen sollte. Dieser Plan spiegelt die grundsätzlichen Überlegungen des für notwendig erachteten Schutzes ebenso wider wie die Art und Weise der Maßnahmen, Veränderungen, Strukturen und technischen Einrichtungen in den einzelnen Handlungsfeldern.

Die Qualität eines Sicherheitskonzeptes hängt neben ihren professionellen Inhalten wiederum ganz wesentlich von der Akzeptanz der Schutzperson ab. Gegen seinen Willen kann niemand geschützt werden, weder rechtlich noch tatsächlich. Das Schutzkonzept muss deshalb in einer adressatengerechten Art und Weise präsentiert und von der betroffenen Person auch akzeptiert werden. Eine nicht geringe Zahl seiner Inhalte zielt nicht auf technische Maßnahmen oder Handlungen Dritter, sondern auf Änderung täglicher Abläufe, Verhaltensänderungen der gefährdeten Person selbst. „Break the Routine" kann zwar jeder in seine Sprache übersetzen, aber immer wieder mangelt es an der nachhaltigen Umsetzung in die täglichen und gewohnten Abläufe.

Es geht dabei nicht darum, ein Sicherheitskonzept in der Qualität eines redegewandten Moderators zu präsentieren. Das Sicherheitskonzept muss bereits in seinem Ansatz und nachfolgend in seiner schriftlichen Ausarbeitung so angelegt sein, dass es verständlich ist und vermittelt werden kann. Die Qualität von Experten bemisst sich gerade im Bereich intimer Verhältnisse unter anderem daran, auch schwierige und komplizierte Sachverhalte ohne Abstriche an der Qualität der Aussage adressatengerecht zu erläutern oder unvorhergesehene Fragen in gleicher Qualität zu beantworten.

Im daran orientierten Idealfall findet ein Sicherheitsgespräch zur Erläuterung eines Sicherheitskonzeptes mit dem Team und seinen Spezialisten statt. Dieser Idealfall ist selten gegeben. Teilweise mögen es mehr hierarchische Überlegungen sein, dass nur eine Person, die Person an der Spitze des „Anbieters" das Konzept mit der Schutzperson erörtert. Vor allem aber werden vielfach sehr persönliche, ggf. gar intime Verhältnisse und Verhaltensweisen erörtert. Der Kreis der Beteiligten wird aus Vertraulichkeitsgründen deshalb vielfach sehr klein gehalten. In hoffentlich den meisten Fällen wird eine Schutzperson das Konzept auch noch einmal alleine lesen und sich damit auseinandersetzen.

▶ Für jede der vorgenannten Konstellationen ist es unverzichtbar, dass der Spezialist für das „Digitale" wenigstens an der Erarbeitung des Schutzkonzeptes beteiligt ist. Er muss dazu so kundig sein, dass er die Vorbehalte und Fragen der „Nicht-Spezialisten" aus eigenen Gesprächen mit Betroffenen erahnt oder kennt und das Sicherheitskonzept so mitgestaltet, dass es Akzeptanz finden kann.

Im Ergebnis des oder der Sicherheitsgespräche findet ein bestimmtes Sicherheitskonzept die Zustimmung der betroffenen Person und kann umgesetzt werden.

Materieller und Objektschutz
Der materielle und Objektschutz genießt in jedem Sicherheitskonzept einen hohen Stellenwert. Er schafft hohe oder nicht überwindbare Hindernisse und vermeidet ggf. großen oder nicht so sicheren Personaleinsatz. Der Durchschnittsmensch denkt dabei an gute Schlösser, widerstandsfähige Türen, hohe Zäune, Alarmanlagen, sondergeschützte Fahrzeuge. Materieller Schutz ist klassisch die Absicherung von Privat-, Büro- und sonstigen Aufenthaltsräumen gegen unberechtigtes Eindringen oder sonstige gefährdende Handlungen und Zustände. Dazu gehört auch die materielle Sicherheit der Fahrzeuge, um sich zwischen jeweils sicheren Bereichen zu bewegen.

Der Fachmann aber weiß, wie überaus weit und kompliziert dieser Bereich ist und welch hohen Sachverstand es verlangt, um die geeigneten Lösungen für den betreffenden Fall zu finden. Die technischen Fragen und Angebote sind so vielfältig, dass nur wirkliche Spezialisten eine vernünftige Idee entwickeln können. Die meisten dieser Spezialisten haben Berufe mit technischem Hintergrund im Handwerk genauso wie Ingenieure oder in langen Jahren und Auswie Fortbildungen erworbenes Wissen. Nicht wenige dieser Spezialisten sind anerkannte, ggf. vereidigte Sachverständige. Die zuvor genannten Forderungen zur Beteiligung des Spezialisten für das „Digitale" lassen sich somit auch für den Spezialisten im Bereich des sog. materiellen -klassischen- Schutzes beschreiben.

Allerdings unterliegt auch der materielle und Objektschutz seit vielen Jahren in hohem Maße der „Digitalisierung".

Der Begriff „smart home", im allgemeinen Verständnis die Fernsteuerung der technischen Anlagen in einem Haus, ist über Werbung, breit angebotene einzelne Produkte und Krimis den meisten Menschen bereits bekannt. Was aber tatsächlich an Möglichkeiten zum Einwirken oder Überwinden von klassischem Objektschutz gegeben ist, die Möglichkeiten der Einwirkung auf technische Lösungen, die bereits „digital" aufgestellt sind, entzieht sich dem Alltagswissen. Das reicht von den Einwirkungen auf die „digitalen" Funktionen moderner Fahrzeuge über digitale Steuerung der Versorger bis hin zur Sabotage oder des Missbrauchs der Datenleitungen. Gegebenenfalls übersteigt das notwendige Wissen in diesem Bereich das derjenigen, die ansonsten im „klassischen" Verständnis hochqualifiziert sind. Zwar muss der Spezialist des materiellen oder Objektschutzes kein Softwareentwickler sein, aber mehr als das Katalogwissen des Anbieters digitaler Lösungen muss er haben. Möglicherweise wird das in späteren Generationen etwas anders sein – derzeit wohl eher nicht.

Es geht im Bereich der materiellen Absicherung unter anderem auch darum, der Schutzperson zu helfen, den geeigneten Anbieter einer materiellen Sicherung oder technischen Lösung zu finden und gegebenenfalls Einbau und Umsetzung der vorgesehenen Maßnahmen zu überwachen oder im Auftrag der Schutzperson das Konzept selbstständig zu realisieren.

So ergibt sich auch in diesem Bereich das Erfordernis, den „digital specialist" als Mitglied im Team zu haben, das den geplanten Personenschutz in wirksame Maßnahmen umsetzen muss.

Termin- und Reiseplanung sowie Durchführung von Reisen

Eines der Arbeitsfelder eines Personenschutzteams ist das Wissen um Termine der Schutzperson, ihre aktuelle Bewertung hinsichtlich von Gefährdungsmomenten, die Planung der An- und Abreise, allgemeine oder besondere Risiken vor Ort und mehr.

Dieser Arbeitsbereich ist sehr umfangreich und schwierig. Er wird an dieser Stelle jetzt nicht in seiner Breite dargestellt. Dies bliebe einem Lehrbuch „Personenschutz" vorbehalten.

Der Fokus soll vielmehr darauf gelegt werden, dass die Wahrnehmung von Terminen, die Bewegung zu ihnen hin oder von ihnen weg, egal ob Inland oder Ausland, regelmäßig bedeutet, vorher geschaffene „sichere Räume" zu verlassen. Das abgesicherte Haus, das abgesicherte Büro, das sichere Land usw. bleiben zurück. Schutzpersonen und Personenschutzteams müssen deshalb ein besonderes Augenmerk darauf richten, wer außerhalb des sicheren Umfeldes einer gefährdeten Person Kenntnis von zukünftigen Terminen, ihren Örtlichkeiten, den Wegen hin und weg, der Dauer des Aufenthaltes, der Art des Termins, der Teilnehmer usw. hat.

So weit wie möglich wird man versuchen, solche Details nicht oder nur begrenzt und vor allem so spät wie möglich „öffentlich" zu machen, um einem Angreifer keine Vorbereitungsmöglichkeiten für seine Tat zu ermöglichen. Bei einem schriftlichen Terminkalender, den die Schutzperson nur zusammen mit ihrem Sekretariat führt, ist Vertraulichkeit noch am einfachsten zu gewährleisten.

Bei allen anderen Formen und Beteiligten wird es schwerer. Gegebenenfalls sind nur einzelne Details einer Terminplanung „Öffentlichkeit" bekannt, nicht aber alle.

▶ **Wichtig**
   Auch in diesem Bereich ist es wieder mehr als bemerkenswert, wie viel Informationen über eine Schutzperson sich über die modernen „digitalen" Medien für Angreifer, die sich darin bewegen können, erfahren lassen. Das muss gar nicht von Veröffentlichungen der Schutzperson oder ihrem direkten Umfeld ausgehen, sondern sich ggf. ohne ihr Wissen und Zutun aus ganz anderen Quellen speisen. Für einen professionellen Personenschutz ist es unverzichtbar zu wissen, wer was ggf. sogar ganz aktuell zu Terminen und Bewegungen einer Schutzperson weiß und öffentlich macht. Gegebenenfalls kann und muss das eine permanent und stundenaktuell laufende Recherche sein.
   Für eine derartige Recherche in allen digitalen Medien sollte erneut ein „digital specialist" genutzt werden.

Aufklärung im Umfeld der gefährdeten Person

Ein wesentlicher Baustein erfolgreichen Personenschutzes ist die anlassbezogene und anlass-unabhängige verdeckte Aufklärung im räumlichen Umfeld der Schutzperson. Das betrifft gleichermaßen das Umfeld des Wohnens wie das von Büro oder Arbeit, der Wegstrecken, der Veranstaltungsorte usw.

Angreifer, Attentäter wollen erfolgreich sein und in der ganz überwiegenden Zahl von Fällen spähen sie ihr Ziel deshalb vorher aus. Wo und wann kann man am besten, am sichersten, am erfolgsträchtigsten usw. sein Ziel erreichen. Dieses Ausspähen geschieht auch nicht nur einmal, sondern gegebenenfalls mehrmals. Der „Täter" bewegt sich im Nahbereich der Anschriften und Orte, observiert, macht Fotos, fragt Menschen nach Details zur Schutzperson, bereitet Verstecke oder Fallen vor und vieles mehr.

Das macht den Angreifer gegebenenfalls sichtbar. Geschulte Aufklärungskräfte versuchen, solche Auffälligkeit zu erkennen, um somit rechtzeitig einzugreifen oder Eingreifmaßnahmen durch andere veranlassen zu können. Sie sind regelmäßig sehr erfolgreich.

Aus professioneller Sicht ist Aufklärung unverzichtbar.

▶   Die Aufklärung seitens des Täters kann heutzutage in vielerlei Hinsicht auch „digital" erfolgen.

Wer hat nicht schon über google maps recherchiert und gestaunt, wie kleinteilig man dort speziell in der Satellitenansicht Dinge erkennen kann. Wer hat nicht schon einmal „street view" genutzt, um sich einen Ort seines Interesses anzuschauen.

Diese Dinge sind alltäglich und im Hinblick auf die insgesamt möglichen Recherchen im digitalen Raum eher banal. Viel mehr ginge es darum zu erfahren, wer überhaupt zu einer Anschrift, zu einem Termin, zu einer Person „im Netz" recherchiert. Gibt es Möglichkeiten, diese „suchende" Person zu erkennen, zu lokalisieren, zu identifizieren, zu observieren? Gibt es ggf. Möglichkeiten der Gesichts- und Kennzeichenerkennung, beispielsweise über Aufzeichnungskameras an bestimmten Punkten, um wiederkehrende Merkmale zu erkennen und mehr.

Es bedarf hoffentlich keiner weiteren Ausführungen, um wieder einmal den „digital specialist" ins Spiel zu bringen. Vielleicht reicht es für eine bestimmte Qualität aus, eine allgemein eingesetzte Schutzkraft in Teilen fortzubilden. Für komplexere Handlungen dürfte der Einsatz eines Spezialisten dieses Bereiches die bessere Wahl sein.

Unmittelbare Begleitung

Wie eingangs beschrieben ist die unmittelbare Begleitung einer Person durch Personenschutzkräfte oft genug der sichtbare, meistens der allein sichtbare Teil dieser Aufgabenwahrnehmung. Bei entsprechender Gefährdungslage ist sie natürlich auch unverzichtbar, stellt sie doch die letzte Möglichkeit dar, noch unmittelbar vor einem Angriff, der vorher nicht erkannt wurde, zum Schutz der attackierten Person eingreifen zu können. Aus diesem Grund haben die Ausbildung und das Training der Einsatzkräfte für die unmittelbare Begleitung weiterhin einen hohen Stellenwert, sind ebenfalls unverzichtbar und erfordern einen hohen Aufwand. Ziel ist es, den Täter noch rechtzeitig zu erkennen und am Angriff zu hindern oder besser noch die Schutzperson zuvor aus der Gefahrenzone zu bringen, zu evakuieren.

Für die klassische Form von Angriffen mittels Messer oder Pistole im Nahbereich (nur als ein Beispiel) muss das dem unbefangenen Beobachter nicht besonders erläutert werden.

Wie ist das aber bei „weiter entfernten" Angriffsformen? Kann der Scharfschütze, der aus weiter, ggf. sehr weiter Entfernung mit „digitaler Bildverstärkung" sein Opfer ins Visier nimmt, erkannt und ggf. bekämpft werden? Kann ein Täter die Elektronik im Fahrzeug der betroffenen Person manipulieren und bestimmte Funktionen löschen oder gegen den Willen des Fahrers auslösen? Wie erkennt die unmittelbare Begleitung einer Schutzperson gefährliche

Angriffsobjekte aus der Luft, z. B. die vielzitierten „Drohnen", mittlerweile auch in Miniaturausführung von fern sehr gut steuer- und einsatzbar, sehr gefährlich. Kein professioneller Personenschutz einer gefährdeten Person kann dieses Gefährdungspotenzial heutzutage unbeachtet lassen.

Die Aufzählung ließe sich in vielfältiger Form fortsetzen. Übrig bleibt erneut die Feststellung, dass ohne Spezialisten des „Digitalen" auch unmittelbarer Personenschutz heutzutage nicht professionell aufgestellt ist.

„Unmittelbare Begleitung" kann aber noch weitgehender verstanden werden, wenn es darum geht zu erkennen, wer unter Nutzung der digitalen Erreichbarkeit und Sichtbarkeit einer Person in kompromittierenden, gefährlichen, angreifenden Kontakt mit ihr treten oder sich für sie ausgeben will. Die Nutzung sozialer Netzwerke beispielsweise ist ein Zeichen unserer Zeit, verschafft eine nicht überschaubare Zahl von Vorteilen, ermöglicht aber auch eine nicht überschaubare Zahl von Manipulations- und Angriffsmöglichkeiten.

▶ „Unmittelbarer Personenschutz" muss sich deshalb auch mit Sichtbarkeitsanalysen einer gefährdeten Person beschäftigen, muss versuchen virtuelle Diebe, falsche Präsidenten oder echte Erpresser zu erkennen, deren Vorgehen derzeit unter dem Begriff „Social engineering" bekannt ist. Unmittelbare Begleitung bedeutet gegebenenfalls auch, sich aktuell „digital" neben der Schutzperson zu bewegen.

4.1.5 Schutz der Familie, der Ehepartner und Partner, Kinder, Angehörige

Die Gefährdung einer Person betrifft nicht nur sie, sondern in einer unbestimmbaren Zahl von Fällen auch ihr persönliches Umfeld, in erster Linie Familie, Partner und weitere Angehörige. Leider gibt es viele Fälle, in denen seitens der Täter auf andere als die unmittelbar gefährdete Person „ausgewichen" wird, weil diese entweder weniger Schutzmaßnahmen, ggf. gar keine erfahren oder der Täter beispielsweise bei Entführungen mit Lösegeldforderung glaubt, über ein schwächeres Opfer das eigentlich zahlungskräftige Opfer besser zwingen zu können.

Eine andere Gefahr besteht beispielsweise darin, dass das persönliche Umfeld oftmals keine Vorstellungen davon hat, wie es ausgeforscht werden kann, um entweder auf die Angehörigen selbst oder auf die eigentliche Zielperson einwirken zu können. Das persönliche Umfeld lebt zwar mit der gefährdeten Person, lebt aber nicht in vielen seiner Bezüge, seiner Wege, Kontakte, Verpflichtungen usw. und hat deshalb ggf. wenig oder gar keine Sensibilität für das Vorhandensein einer Gefahr.

Nicht zu verschweigen ist, dass nicht in jeder Familie nur Harmonie gelebt wird, sondern ggf. Streit und Misstrauen genauso anzutreffen sind wie grundsätzlich opponierendes Verhalten pubertierender Kinder.

Die Ausforschungsmöglichkeiten der Täter betreffen wie bei der primär gefährdeten Person alle Lebensverhältnisse der Angehörigen, d. h. Wohnen, Wege zur Arbeit, zur Schule, zur Ausbildungsstätte, zur Universität, privates Umfeld, Sportvereine und vieles mehr.

Die Ausforschungsmöglichkeiten betreffen heutzutage aber vor allem auch die Nutzung der elektronischen Kommunikation, in Kurzform der sog. sozialen Medien. Die Familienangehörigen kommunizieren wohl kaum in einem besonders abgesicherten Netz oder gar kryptiert und teilen viele Informationen, Bilder, Daten, Zeiten, Orte des Aufenthalts u.v.m. mit ihrem Umfeld. Das kann der mögliche Täter entweder direkt abgreifen oder sich über ein Pseudonym in diese Kommunikationsebenen einschleichen.

Als ein ausnahmsweise für die Öffentlichkeit positives Beispiel über damit verbundene Ausforschungsmöglichkeiten sei auf den einige Jahre zurückliegenden Skandal des Pressesprechers des russischen Präsidenten verwiesen. Er geriet in das Visier der Medien, wie er sich Hochzeitsreise und Flitterwochen auf einer Megayacht im Mittelmeer leisten könne. Der Betroffene leugnete die Reise auf dieser Yacht und behauptete, dass er die Flitterwochen in einem Ferienhaus verbracht habe. Unglücklicherweise war seine Tochter bei der Reise mit dabei und hatte einer Freundin ein Foto aus dem Innern (!) der Yacht geschickt, das investigative Journalisten „recherchieren" konnten. Die Vorlage des Fotos mit nur wenigen Merkmalen der Inneneinrichtung bei einem Sachverständigen führte zur Identifizierung des Schiffes und damit zum Beweis des Vorwurfs.

▶   Professioneller Personenschutz bedeutet immer, dass die Familie, Ehepartner, Partner, Kinder, sonstige Angehörige mitbedacht und ggf. in viele Maßnahmen mit einbezogen werden müssen. Das betrifft sowohl das Sicherheitsgespräch wie das Schutzkonzept und die daraus abgeleiteten „konventionellen" Maßnahmen. Es betrifft insbesondere aber auch das „Digital-Verhalten" der betroffenen Familienmitglieder.

Es dürfte in den meisten Fällen zum Scheitern verurteilt sein, wenn beispielsweise Väter ihren pubertierenden Kindern „beibringen" wollen, dass sie und wie sie in Beachtung eines Schutzkonzeptes im Umgang mit sozialen Medien Vorsicht walten lassen müssen.

So bietet sich auch hier die Hinzuziehung eines Spezialisten an, der als wirklicher Experte eine ganz andere Akzeptanz erfährt als der überredende oder ermahnende Partner und Vater.

4.1.6   Ein Blick in die Zukunft des Personenschutzes

▶   Professioneller Personenschutz wird auch in Zukunft alle zuvor genannten Tätigkeitsfelder abdecken müssen. Sie sind in diesem Beitrag weder inhaltlich ausreichend dargestellt noch abschließend aufgeführt. Ziel war es zu verdeutlichen, in welchem Maße mittlerweile das „Digitale" für diese Aufgabe berücksichtigt werden muss. Es darf aus professioneller Sicht keinen Zweifel geben, dass alle diese Tätigkeiten im Hinblick auf ihre digitalen Möglichkeiten, deren Dimension und ihr Gefährdungs- bzw. Gefahrenpotenzial erweitert und angepasst werden müssen.

Für einfache und überschaubare Felder kann das möglicherweise durch eine Fortbildung bereits vorhandener und in der gesamten Breite des Personenschutzes eingesetzte Kräfte möglich sein. Sinnvoller und vermutlich auch ökonomischer ist es allerdings, entsprechend qualifizierte Spezialisten einzusetzen, insbesondere wenn es um die Tiefen der digitalen Möglichkeiten geht. Die Spannweite des Einsatzes reicht dabei vom Spezialisten im Team bis hin zur komplexen Verbindung spezialisierter Einzeldienstleister, je nach Auftragslage und Einsatznotwendigkeit, zu temporären Teams.

Eine weitere Herausforderung ist es, für die Zusammenführung von Spezialisten die Vermittler, Berater oder Agenten zu finden, die derartige Teams nutzerbezogen zusammenbringen können. Der Blick in das digitale Branchentelefonbuch „Google" wird dafür wohl nicht ausreichen.

4.1.7 Empfehlungen für exponierte Persönlichkeiten

An guten Ratschlägen ist nie Mangel. Als berufene Auswahl aus vielen Punkten lassen sich jedoch diese fünf Empfehlungen für exponierte Persönlichkeiten herausstellen:

1. **Verwechseln Sie den Wunsch nach Sicherheit nicht mit der Wirklichkeit** und stellen Sie sich sachlich und ehrlich der Frage, ob von einer Gefährdung ausgegangen werden kann oder muss.
2. **Nutzen Sie seriöse Dienstleister,** um Ihnen bei der Beurteilung der Lage, der Gefährdungsanalyse, der Entwicklung eines Schutzkonzeptes oder gar beim Schutz selbst zu helfen. Glauben Sie nicht, dass Sicherheit eine einfache Leistung ist, die Sie immer selbst erbringen können.
3. **„Break the Routine"** sollte Ihr gewohnheitsmäßiges und tägliches Verhalten sein. Über diese Regelmäßigkeit verliert es auch viel seines belastenden Charakters.
4. **Denken Sie auch in Sachen Sicherheit „digital"** und nutzen Sie Spezialisten. Die Gefahren und Angriffsmöglichkeiten sind zu groß, als dass Sie sie allein überblicken können. Das regelmäßige Ändern von Passwörtern ist eben nicht ausreichend.
5. **„Respice finem"** sollten Sie nicht nur beruflich, sondern auch hinsichtlich der Ihnen drohenden Gefahren denken. Glauben Sie nicht, dass es immer „den anderen" passiert. Bedenken Sie vor allem, dass nach einem „Sicherheitsvorfall" in vielen Fällen seelisch wie gesundheitlich annähernd nichts mehr so ist wie zuvor.

Über den Autor
Heinz-Werner Aping ist Direktor beim Bundeskriminalamt a. D. und war bis zu seiner Pensionierung Ende Mai 2014 fast vierzig Jahre im kriminalpolizeilichen Dienst in Land und Bund tätig.

Von 1975 bis 1999 diente er bei der Berliner Polizei vom Kommissar bis zum Kriminaldirektor in vielen Feldern klassischer und schwerer Kriminalität und zuletzt fünf Jahre als Leiter des kriminalpolizeilichen Stabes des Polizeipräsidenten.

Mit dem Umzug der Bundesregierung von Bonn nach Berlin wechselte Aping zum Bundeskriminalamt und verantwortete als Leitender Kriminaldirektor und Gruppenleiter in der Abteilung Sicherungsgruppe Grundsatz, Haushalt, Ausbildung,

Lagebeurteilung, Staatsbesuche, Observation und Technikeinsatz des Personenschutzes für die Verfassungsorgane des Bundes und seiner ausländischen Gäste. Im Jahr 2001 wurde ihm die Leitung der gesamten Abteilung übertragen, die er bis zu seiner Pensionierung innehatte.

Sein Tätigkeitsfeld umfasste neben der Führung der Abteilung im Alltagsgeschäft gleichermaßen den Einsatz als Polizeiführer großer Veranstaltungen wie G 8 oder Nato-Gipfel als auch persönliche Sicherheitsgespräche mit den höchsten politischen Verantwortungsträgern.

Von 2001 bis zu seiner Pensionierung war Aping mit mehrmaliger Wiederwahl zudem Chairman der Association of Personal Protection Services (APPS), des internationalen Netzwerkes von 50 staatlichen Personenschutzdienststellen von China bis zu den USA einschließlich Europol, Interpol, EU und UN.

Der engagierte Regatta- und Hochsee-Segler erhält seit 1989 regelmäßig Lehraufträge in Kriminalistik und Kriminologie an der Hochschule für Wirtschaft und Recht in Berlin sowie an der Steinbeis Hochschule Berlin.

Auf der Basis breiten polizeilichen Wissens und mit der Erfahrung aus den geschilderten Verwendungen im praktischen wie strategischen Bereich verfügt er über außerordentliche Expertise im Personen-, Objekt- und Veranstaltungsschutz sowie über eine ausgewiesene Kompetenz in der Entwicklung, Erarbeitung und Vermittlung strategischer Ideen, Pläne, Projekte und allgemein Überlegungen im Bereich der Inneren wie persönlichen Sicherheit.

Heinz-Werner Aping ist seit seiner Pensionierung als Senior Expert im Auftrag des BKA, Lehrbeauftragter, Berater und Sachverständiger tätig und greift auf ein breites in- wie ausländisches Netzwerk der behördlichen wie privaten Sicherheit zu.

4.2   Digital Listening, eigenes Digitalverhalten und Möglichkeiten der Ausspähung durch Dritte

Natürlich kann Digital Listening die Lagebilderstellung und Aufklärung etwa von Reisezielen, Veranstaltungsorten oder auch Terminkonstellationen wirkungsvoll unterstützen. Entsprechende Werkzeuge wurden hier bereits vorgestellt. Ein Verzicht auf solche Ergänzungen scheint mittlerweile sehr gewagt.

Über diese Umfeldinformationen hinaus lassen sich gegebenenfalls auch Planungen und Vorhaben von Gegnerschaften frühzeitig identifizieren – also mitunter ganz neue Arten von Hinweisen erschließen, die das Konzept 106, den Täter schon bei der Tatvorbereitung und Ausspähung zu entdecken, deutlich in den digitalen Raum verlängern können. Hierzu macht es Sinn, für den Personenschutz

wichtige Datenpunkte, Namen und Adressen in die kontinuierliche digitale Früherkennung des Unternehmens aufzunehmen. Gelingt dies aus Abgrenzungs-
erwägungen nicht, dann werden Synergien nicht genutzt.

Als Sicherungsmaßnahme ist es weiterhin essenziell, die Möglichkeiten der
eigenen Ausspähung zu erkennen und idealerweise zu reduzieren. Dies gilt auch
für den Digitalraum. Dies hat nicht nur, aber ganz wesentlich mit dem eigenen
Digitalverhalten zu tun.

4.2.1 Direktes Verhalten: Ihr digitaler Personenschützer

Kaum jemand hat morgens einen Gedanken für die dunkle Seite: Es muss ja
vorangehen, der erste Kaffee lockt, die erste Besprechung steht an, die Emails
sind bereits da.

▶   Morgens im Spiegel aber, da schaut Sie, werter Leser, Ihr bester
       digitaler Personenschützer intensiv an: Sind Sie digital fit und auf-
       merksam genug?

Die große Gesamtheit dieser morgendlichen Spiegelgucker bereitet mit ihrem –
zu oft nachlässigen – digitalen Handeln der dunklen Seite erst den Boden. Was
natürlich für die helle Seite der Digitalisierung auch gilt, hier aber keine Entschuldigung sein darf.

Die dunkle Seite der Digitalisierung wollen die meisten nicht sehen, aber sie
ist präsent, sie wird stetig gefördert:

• Wer kennt ihn nicht, den interessierten Professional, hübsche Studenten, den
  gewichtigen Headhunter oder den von irgendwoher bekannten Kollegen,
  dessen Kontaktanfrage dann doch schnell akzeptiert wird.
  Netzwerke verleihen Reputation.
  Aber dies gilt beidseitig.
• Wer spürt nicht das Jagdfieber, einen spannend klingenden Beitrag möglichst
  vor den anderen weiterzuleiten, zu re-tweeten oder zu kommentieren. Oder
  auch nur ein Foto zu teilen.
  Die Details lassen sich ja auch später noch lesen.
  Schnelligkeit bringt Follower.

Sie – und Ihre Familienmitglieder – sind häufig zentral verantwortlich für
die digitalen Puzzlebausteine, aus denen böswillige Dritte Möglichkeiten für

unerwünschte Einblicke und Annäherungen zusammensetzen: Ihr Wohnort, die gepflegten Freizeitroutinen, Hinweise zu Vermögensgegenständen oder den Schulweg der Kinder.

Zudem leistet das individuelle Verhalten durch Unachtsamkeit oftmals der Verbreitung von (wahrer und) falscher Information Vorschub: Böswillige Dritte haben viele Möglichkeiten, ihre möglicherweise reputationsschädigenden Desinformationskampagnen packender auszurichten als dies der Wahrheit verpflichtete Berichterstatter können. Die Vernetzung der digitalen Kommunikation gibt mit ihren Klick-Dynamiken schädigenden Kampagnen, die auf eine breite Öffentlichkeit oder einzelne Zielgruppen gerichtet sind, sehr viel Wucht.

Diese Facetten beziehen sich auf sehr direkte Aktivitäten, die Sie genau genommen ab morgen ändern können. Denken Sie doch beim nächsten Blick in den Spiegel daran. Üben Sie den sicheren Umgang mit Email, Social Media und Mobile Apps.

Es gilt, zum einen auf persönlicher Ebene die bei analogen Begegnungen üblichen Vorsichtsmechanismen auch digital zu pflegen: Dadurch wird die Entstehung sicherheitsrelevanter Fußabdrücke deutlich reduziert.

Zum anderen sollte auf Unternehmensebene eine digitale Früherkennung implementiert sein, um rechtzeitig kritische Aussage oder Kampagnen auch zu Personen auszumachen und bewerten zu können.

4.2.2 Indirekte Bedrohungen: Szenarien aus Data-Breaches

Es gibt aber auch noch indirekte Bedrohungen, die ganz harmlos entstehen:

Menschen sind digital aktiv, nutzen etwa diverse Internetservices. Sie sind auf LinkedIn, bestellen Konzertkarten oder suchen private Begleitung. So haben Sie beispielsweise ein Benutzerkonto bei dem Zigarren-Onlineshop Ihres Vertrauens und bei einem Garten-Center, einem Informationsdienst, Karriereportal, der Tanzschule, dem Mentoring-Club oder einem Flirtportal. All dies hat seinen spezifischen Nutzen und ist völlig legitim.

Kaum eine dieser Plattformen ist aber vor Hackern sicher. Die jeweils gespeicherten Nutzerdaten, also etwa LinkedIn-Passworte, Konzertkarten-Vorlieben und -Termine oder Partnerwünsche, geraten als Data-Breaches über dunkle Foren in kriminelle Hände.

Zudem ist es nun leider eine Tatsache, dass Menschen für viele dieser Aktivitäten **ihre berufliche Email-Adresse verwenden.** Dies mag aus Nachlässigkeit erfolgen, mitunter auch, weil der heimische Partner das private Passwort kennt und einiges doch besser verborgen bleiben soll. Dies gilt nicht nur für total netz-affine Startups, sondern auch für Unternehmen und sogar Behörden, die sich der Sicherheit verpflichtet fühlen.

Fast überall benutzen viele Menschen ihre geschäftliche Email-Adresse für diese privaten Zwecke. Compliance-Regel hin oder her, der Ehepartner muss am heimischen Rechner ja nicht alles sehen, was passiert, Blumenbestellungen etwa.

Gefährlich wird dieses Verhalten, weil nun Hacker viele und auch völlig unbedeutende Plattformen angreifen, Nutzerdaten erbeuten und diese als Data-Breaches in dunklen Foren anderen böswilligen Dritten zur Verfügung stellen.

▶   Gehen Sie davon aus, dass zu 5 % Ihrer Belegschaft, die über eine Firmen-Emailadresse verfügt, diverse, teilweise kompromittierende Daten im dunklen Netz verfügbar sind (vgl. hierzu Abschn. 3.3 Aktuelle Fallstudien). Hierbei sind auch exponierte Persönlich-keiten betroffen sowie natürlich auch Personen, die in deren direktem Umfeld tätig sind.

Jetzt gehört nicht übermäßig viel kriminelle Fantasie dazu, um in diesen Nutzer-zugangsdaten die Munition für Identitätsübernahmen, Social Engineering (auch als Delivery-Stufe für Cyber-Angriffe), Informationsabfluss, Spear-Phishing und Erpressung zu sehen:

Beispiel

„Lieber Franz-Ferdinand,
   wir sind doch beide der Meinung, dass wahlweise dein Chef oder deine Ehefrau die Fotos deines Badoo-/Fling-/Mate1-/Zoosk-Seitensprung-Profils nicht sehen sollte.
   Bitte

- *klicke kurz auf den .exe-Dateianhang,*
- *sende mir eure neue Preisliste,*
- *nenne die Ferienadresse des Vorstandsvorsitzenden,*
- *teile mir die Lokation für das nächste Vorstandsmeeting mit,*

   damit dein Geheimnis unter uns bleibt." ◄

Wie sehen Szenarien aus?

Damit aber haben böswillige Dritte nun plötzlich ein ganzes Repertoire an Angriffspunkten gegen Unternehmen und Personen zur Verfügung:

- Wer möchte schon gerne daheim oder im Kollegenkreis verbreitet wissen, dass und mit welchen Bildern man Nutzer eines Seitensprungportales ist? Ob sich einer der angeschriebenen Ertappten zum Klicken auf den verseuchten Dateianhang entschließt? Sicher nicht jeder, aber einer wird es tun. Schon ist die Delivery-Stufe eines Cyber-Angriffs erreicht.
- Wer kann sich nicht vorstellen, welchen Schaden eine übernommene digitale Identität anrichten kann?
- Wer freut sich nicht, wenn scheinbar der Konzertkartenshop des Vertrauens persönlich schreibt oder das Karriereportal endlich eine Mentorin vorschlägt?
- Und immer wieder passiert es, dass die notwendige Blitzüberweisung ausgeführt wird, weil der Chef das Projekt sonst gefährdet sieht – so hat er es jedenfalls von seinem Netzwerk-Account aus geschrieben.

▶ Der digitale Social Engineer muss sich nicht mehr vor Ort begeben, um Wirkung zu erzielen. Eine geschickte Manipulation unter Einsatz des durch Data-Breaches erlangten Wissens um Präferenzen oder Zugehörigkeiten kann dies viel gefahrloser erreichen.

Durch Data-Breaches erhalten böswillige Dritte facettenreiches Material, um Persönlichkeiten, Unternehmen und Behörden an passenden Stellen anzugreifen – darunter auch solche Gegner, die über keine besonderen IT-Kenntnisse verfügen. Sie finden im Netz Ansatzpunkte, Kompromate, um Mitarbeiter zu erpressen, um ihre Identitäten zu übernehmen oder um falsche Nähe vorzugaukeln.

Jedes Unternehmen ist betroffen. Kleine Unternehmen sind vielleicht mit einigen Dutzend Zugangsdaten vertreten, mittlere mit einigen Hundert und Konzerne auch schon mit fünfstelligen Anzahlen. Dies gilt übrigens auch für Bundes- und Landesbehörden.

▶ Der digitale Personenschutz muss solche Möglichkeiten kennen, beurteilen und bewerten können. Dazu sind Fachwissen und eine Ergänzung des Lagebildes um diesen Aspekt notwendig.

Die dunkle Seite

Auf der dunklen Seite der Digitalisierung erlauben es auffindbare Data-Breaches kriminellen Elementen, Persönlichkeiten und Unternehmen anzugreifen, ohne dass sie ihre Komfortzone verlassen müssen. Im Netz, d. h. am heimischen Schreibtisch verfügbare Daten erlauben es selbst gelangweilten Teenagern, abgelehnten Praktikanten, übergangenen Mitarbeitern, überholten Konkurrenten, Neidern oder schlicht böswilligen Dritten und Gegnern, ein Unternehmen oder eine Schutzperson in Bedrängnis zu bringen.

▶   Die Digitalisierung krimineller Hebel schafft somit gewichtige Möglichkeiten, um die Reputation eines Unternehmens oder einer Persönlichkeit zu schädigen, zumindest die Aufmerksamkeit handelnder Personen deutlich zu reduzieren oder sie zu nicht regelkonformen Verhalten zu bewegen, um beispielsweise Entscheidungen zu beeinflussen, Informationen zu erhalten oder Schadcode zu platzieren.

Die Digitalisierung der öffentlichen Kommunikation führt nun dazu, dass nicht mehr nur staatliche Akteure die Ressourcen für solche Angriffe aufbringen können. Damit rückt auch jedes Unternehmen und ein sehr breiter Kreis an exponierten Persönlichkeiten in das potenzielle Visier. Weltgeltung ist nicht mehr erforderlich, erpressen lässt sich überall etwas, wenn der notwendige Aufwand entspannt zu meistern ist.

Auch Ihr Unternehmen hat solche offenen Türen, die zum Hineingehen einladen. Es gilt also,

- die Betroffenheit der eigenen Email-Domain und die konkreten Email-Adressen etwaiger Schutzpersonen in bestehenden und stetig neu hinzukommenden Data-Breaches zu prüfen.
- einen Sensibilisierungsprozess aufzusetzen, um schrittweise die eigene Exposure zu reduzieren,
- Maßnahmen vorzubereiten, die bei – oder vor (!) – der Veröffentlichung eventuell unliebsamer Zusammenhänge, die die Reputation einer Schutzperson schädigen, eingesetzt werden können, beispielsweise kommunikative Darstellungen.

Bemerkenswerterweise ist diese dunkle Seite für die meisten Unternehmen ein gefährlicher blinder Fleck. Es gilt jedoch: Kriminelle Energie erhält neue Ansatzpunkte, für die keine IT-Fachexpertise notwendig ist. Jeder kann Sie angreifen. Bösartige Desinformation wird durch bestehende Dynamiken gefördert. Zudem bilden Data-Breaches im dunklen Netz eine Big Data-Fundgrube für böswillige Dritte.

4.2.3   Blinder Fleck in vielen Schutzkonzepten

Die IT-Security ist üblicherweise darauf ausgerichtet, die eigene digitale Infrastruktur zu schützen. Was auch richtig und eine immens anspruchsvolle Aufgabe ist. Die Corporate Security gewährleistet den Perimeterschutz um die Liegenschaften, hat die Reise- und Veranstaltungssicherheit im Blick. Zudem werden Schutzpersonen begleitet.

Damit ist der reale Raum innerhalb und außerhalb der eigenen Infrastruktur abgedeckt. Der digitale Raum jedoch nur „innerhalb der Firewall", das Geschehen auf dritten Digitalquellen, seien sie Clear, Deep oder Dark bleibt außerhalb des Radars.

Warum dies fahrlässig ist, wird im Folgenden aufgezeigt. Wer dies weit hergeholt findet, der sei an den auf Deutschland bezogenen Satz *„Unsere Sicherheit wird nicht nur, aber auch am Hindukusch verteidigt,"* erinnert (Quelle: http://dip21.bundestag.de/dip21/btp/15/15097.pdf). Damals, 2004, wirkte dieser Hinweis vom damaligen Bundesminister der Verteidigung zumindest ungewohnt, heute scheint er banal.

Es besteht also ein blinder Fleck bzw. Quadrant im Sicherheitsvisier der meisten Unternehmen. Zugleich gewinnt dieser Bereich an bedrohlicher Relevanz, da das Internet nun bei weitem kein Heileweltspielplatz mehr ist: Vielmehr suchen und finden böswillige Dritte Material und Gleichgesinnte, um Unternehmen und Persönlichkeiten anzugreifen. Damit ist dieser neue Schauplatz für den digitalen Personenschutz zentral.

Was wird übersehen?
Unternehmen, die nur ihre eigene - reale und digitale - Infrastruktur schützen, greifen zu kurz. Denn: Genauso wie es in der analogen Welt den Perimeterschutz um die eigene Liegenschaft und die Reisesicherheit in Krisenregionen zu beachten gilt, spielt für die Sicherheit von Unternehmen und Personen auch der digitale Raum außerhalb der eigenen Firewall eine Rolle.

Im digitalen Schichtenmodell lassen sich im Clear Web etwa aktivistische Aufrufe zu Demonstrationen oder Boykotten frühzeitig identifizieren. Dies ist bereits wertvoll, um Überraschungen zu vermeiden.

Tieferliegend im Deep Web und Darknet kommen wir in Bereiche, etwa anonyme Foren, in denen Hacker ihre jeweilige Datenbeute anbieten:

Data-Breaches als Beute von digitalen Einbrüchen in Unternehmensnetze, Internet-Dienste oder -Plattformen. Lassen Sie uns kurz zur Entmystifizierung beitragen: So liegt vieles in diesen dunklen Foren schlichtweg zum Download bereit. Der böswillige Dritte kann also technischer Laie sein.

Pro Monat werden einige Dutzend solcher Datenbestände abgelegt. Einige wenige schaffen es über die Medien in die temporäre öffentliche Aufmerksamkeit, wie zu Jahresbeginn 2019 die Collection#1 mit mehreren hundert Millionen Zugangsdaten. Das ist **Dark Big Data.**

Damit entsteht die Frage, welche Fachseite im Unternehmen dieses externe, digitale Feld aus Sicherheitssicht im Blick haben sollte. Schaut man sich in der Unternehmenslandschaft um, dann fallen zwei Aspekte auf:

- Erstens erklärt sich die Corporate Security nicht für zuständig, weil die Bedrohung digital erscheint, die Cyber Security ist jedoch zumeist voll auf die eigenen Infrastrukturen fokussiert und Corporate Communications, die zumindest ein Social Media Monitoring installiert haben, können die Bedrohungsdetektion nicht leisten, weil ihr Erfassungsmodus ein anderer ist. Die Informationssicherheit denkt eher in Dokumenten.
- Zweitens ist den allermeisten Unternehmen diese neue Bedrohung gar nicht bewusst. Obwohl sich kritische Daten über jedes Unternehmen finden lassen.

Wenn Unternehmen diesen blinden Fleck nicht abstellen, bleibt die bedrohliche Asymmetrie bestehen: Jedes Unternehmen ist betroffen, nur sehr wenige reagieren. Es ist kein IT-Thema, es ist Ihr Thema.

Sie müssen nicht schutzlos sein

▶   Erpressung, Social Engineering, Identitätsmissbrauch, Informationsabfluss und natürlich unerwünschte Einblicke in den Nahbereich von Schutzpersonen sind damit keine theoretischen Bedrohungen mehr, sondern reale, in dieser Sekunde aktuelle und stetig zunehmende, datenbasierte „Opportunities" für böswillige Dritte.

So gut wie jedes Unternehmen ist mit seinen Domains von Data-Breaches betroffen, jedes Unternehmen sollte folglich diese offenen Flanken genau kennen und schrittweise reduzieren.

Lassen Sie überprüfen, wie sehr Ihr Unternehmen betroffen ist: Initial und dann regelmäßig. Bauen Sie einen Sensibilisierungsprozess für Ihre Mitarbeiter auf. Bereiten Sie die Krisenkommunikation auf die existierenden Tretminen durch pikante Enthüllungen vor: So schafft ein Passwortwechsel nicht den Bezug zu Seitensprungportalen oder anderen delikaten Services aus der Welt. Lassen Sie die Sichtbarkeit Ihrer Schutzpersonen überprüfen und leiten Sie Maßnahmen ab.

Es gilt, eine überaus gefährliche Asymmetrie abzubauen: **Die kriminelle Seite wird auf der Suche nach Kompromaten, Netzwerkidentitäten und Detaildaten im dunklen Netz in sehr großem Maßstab fündig.** Viele Unternehmen haben diese Bedrohung dagegen noch nicht einmal erkannt. Ob diese Aufgabe in Gänze nun der Cyber- oder Corporate-Security zufällt, ist dabei nebensächlich. Nur abgebildet muss sie werden.

Der digitale Personenschutz muss diese Informationen in seinem Lagebild präsent haben.

Wenn Sie all das beherzigen und weiter vermitteln, dann sehen Sie und ihre Schutzpersonen morgens den besten Personen- und Unternehmensschützer im Spiegel.

4.2.4   Empfehlungen für alle: Merksätze zur Datenkunde

▶   Sie müssen aber keine besonders exponierte Schutzperson sein: Jeder einzelne Bürger – und nicht nur die aktiven Internetnutzer – sollte sich mit dem Thema Sicherheit im digitalen Raum vertraut machen.

Dies reicht von den verwendeten Programmen, Services und Apps, über die jeweiligen Sicherheitseinstellungen bis zum eigentlichen digitalen Verhalten als einzelner und in der Interaktion mit anderen.
Wichtige Merkregeln haben wir hier aufgestellt:

1. Seien Sie digital.
    Aber seien Sie nicht das einfachste Opfer (*„Low hanging fruit"*).
2. Ein digitaler Footprint lässt sich nicht vermeiden. Prägen Sie ihn.
3. Registrieren Sie sich auf externen Plattformen mit Mailadressen, die Ihren Namen nicht preisgeben.
4. Denken Sie über Ihre veröffentlichten Fotos nach, denn sie gehören Ihnen nicht mehr und gehen nur mit großem Aufwand wieder weg.
5. Familienferienhausbewertungen, Konfirmations- und Traueranzeigen machen böswillige Dritte glücklich.
6. Würde dieser Supertyp (w/m) Sie auch real ansprechen?
7. Sprechen Sie mit Ihren Teenagern, sonst haben Sie gar keine Chance.

8. Passworte variieren, merken und ändern (hilft zwar nicht bei Badoo, aber sonst).
9. Wissen Sie, wie man sich sicher im Netz bewegt?
10. Das Internet vergisst nichts und entwickelt sich rasant weiter.

4.3 Konzept für den digitalen Personen- und Familienschutz

Auch Familien, die durch unternehmerischen Erfolg besonders exponiert sind, haben ein Recht auf eine ungestörte Sphäre.

Das eigene Domizil, das Arbeitsumfeld, aber auch die Freizeitaktivitäten und etwa der Weg zur Schule sollten keine unnötige öffentliche Aufmerksamkeit erhalten.

Die Abschirmung von unbefugten Dritten, Paparazzi, Aktivisten und Kriminellen ist essenziell. **Immer stärker stehen Familien mit einem besonderem Sicherheitsbedürfnis vor der Herausforderung, dass die digitale Sichtbarkeit zusätzliche Einblicke und Möglichkeiten der Annäherung fördert.** Damit entsteht eine wechselseitige Abhängigkeit zwischen klassischen Schutzmaßnahmen und digitalen Verhaltensweisen.

Umfassender Familienschutz muss beide Bereiche in der Aufklärung abdecken, integrieren sowie in der Wahl und im Umfang der Schutzmaßnahmen konsequent berücksichtigen.

4.3.1 Erstellung eines Schutzkonzeptes

Ein konkretes Schutzkonzept ist Ergebnis einer strukturierten Gesprächs- und Analyseabfolge:

1. **Vorgespräch**
   - Bedeutung der eigenen Sichtbarkeit, bisherige Vorkommnisse und Maßnahmen.
   - Klärung Personenkreis der Familie.
   - Typische und oftmals übersehene Risiken.
2. **Lagebeurteilung: Analog & Digitalraum**
   Welchen abstrakten und konkreten Gefahren sind die betroffenen Personen ausgesetzt, welcher Gefährdungsgrad leitet sich daraus ab?

3. **Schwachstellenanalyse: Analog & Digitalraum**
   Wo und warum könnten sich Risiken verwirklichen?
   Privates und berufliches Umfeld, Orte, Wege und Routen, Freizeitaktivitäten und das eigene Handeln im digitalen Raum sowie sonstige dort erkennbare Bedrohungen durch Dritte (inkl. Bezüge in Hackerdaten)
4. **Erörterung Schutzkonzept**
   – Gefährdungsfelder analog & digital
   – Aufgabe staatlicher Stellen vs. Eigenverantwortung
   – Empfehlungen und Maßnahmen, insbesondere in Bezug auf:
   Eigene Achtsamkeit: Trainings für Angehörige, Angestellte und Kinder (insb. Teenager), die analoges und digitales Verhalten verknüpfen
   Personenschutz: (Anlass bezogener) Personaleinsatz in Personenschutz und Aufklärung – verzahnt mit einem kontinuierlichen digitalen Monitoring-Schirm
   Grundlegende Sicherheitskonzepte: Baulichkeiten und Schutzfahrzeuge, digitale Profile und Präsenzen sowie Planung, Vorbereitung, Begleitung auf Auslandsreisen
   Fallweise Risikoanalysen: Auslandsreisen, Feriensitze, Geschäftspartner, Investitionsstandorte, Personen, Studienorte, Veranstalter, Yachten, …

Es ist zu vermuten, dass nahezu in allen Fällen der digitalen Komponente ein hohes und wachsendes Gewicht zukommt. Diese Digital Listening-Komponente lässt sich strukturiert aufbauen.

4.3.2   Digital-Listening-Fahrplan für den Personenschutz

Die Vielzahl der Ansatzpunkte erleichtert die Aufnahme der digitalen Komponente in den Personenschutz keineswegs. Hier wollen wir einen Fahrplan von Digital Listening-Maßnahmen und Formaten aufzeigen, der regelmäßige Durchführungen mit fallweisen Aspekten verbindet.

▶ • Als initiale Maßnahme hat sich das Format der **Sichtbarkeitsanalyse** als geeignet herausgestellt, um einen Bezugspunkt im Rahmen der Erstellung des Lagebildes zu schaffen. Eine solche Untersuchung ist auch für Persönlichkeiten sinnvoll, die keine eigenen Profile auf Social Networks pflegen und bisher dem digitalen Raum wenig Beachtung schenken.

- Es ist sinnvoll, eine solche Sichtbarkeitsanalyse im halbjährlichen Turnus zu wiederholen. Dies gilt besonders, wenn eine Schutzfamilie mit Kindern im Teenager-Alter aufwärts betrachtet wird.

- **Üblicherweise werden in der Sichtbarkeitsanalyse verschiedene Aspekte, etwa Namen, Adressen und regelmäßig besuchte Veranstaltungen, erkannt, die nicht publik sein sollten.**
  - Zum einen gilt es dann, die entsprechenden Beiträge möglichst zu entfernen und eine Wiederholung der Veröffentlichung zu vermeiden,
  - Zum anderen sollten diese erkannten Schwachstellen in ein laufendes Monitoring aufgenommen werden, um beispielsweise frühzeitig zu erkennen, dass die Wohnadresse auf bestimmten Quellen genannt wird. Natürlich sollten in diesen Prozess auch die Namen und Funktionsbezeichnungen der Schutzpersonen aufgenommen werden.

- Um die dunkle Seite der Hackerdaten abzudecken, empfiehlt sich eine Sichtung mit höherer Frequenz: So lassen sich Email-Adressen und Domains sehr strukturiert im monatlichen Rhythmus prüfen:
  - Bei der Prüfung der betrieblichen Email-Domain gilt es, auch die Adresse der Schutzperson zu prüfen, aber auch Personen aus dem unmittelbaren Umfeld sollten – nach entsprechender Absprache – entsprechend abgesichert werden.
  - Ebenso lässt sich in Data-Breaches nach bekannten sowie durch **Namens-Permutationen** auch unbekannten privaten Emailadressen der Schutzperson bzw. der Mitglieder der Schutzfamilie suchen. Natürlich ist hier die vorherige Einwilligung unabdingbar.

- Wenn die eine Ableitungsrichtung aus den ermittelten Ergebnissen dahingeht, diese zu reduzieren und passiv weiter im Blick zu behalten, dann zielt die aktive Richtung auf die Anpassung von Verhalten bzw. auf die erneute Risikobewertung etwa von privaten Veranstaltungsteilnahmen. Hier ist im Gespräch mit der Schutzperson das Risiko abzuwägen.

- **Übergreifend ist es wichtig, die Schutzperson und weitere Mitglieder der Schutzfamilie sehr konkret zum Verhalten im digitalen Raum zu sensibilisieren bzw. sogar erst zu befähigen.** Diese Aufgabe darf sich nicht auf die Formulierung von Hinweisen zu Sicherheitseinstellungen für die genutzten Geräte und Services beschränken. Hier kann durchaus eine Parallele zu Verhaltensregeln im Bereich der Reisesicherheit gezogen werden – nur das digitale „Fehltritte" nicht im exotischen Ausland, sondern im abgesicherten Wohn- oder Kinderzimmer in der heimischen Residenz passieren können.

Selbst in unmittelbarer Nähe zu einem Personenschützer hat dieser keine Möglichkeit zum Eingreifen.

▶   Folglich ist für alle für den Personenschutz Verantwortung tragenden Personen (dies beinhaltet die Schutzperson und seine Familienmitglieder) ein digitales Grundwissen unverzichtbar. Entsprechende Schulungsformate müssen Bestandteil des digitalen Personenschutzes werden.

Diese Schritte umreissen einen guten Fahrplan, der sicherlich spezifisch angepasst werden kann. Zentrales Lagedokument ist zunächst die Sichtbarkeitsanalyse.

4.3.3   Sichtbarkeitsanalyse für Schutzpersonen

Für den Personenschutz hat der digitale Raum sowohl eine hilfreiche als auch eine gefährliche Seite. Mit beiden Aspekten müssen die Personenschützer, aber auch die Schutzpersonen umgehen:

- Hilfreich ist, dass sie Bedrohungen, etwa kritische Themen oder Aktivitäten, unter Umständen frühzeitig erkennen können.
  Welche Bedrohungen und Vorwürfe werden von Dritten geäußert, welche sicherheitsrelevanten Einblicke preisgegeben?
- Gefährlich ist, dass auch das digitale Verhalten der Schutzpersonen inklusive der nahen Familienangehörigen neue Risiken, etwa unerwünschte Einblicke, entstehen lässt:
  Welche sicherheitsrelevanten Fußspuren hinterlässt die Schutzfamilie im Netz?

Selbst wenn die Schutzperson nicht digital aktiv ist, werden sich Hinweise auf sie finden lassen, seien es Interviewfragmente, Ereignis-Teilnehmerlisten, Markierungen auf Fotos, amtliche Verzeichnisse, Mutmaßungen in Foren oder Instagram-Meldungen aus dem Kinderzimmer. Auf diese Weise entsteht ein Lagebild der digitalen Sichtbarkeit.

▶   Mit einer Sichtbarkeitsanalyse wird aufgezeigt, welches Lagebild sich ein böswilliger – aktivistischer oder krimineller – Dritter in kurzer Zeit von der Schutzperson und seiner Familie aufbauen kann.

Damit lautet die Analysefrage: Gibt es unerwünschte Einblicke und Möglichkeiten einer Annäherung?

Mit einem systematischen Prozess der investigativen Recherche wird überprüft, welche sicherheitsrelevanten Informationen zur Schutzperson oder der Schutzfamilie sich in offenen digitalen Quellen und identifizierten Data-Breaches ermitteln lassen.

- **Als Ziel sollen zum einen digitale Puzzlesteine identifiziert werden, die es dem böswilligen Dritten erlauben, unter das durch gezielte Public Relations aufgebaute Personenbild zu blicken.** So ist die erste Phase einer entsprechenden Analyse in der Regel dadurch gekennzeichnet, dass genau das gefunden wird, was gefunden werden soll. Dann aber treten – häufig unscheinbare – Brücken in die Privatsphäre auf. Mit jedem weiteren Familiennamen, jedem Account und jeder Adresse lässt sich der private Bereich weiter ausleuchten.
  In nicht wenigen Fällen könnten diese unerwünschten Brücken jedoch eigenständig entfernt werden.
- Zum anderen sollen Empfehlungen bezogen auf die digitalen Präsenzen der Schutzfamilie abgeleitet werden, um ein künftig stärker sicherheitsorientiertes Verhalten anzuregen.

Diese beiden Aspekte machen wesentliche Aufgaben des digitalen Personenschutzes aus. Hierbei hat sich in der Praxis bewährt, die Vielzahl der einzelnen Aspekte und Fundstücke in einer verständlichen Darstellung zu verdichten. Abb. 4.1 zeigt – beispielhaft – ein solches Lagebild als Personenschutzradar.

Für dieses Lagebild wird der digitale Raum in fünf relevanten Dimensionen untersucht. Die ermittelten Funde führen zu einer fünfdimensionalen Bewertung der Gefährdungslage. Ein erprobtes Schema für eine solche Bewertung ordnet jedem relevanten Fund eine von vier Kategorien zu:

- Sehr kritisch:
  Es liegen kritische Informationen vor, die eine unerwünschte Annäherung mit hoher Wahrscheinlichkeit ermöglichen.
- Eher kritisch:
  Es liegen Informationen vor, die die Gefahr einer Annäherung begründen können.
- Eher unkritisch:

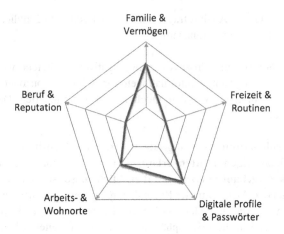

Abb. 4.1   Personenschutzradar Sichtbarkeitsanalyse

Es liegen berufliche oder private Informationen vor, die jedoch keine unmittelbare Gefahr darstellen.
- Unkritisch:
Es lassen sich keine sicherheitsrelevanten Informationen identifizieren.

Die fünf Dimensionen können beispielsweise wie folgt aufgespannt und mit Analyseschritten unterlegt werden:

1. **Familie und Vermögen**
   - Lassen sich die engsten Familienangehörigen rekonstruieren? **(Ehe) Partner, Kinder, ggf. auch aus vorhergehenden Beziehungen.**
   - Lassen sich die jeweiligen Altersangaben herausfinden und Bilder zuordnen?
   - Gibt es weitere Verwandte? Geschwister, Eltern?
   - Gibt es Hinweise zur Vermögenssituation, insbesondere besondere Vermögensgegenstände? Immobilien, Firmenanteile, Kunstgegenstände, Rennpferde, Oldtimer, Yachten, …
   - Die identifizierten Namen der Familienmitglieder führen zu weiteren Iterationen der digitalen Suche.
2. **Freizeit und Routinen**
   - Welche Freizeitaktivitäten lassen sich herausfinden?
   - Lassen sich einzelne **Termine und Lokalitäten** zuordnen?

- Gibt es Hinweise auf Aktivitätspartner oder Teams?
- Lassen sich Routinen erkennen? Z. B. morgendliche Joggingrunde durch den Volkspark, Segelflugrunde jeden zweiten Mittwoch im Monat, jährliches Oldtimerrennen.

  Hier gilt natürlich, dass bei ersichtlichen künftigen Terminteilnahmen die Sicherungsanforderungen an den Personenschutz deutlich höher sind. Spontane Tennismatches sind weniger relevant als die jährlich stattfindende Kutschfahrt im markanten Gefährt.

▶ Der digitale Personenschützer muss wissen, wie öffentlich rekonstruierbar der private Terminkalender der Schutzperson ist. „Break the Routine" gilt als Handlungsmaxime.

3. **Digitale Profile und Passwörter**
- Gibt es Social-Media-Profile von Mitgliedern der Schutzfamilie?
- Wie viel Information ist öffentlich?
- Lassen sich weitere Zusammenhänge in der Vernetzung oder durch Likes erkennen?
- Tauchen **dienstliche oder mögliche private Email-Adressen** in Data-Breaches auf, die in dunklen Foren angeboten werden? Sind Passworte involviert?

  Wahrscheinlich gibt es noch einige wenige Menschen ohne digitale Profile auf Netzwerkplattformen. Aber ohne Email-Adresse, seien sie geschäftlich oder privat, wird kaum noch jemand auskommen. Die Teenager der Schutzfamilie auf keinen Fall.

  Der digitale Personenschützer sollte diese Profile und Adressen kennen. Idealerweise sollte er auch die Information bekommen, wenn die Email-Adressen in Hackerdaten (Data-Breaches) auftauchen. Sind doch diese Daten – und die auf den Profilen preisgegebenen Informationen – ein wichtiger Recherchebereich für den böswilligen Dritten.

4. **Arbeits- und Wohnorte**
- Lässt sich die geschäftliche Adresse genau spezifizieren?
- Lassen sich **Privatadresse, Dienstwohnung und ggf. weitere Domizile** identifizieren?
- Kann der Weg zur Arbeit bzw. zur Schule abgeleitet werden?

  In der Regel ist in der direkten Nachbarschaft bekannt, wenn ein Unternehmensinhaber oder gewichtiger Vorstand nebenan wohnt. Die Frage ist jedoch, ob auch eine entfernte Person diesen Wohnort aus der Distanz und nur auf digitalem Wege herauskristallisieren kann. Eine solche Möglichkeit ist wesentlich für die Lageeinschätzung. Ähnlich gilt dies für weitere, häufig besuchte Adressen wie etwa die der Schule, um den potenziellen Schulweg abzuleiten.

5. **Beruf und Reputation**
   * Welche beruflichen Stationen sind bekannt?
   * Sind enge **Wegbegleiter** ersichtlich?
   * Welche Verbindungen sind öffentlich?
   * Gibt es reputationsrelevante Vorkommnisse?

Die beruflichen Stationen der meisten Schutzpersonen finden sich transparent auf den Webseiten ihrer Unternehmen oder anderer Verzeichnisse. In diesen Laufbahnen mag es Stellen gegeben haben, in denen die Schutzpersonen **kritische Entscheidungen treffen** mussten oder auf andere Weise ins Visier von diversen Gruppierungen geraten sind. Nicht wenige Personen erhalten auch qua Amt, also aufgrund der von ihnen übernommenen Unternehmensfunktion, einen **Feindbildstatus**.

Das Wissen um solche, ggf. latente Gegnerschaften ist für den Personenschutz essenziell, um künftige Veranstaltungen, Treffen, aber auch Jahrestage mit Maßnahmen berücksichtigen zu können.

Damit sind wichtige Stoßrichtungen der Analyse im Bereich Personenschutz umrissen. Anzumerken ist, dass diese Aspekte miteinander verwoben sind und nicht strikt nacheinander abgearbeitet werden können. Neue Funde fordern neue Schleifen.

▶   Diese Analyseaufgabe ist nicht mit einem einzigen Werkzeug zu behandeln, sondern kann und muss auf einen umfassenden Werkzeugkasten zurückgreifen. Die entsprechenden Möglichkeiten sind in Kap. 2. Digitaler Datenraum: Vorgehen und Werkzeuge aufgeführt.

Digital Listening wird als Spezialistendisziplin noch deutlich mehr Gewicht im Personenschutz erhalten.

Einsatzfeld Market Intelligence: Chancen der Transparenz nutzen

„Märkte sind Gespräche."

Cluetrain Manifest

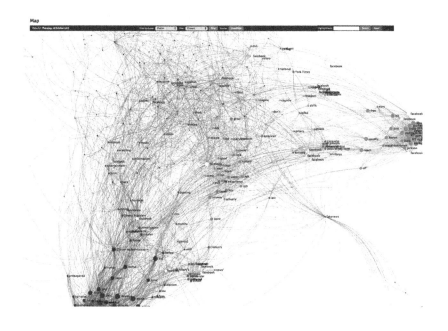

Zusammenfassung

Die erste von den insgesamt 95 Thesen des Cluetrain Manifestes stellte bereits vor 20 Jahren heraus, dass Märkte als Gespräche zu verstehen sind. Dazu ergänzend als These 6:

„Das Internet ermöglicht Gespräche zwischen Menschen, die im Zeitalter der Massenmedien unmöglich waren."

Mittlerweile wissen wir, dass es unter diesen Gesprächen auch viele Selbstgespräche gibt, dass es an Übersicht fehlt und Manipulation Einzug hält. Unternehmen beteiligen sich aktiv und passiv. Weiterhin gilt jedoch, dass Austausch zu relevanten Aspekten vieler Märkte im Internet stattfindet, nur ist das Spektrum in den Jahren noch facettenreicher geworden.

Aufgabe von Digital Listening und Digital Intelligence ist es nun, aus diesem „Stimmengewirr" entscheidungsrelevante Zusammenhänge und Muster zu extrahieren. Hierbei kann kein marktforscherisch repräsentatives Bild erschlossen werden, da nur Beiträge und Meinungsäußerungen von aktivierten, d. h. schreibenden Nutzern aufgenommen, aber keine Einstellungen größerer Gesamtheiten abgefragt werden können. Erkennbar wird dagegen der Informationsraum, den interessierte Nutzer zu dem jeweiligen Kontext finden.

Häufig sind es jedoch einzelne Puzzlesteine, die marktrelevante Hinweise geben, Einblicke vermitteln oder Hypothesen stützen. So gibt es keine Beschränkung auf festgelegte Fragen. Es muss auch nicht bei der Zählung von positiven und negativen Kommentaren sein Bewenden haben, was zwar häufig gewünscht, jedoch relativ aussagelos ist. So erfolgen Bewertungen stets aus der Sicht des jeweiligen Autors, eine Aggregation der Diskussionen – außerhalb explizierter Bewertungsportale – ist folglich logisch kaum zu bewerkstelligen.

So dürfen die Antworten, die digitale Analysen im Bereich Market Intelligence zu liefern vermögen, durchaus komplexer sein: Die digitalen Gesprächsstrukturen bergen eine so große Informationsfülle sowohl inhaltlicher als auch struktureller Natur, dass eine zu starke Verdichtung potenziell werthaltige Information eliminieren kann.

Dieses Spannungsfeld wird in den Facetten **Netzwerkanalyse, eigene Dialogaufnahme, Zusammenarbeit mit externen Influencern, Nutzung von Artificial Intelligence und Perspektivwechsel im Wettbewerb** beleuchtet:

- So wird zunächst die Netzwerkanalyse praxisorientiert ausgeführt, um dann Beispiele entsprechender Inhaltsanalyse darzustellen.
- Auf Grundlage solcher Inhaltsanalysen können Unternehmen über das passive Digital Listening hinausgehen und passgenaue Engagement-Prozesse mit ihren Zielgruppen aufsetzen: Eine zentrale digitale Transformation, die im Bereich Personalmarketing notwendig ist.
- Solche Prozesse bilden sich ähnlich im Healthcare-Influencer-Marketing heraus: Auf der Grundlage einer analytisch rekonstruierten Patient Journey können im Zusammenspiel mit Patientenbloggern Inhalte authentisch vermittelt werden.
- Mit Methoden der Künstlichen Intelligenz wird zudem der Einsatz von Digital Listening für Lead Prediction und Company Scoring unterlegt: Aus vielfältigen Facetten des digitalen Datenraums werden akkurate Bewertungsansätze generiert, um effizientere Vertriebsprozesse zu erreichen.
- Die Brücke zur Sicherheit schlägt der Aufgabenbereich Counterintelligence: So gilt es Maßnahmen zu treffen, dass nicht eine Vielzahl einzelner Kompetenz- und Wissensbausteine ungewollt das Unternehmen verlässt: Auch Gegner hören digital zu.

Märkte sind Gespräche. Unternehmen beginnen erst langsam, dies anzuerkennen.

5.1 Mustersuche durch Netzwerkanalyse digitaler Kommunikation

Natürlich haben Unternehmen insbesondere in den Funktionen Marketing und Kommunikation durch digitale Transparenz und unmittelbare Echtzeitkommunikation die Deutungshoheit über ihre Agenda verloren. Auch wenn sie diese tatsächlich wohl nie so umfassend wie gedacht oder zumindest gewünscht innehatten.

▶ Gleichwohl ist dieser Verlust von Deutungsmacht ein überaus unkomfortabler Zustand; Aquaplaning könnte ähnlich sein: Für eine Zeitlang mag es noch gutgehen, aber dann werden die gewohnten Instrumente zum kürzeren Hebel.

Da dieser Pfad aber langfristig keine Option sein darf, zumal sich neben kritischen Konsumenten immer mehr böswillige Dritte und desinformierende Wettbewerber einreihen, muss gegengesteuert werden. Es geht um die Rückeroberung von partieller Deutungsmacht – die Deutungshoheit ist leider außer Reichweite geraten.

Der direkte, althergebrachte Ansatz hierzu läge in der Steigerung der gewohnten Sende-Kommunikation, ggf. verstärkt durch neuzeitliche Horden von Twitter-Bots. Hier jedoch wird ein indirekter und interaktiver Ansatz empfohlen: **Digital Listening als transparenzschaffende Grundlage, um mit der eigenen Kommunikation, passgenauem Engagement und den eigenen Entscheidungen im jeweiligen Marktgeschehen besser durchzudringen, um im Wettbewerb besser zu bestehen.**

5.1.1   Kurz: Begriffe Komplexität, Muster und „Life at the Edge of Chaos"

Um die gar nicht mehr so neue digitale Vielfalt überhaupt verarbeiten zu können, müssen wir Muster finden. Als Begründung hierzu ein Exkurs über den vielstrapazierten Begriff der Komplexität:

▶ **Wichtig**
In der Systemtheorie wird Komplexität als Länge der kürzesten Beschreibung eines Sachverhaltes verstanden. Je mehr Worte gebraucht werden, desto komplexer.
Folglich steigert die Vernetzung von Elementen die Komplexität eines Systems ganz erheblich. Genau dies passiert im digitalen Raum permanent: Die Komplexität nimmt zu.

Dem geneigten Leser mag auffallen, dass nach dieser Definition sowohl Systeme aus unvernetzten, als auch aus vollständig vernetzten Elementen eine geringe Komplexität zukommt: Sie sind schlicht einfach zu beschreiben. Regelmäßig vernetzte oder interagierende Systeme weisen dagegen eine leicht höhere Komplexität auf: Es reicht, die Regelmäßigkeit einmal zu beschreiben. Allerdings erreichen diese nicht das Niveau frei vernetzter Systeme. (Folglich wird man beispielsweise regelbasiert agierende Bots immer inmitten sozialer Kommunikationssysteme erkennen können).

Die Komplexitätsforschung hat nun herausgefunden, dass ein schmaler Bereich in dem Kontinuum zwischen vollständiger, regelmäßiger und fehlender Vernetzung einen ungeheuren Reichtum an Strukturen hervorzubringen vermag.

Diese vierte Zustandsphase komplexer Systeme wird *„Life at the edge of chaos"* genannt: Leben funktioniert (nur) so.

▶ Es ist diese Lebendigkeit – in systemtheoretischer Sicht – die erst durch die Ergänzung von statischen Webseiten durch Möglichkeiten der Social Media genannten digitalen Jedermannkommunikation möglich gemacht wurde. Als Folge wird im digitalen Raum ein Komplexitätsniveau erreicht, das den unbedarften Betrachter bzw. Nutzer naturgemäß permanent überfordert.

Übersteigt also das Komplexitätsniveau die – ggf. durch Werkzeuge ausgebauten – Möglichkeiten des Betrachters, dann ergeben sich zwei Möglichkeiten:

- Eine Reduktion von Komplexität durch Nichtbeachtung der bestehenden Vernetzung. Dies führt zu deutlichem Informationsverlust und abnehmender Anschluss- bzw. Handlungsfähigkeit.
- Eine Analyse der vernetzten Strukturen, um durch die Identifikation von weiteren Mustern die notwendige Beschreibungslänge zu reduzieren.

▶ Ein Muster erlaubt es einem Betrachter, bei Kenntnis nur eines Ausschnittes des Objektbereichs gute Vermutungen über den Rest des Objektes formulieren zu können.

Beispiele: Sie erkennen ein Lied an den ersten Klängen. Sie wissen früh, wenn eine Flanke weit am Tor vorbeifliegt. Ein schwaches Signal kann ein zeitliches Verlaufsmuster vermuten lassen. Ebenso entspricht die Bildung von inhaltlichen Clustern einem solchen Ordnungsvorgang.

Somit kann die Fähigkeit zur Mustererkennung in vernetzten Strukturen ganz wesentlich die Entscheidungs- und Handlungsmöglichkeiten in komplexen Konstellationen erweitern. Ein besonders anspruchsvolles Feld ist hierbei vernetzte digitale Kommunikation. Diese Schwierigkeit hat lange das Festhalten an mechanistischen Modellen, und damit eine Begrenzung der generierbaren Information, bewirkt.

In dieser Sichtweise ist die Suche nach Einzelinformationen, beispielsweise über Wettbewerber, keine komplexitätsbezogene Aufgabe. Der Versuch aber, durch Informationsermittlung Vermutungen über künftige Aktionen eines Wettbewerbers aufzubauen, ist Musterbildung. Ebenso die Ableitung von allgemeinen Erwartungen und Präferenzen von Zielgruppen.

Die Aufgabe besteht darin, Informationen im Netz zielgerichtet zusammenzu-tragen, um daraus relevantes **Musterwissen zu generieren und Entscheidungen zu unterstützen: Es gilt, über den Horizont zu schauen.**

5.1.2 Netzwerkanalyse, Social Network Analysis

Im Folgenden soll das Instrument zur Abbildung von Vernetzung kurz umrissen werden. Die Grundzüge der theoretischen Modelle wurden vor annähernd ein-hundert Jahren in der Soziologie gelegt: Es galt, soziale Gesamtheiten und die Herausbildung von besonderen Positionen in Netzwerken und Cliquen zu beschreiben.

Diese Social Network Analysis (SNA) lässt sich nun auch auf den Raum der öffentlichen digitalen Kommunikation übertragen. D. h., die spannende Ent-deckung bestand darin, dass die identifizierten Muster im digitalen Raum denen der traditionellen Kommunikation entsprachen:

▶ Digitale Kommunikation verläuft also strukturgleich mit der unmittelbaren Kommunikation, sie ist also nichts Besonderes. Wahr-scheinlich erst genau dadurch, dass er soziale Kommunikation perfekt abbilden kann, erhält der digitale Raum diese immense Wucht und Wichtigkeit.

Diese digitale Vernetzung soll hier an zwei Bezugsebenen festgemacht werden. Beide eignen sich zur Musterbildung, damit zur Beschreibungsvereinfachung und besseren Analyse.

- Zum einen lässt sich die Vernetzung von Quellen durch Verlinkung oder durch gegenseitiges „Folgen" aufnehmen,
- zum anderen lassen sich die geteilten Beiträge nach inhaltlich verbundenen Begriffen bzw. Termen untersuchen.

In Abb. 5.1 sind beispielsweise sämtliche vernetzten Quellen aufgeführt, die sich in einem bestimmten Zeitraum zu einem Technologie-Thema geäußert haben. Es lässt sich vermuten, dass etwa innovative oder zumindest interessante Beiträge im Zeitablauf zügig eine höhere Vernetzung auf sich ziehen und dadurch identifizier-bar werden:

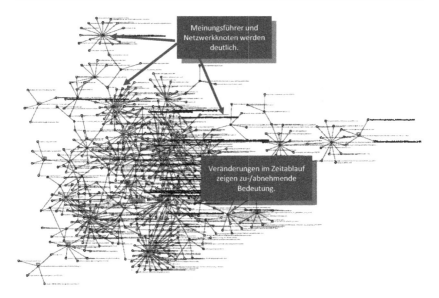

Abb. 5.1 Kommunikationsnetzwerk zu einem Technologie-Thema

▶   Durch die Detektion der Herausbildung eines solchen Verlaufs-
    musters wird die strukturelle (!) Identifikation wertvoller Information
    erleichtert. Muster erleichtern das Finden.

Small Worlds
Es ist erkennbar, dass sich hier eine Netzwerkstruktur zeigt, die von anderen
sozialen Kommunikationsnetzen, etwa aus der Soziologie, bekannt sind: Vernetzte „small Worlds".

Sie entstehen durch die enge und häufige Vernetzung innerhalb einer Teil-
menge von Akteuren. Diese Akteure sind untereinander stärker vernetzt als
mit dem Rest des Netzwerkes. Die Beziehungen, die eine solche kleine Welt
zusammenhalten, werden als „**strong ties**" eingestuft. Verbindungen zwischen
den Clustern heißen „**weak ties**". Weak Ties verkürzen als Direktverbindungen
die mittleren Pfadlängen im Gesamtnetz und leichtern so den Informationsfluss.

Folglich lassen sich mit den Metriken der Social Network Analysis auch hier
die Meinungsführer, Brücken, Einflussgrade etc. errechnen. Es wird damit deutlich, wer mit welchem Einfluss zu einem Thema schreibt und welche Aufmerksamkeit und Referenzierungen ihm dafür zuteilwerden.

Für Analytiker, Marktbeobachter, Unternehmenskommunikatoren, Risiko- und Innovationsmanager sind die Veränderungen solcher Strukturen im Zeitablauf sehr aufschlussreich: Wo deutet eine lokale Zunahme der Vernetzung auf eine zunehmende Aufmerksamkeit? Welche neuen Hubs kommen?

Für viele Aufgaben steht aber auch die Frage im Raum, wie sich einzelne solcher kleinen Teilwelten erreichen lassen.

▶ **Echokammern** So werden solche Small Worlds – häufig im politischen Kontext – auch als „Echokammern" bezeichnet: Die mit „strong ties" fest untereinander vernetzten Akteure nehmen durch nur sehr wenige „weak ties" kaum Einflüsse von außerhalb ihres Clusters auf. Das Meinungsbild gleicht sich an und wird kaum herausgefordert. Unter Umständen ist ein Akteur mit hoher Zentralität in diesem Cluster meinungsprägend. Kommunikativ sind diese Personen kaum zu erreichen.

Dieses Muster lässt sich für extreme politische Konstellationen finden, aber trifft auch für andere Bereiche zu, in denen sich Nutzer mehr oder weniger fest(gefahren) um ein Thema scharen.

Folglich wird die Transparenz digitaler Kommunikationsfelder weiter erhöht, wenn nicht nur die Quellenvernetzung, sondern auch die thematische Vernetzung abgebildet wird: Quellennetze erzeugen nur eindimensionale Transparenz: Weit umfassender werden die generierbaren Erkenntnisse, wenn nicht nur die jeweiligen Quellen und ihre Vernetzung, sondern auch die inhaltlichen Schwerpunkte und deren Kontexte erkannt werden.

Eine solche Generierung von Transparenz kann durch eine semantische Analyse der inhaltlichen Beiträge der jeweils erkannten Quellen erreicht werden. Abb. 5.2 zeigt als Beispiel einen Ausschnitt aus einem Themennetz: Aus über eintausend Beiträgen im Themenfeld „IPTV, WebTV, Internetfernsehen" wurden die Schwerpunktthemen ohne Vorgabe herauskristallisiert und in ihren Kontextbezügen vernetzt.

Fallen quellenbezogene Small Worlds und inhaltliche Cluster zusammen, dann bildet die entsprechende Akteursgruppe eine sehr abgeschlossene Echokammer.

Damit sind die zwei wichtigsten Ebenen dargestellt, um unstrukturierte digitale Gesprächsräume abzubilden. Das Feld Market Intelligence umfasst natürlich auch die Suche nach Einzelinformationen, die Auskünfte über Märkte, Zielgruppen und Wettbewerber geben können. So mag beispielsweise die Auswertung der aktuellen Stellenanzeigen eines Wettbewerbers Hinweise auf künftige Arbeits- oder Regionalschwerpunkte geben, die aber auch bewusst gestreute falsche Fährten sein können.

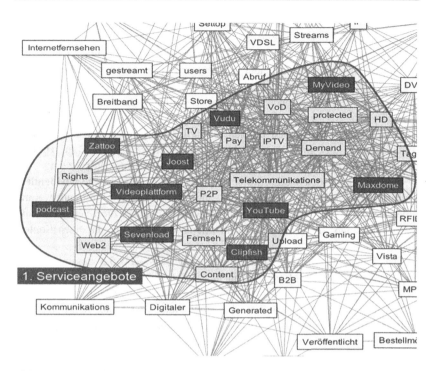

Abb. 5.2 Themennetz im Bereich IPTV

Über diese althergebrachte Suche nach Detaildaten hinaus trägt die strukturelle Analyse des digitalen Kommunikationsgeschehens wertvolle Informationen zum jeweiligen Markt- und Wettbewerbsgeschehen bei. Für Unternehmen wird es immer entscheidender, die Fähigkeit zu entwickeln, solche zunächst noch schwachen Signale zu identifizieren, zu bewerten und zu interpretieren: Digitale Früherkennung und Analyse bezieht sich auch auf die Mustererkennung in digitalen Räumen, um die Komplexität des Geschehens zu reduzieren.

5.1.3   Corona-Case: Twitter-Netzwerke zu #COVID19de

Mit der Ausbreitung der Corona-Krise steigt 2020 die entsprechende digitale Kommunikation über Twitter deutlich an. Es kristallisieren sich mehrere relevante

Hashtags heraus. Zu Beginn der Pandemie stellten Unternehmen verstärkt die Frage, welche Resonanz die eigenen Maßnahmen auslösen.

Über eine solche spezifische Sicht hinaus kann auch die Erschließung des gesamten Thermenraums erreicht werden, um dann gegebenenfalls einzelne erkannte Stränge zu vertiefen. Statt hier jedoch Beiträge zu zählen ist die wesentliche Frage: Welche einzelnen Themenkreise werden in diesem großen Feld aufgeworfen?

Beispielsweise ergab sich für den 7. April 2020 für den deutschsprachigen Twitter-Raum die in Abb. 5.3 dargestellte Netzwerkstruktur zu Hashtag #covid19de und korrelierten Hashtags, die einige interessante Cluster zeigt.

Hineingezoomt macht Abb. 5.4 deutlich, dass beispielsweise die **Dividendenpolitik verschiedener Unternehmen** angesichts um sich greifender Kurzarbeit von etlichen Personen thematisiert wird. So stehen die roten Kreise für Twitter-Accounts, die grünen Kreise markieren die Hashtags, die einen Kontext bilden.

Die Clustering-Methodik führt ohne Vorgabe in Abb. 5.5 zusammen, mit welchen Themen NRW-Ministerpräsident Laschet an dem Tag verbunden wird.

Auftauchende Themen lassen sich in Netzwerken detailliert verfolgen. Als Beispiel hier in Abb. 5.6 der kontroverse Umstand, dass mehrere **Betriebsschließungsversicherungen** keinen Schadensausgleich leisten, wenn der Grund der Betriebsschließung nicht durch das Gewerbe selbst, sondern etwa durch eine Pandemiemaßnahme zu verantworten ist.

Für viele Themen „auf der großen Bühne" kann über Twitter eine passende Echtzeit-Abbildung erreicht werden.

5.1.4 Case: Atom-Klima-Hebel für die Kommunikation

Der Einsatz von semantischen Algorithmen kann nicht nur einzelne Themenbereiche erschließen, sondern in der Analyse auch eingesetzt werden, um Ansatzpunkte, Brücken oder Hebelthemen zu identifizieren, die zwei Bereiche kommunikativ verbinden oder zumindest das Potenzial dazu haben.

Am Beispiel der Themenbereiche Atomkraft und Klimaschutz kann dies dargestellt werden. Zusätzliche Plausibilität für diese Auswertungen mag dadurch entstehen, dass sie einen Blick auf eine zehn Jahre zurückliegende Diskussion erlauben.

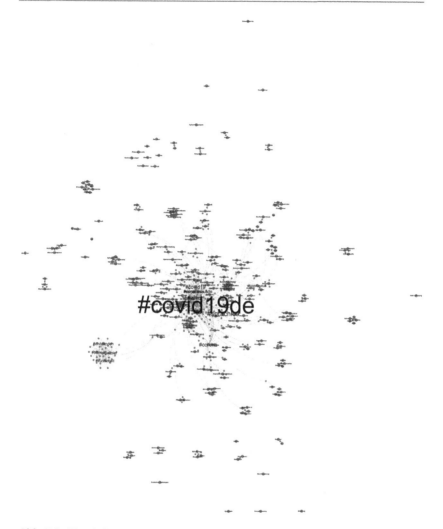

Abb. 5.3 Korrelationsnetz der Twitter-Hashtags zu COVID19de

In dem Ansatz werden zunächst beide Felder separat inhaltlich erschlossen, um dann geeignete kommunikative Ansatzpunkte zu identifizieren: Es geht um den erfolgversprechenden Ausbau der eigenen, bisher klimazentrierten Positionierung auf das atombezogene Terrain sowie um geeignete Themen und Quellen für eigene Maßnahmen.

Abb. 5.4   COVID19: Twitter-Diskussion Dividenden

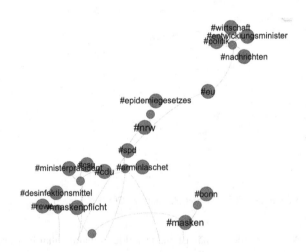

Abb. 5.5   COVID19: Twitter-Diskussion Armin Laschet

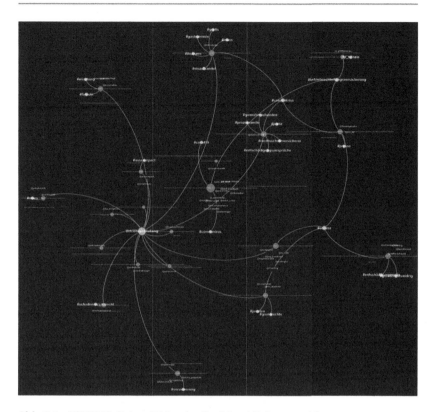

Abb. 5.6   COVID19: Twitter-Diskussion Betriebsschließungsversicherung

Analyse Atom

Zum Bereich Atomkraft wird regelmäßig relativ viel geschrieben. Im ersten Halbjahr 2009 (!) waren dies 1792 relevante, nutzergetriebene Beiträge auf deutschsprachigen digitalen Quellen. Durch Themennetze wie in Abb. 5.7 werden die wichtigsten Begriffe identifiziert und die jeweiligen Verwendungskontexte erkannt: Die signifikantesten Begriffe in Beiträgen in Blogs und Foren werden ohne Vorgabe rechnerisch ermittelt und – bei häufiger gemeinsamer Verwendung – untereinander durch Kanten verbunden.

Es lassen sich insgesamt acht Cluster destillieren, aber drei besonders starke Bereiche sind auszumachen: Die Cluster Atomausstieg/Laufzeitverlängerung, Atommüll/Endlagerung und erneuerbare Energien (Wind, Wasser, Sonne) sind signifikant auffällig in weiten Bereichen der Diskussionsbeiträge vertreten.

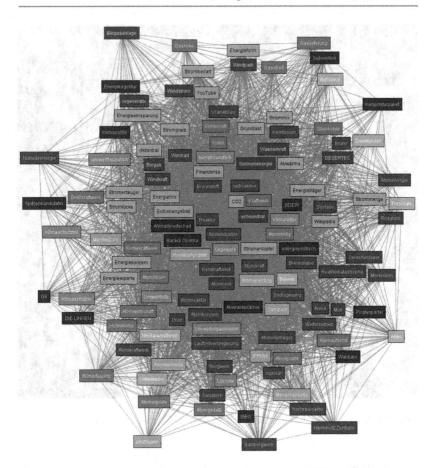

Abb. 5.7 Themennetz Atom-Diskussion (complexium-Analyse 2009)

Hierbei prägt die Anti-Atom-Bewegung den Schwerpunkt Atomausstieg: Neben Ankündigungen von Demonstrationen klären Nutzer über die Risiken von Atomstrom auf. Außerdem gibt es Aufrufe zum Wechsel des Stromanbieters. Die anstehende Bundestagswahl und atomkraft-befürwortende Politiker werden thematisiert. Nutzer kritisieren das Profitstreben der Konzerne auf Kosten der Verbraucher. Mit Wartungs- und Reparaturarbeiten an den AKWs würden die Energieanbieter versuchen, das Ende der Laufzeit in die nächste Legislaturperiode hinauszuzögern. Nutzer stützen sich bei ihren Argumenten für den Atomausstieg auf Studien, die belegen würden, dass Atomkraft letztlich teurer wäre als erwartet. Ein Abschalten der Atomkraft würde auch keine Stromlücke hervorrufen.

Aus Kommunikationssicht ergibt sich ein eindeutiges Bild: Die breite Stimmung ist relativ deutlich gegen Atomkraft eingestellt. In diesem Umfeld wird ein eigenständiges Agenda Setting immer schwieriger.

Analyse Klima

Klimaschutz ist „stärker" als Atomkraft: Über Klimaschutz wird durchweg mehr geschrieben als über Atomkraft. Wie Abb. 5.8 zeigt ist das Niveau recht stabil. So wird der Informationsraum im ersten Halbjahr 2009 auf deutschsprachigen Quellen durch 2583 nutzergenerierten Artikel geprägt.

Wiederum werden die signifikantesten Begriffe aus Beiträgen in Blogs und Foren herauskristallisiert: Abb. 5.9 zeigt das generierte Themennetz.

Der Atomausstieg befindet sich im Signifikanz-Ranking unter den Top-Themen und nimmt damit auch im Klima-Kontext einen zentralen Punkt ein: Ein Umstieg auf erneuerbare Energien sei ein Schritt, den die Nutzer selbst zum Klimaschutz beitragen können.

Aus den identifizierten inhaltlichen Diskussionsclustern ergibt sich „Erneuerbare Energie" als **Brücke zwischen Atomkraft und Klimaschutz.** Mit diesem

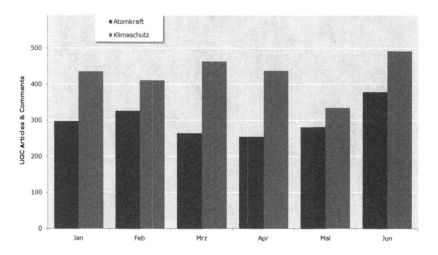

Abb. 5.8 Beitragsanzahlen Atom- und Klima-Diskussion. (complexium-Analyse 2009)

Abb. 5.9 Themennetz Klima-Diskussion (complexium-Analyse 2009)

Hebelthema können beide Felder adressiert werden. Für eine Spezifizierung können „Erneuerbare Energien" um „Energieeffizienz" ergänzt werden.

Die Analyse zeigt, dass die Klima- und die Atom-Diskussionen jeweils unterschiedliche Ausrichtungen haben. **Die Themenschwerpunkte weisen jedoch Überschneidungen auf. Mit einer entsprechenden Fokussierung sollte es gelingen, eine eigene starke Positionierung in einem Thema als Hebel für mehr Einfluss in dem anderen Thema zu nutzen.** Abb. 5.10 macht dies schematisch deutlich.

▶   **Wichtig**

Im Rückblick mag dieser Schluss nicht überraschen, aber in der Entscheidungssituation kann ein eventuell bereits vorhandenes Bauchgefühl durch Digital Listening gestützt, wahrscheinlich inhaltlich präzisiert und mit geeigneten Aspekten und Quellen der operativen Umsetzung verbunden werden.

Und: Sollte für die Ausarbeitung Ihrer Kommunikationsstrategie der Bauch sowieso keine Rolle spielen oder den Dienst versagen, dann lässt sich ein erfolgversprechender Ansatz zuweilen einfach berechnen.

5.1.5   Case: Reporting: Target Market Insights for Tourism

Auf Basis der beschriebenen Konzepte lassen sich effizient vielfältige Analysekonzeptionen und Aufbereitungen entwickeln. Im Folgenden wird dies beispielhaft für den Tourismusbereich angerissen. Wie könnte ein Digital Listening-Konzept für die Malediven aussehen?

Die Sinnhaftigkeit wird jeder, der selbst hin und wieder einen Urlaub plant, direkt einsehen. Zielgruppen sind im Netz aktiv und werden dort beeinflusst. Dort können sie Hinweise aufnehmen oder selbst aktiv ansetzen.

Hier aber soll über die quantitative Identifikation von direkten, positiven oder negativen Aussagen und Bewertungen zu einer Destination hinausgegangen werden: Es gilt, einen Vorteil im Wettbewerb um touristische Aufmerksamkeit zu gewinnen. Dazu werden die Konzepte der Früherkennung ohne Vorgabe und schrittweiser Engagement-Level herangezogen.

Auf Basis des frei zugänglichen Internets und spezifischer Algorithmen können durch Digital Listening gewichtige Issues und Entwicklungen zur

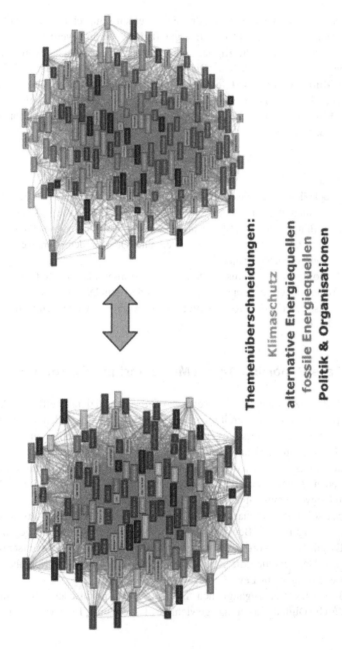

Themenüberschneidungen:

Klimaschutz

alternative Energiequellen

fossile Energiequellen

Politik & Organisationen

Abb. 5.10 Identifikation von Brücken zwischen Themenwelten

Wahrnehmung von Destinationen in verschiedenen Quellmärkten zusammengestellt und mit Empfehlungen versehen werden.

Auf Basis einer breiten Inhaltserschließung lassen sich aktuelle Issues identifizieren und relevanten Kategorien zuordnen: Hürden, Tadel, Lob und Hebel. **Für die einzelnen Issues werden strukturiert Handlungsempfehlungen erarbeitet.**

- **Was Touristen begeistert → Lob aufnehmen!**
  Authentische Social-Media-Berichte können das Online-/Offline-Redaktionsteam sehr gut unterstützen.
- **Was Touristen stört → Tadel entkräften!**
  Geäußerter Tadel ist relevant. Mitunter entstehen durch Vergleiche auch Hinweise auf unvermutete Wettbewerber.
- **Was neues Interesse gewinnt → Trends erkennen!**
  Eine Früherkennung von Trends ist wichtig, ebenso die Ansprache von bisher unverbundenen Zielgruppen mit verbindenden Themen.
- **Warum Touristen nicht kommen → Hürden abbauen!**
  Die Insights können in unterschiedlicher Frequenz erhoben werden: Vom Monatsbericht bis hin zur jährlichen Tiefenanalyse. Hürden sollten eng getaktet verfolgt werden.

Diese Aspekte können strukturiert in einem Reporting umgesetzt werden, wie in Abb. 5.11 beispielhaft gezeigt ist.

Der digitale Raum ist Informations- und Meinungsmarkt für Touristen. Destinationen sollten ihre Resonanz mindestens kennen, bestenfalls aktiv auf die Fragen und Hinweise ihrer Zielkunden eingehen. Gerade von den Touristen, die doch nicht kommen, sollten sich die wertvollsten Hinweise ableiten lassen. Ihnen lässt sich digital zuhören.

5.2   Digital Listening und Personalmarketing: Zielgruppen zuhören und besser erreichen

Zusammenfassung

Die Digitalisierung ändert das Wesen der Kommunikation – und das sicher nicht nur zum Guten. Arbeitgeberkommunikation findet statt: Jederzeit und zwar primär dort, wo es die Zielgruppe möchte. Und dies ist in der Regel

complexium
UNTERNEHMENSBERATUNG

Warum Touristen <u>nicht</u> kommen → Hürden abbauen!

WER:

Umweltschutzorganisation

....

WAS und WANN

Aufruf zum sofortigen Reiseboykott, Reaktionen auf Reiseforen

TIPP 1: KURZFRISTIG.

.....

TIPP 2: MITTELFRISTIG.

.....

Lorem ipsum dolor sit amet, consetetur sadipscing elitr, sed diam nonumy eirmod tempor invidunt ut labore et dolore magna aliquyam erat, sed diam voluptua. At vero eos et accusam et justo duo dolores et ea rebum.

1. Stet clita kasd gubergren, no sea takimata sanctus est Lorem ipsum dolor sit amet. Lorem ipsum dolor sit amet, consetetur sadipscing elitr, sed diam nonumy eirmod tempor invidunt ut labore et dolore magna aliquyam erat, sed diam voluptua.

2. At vero ... Stet clita ka ... rem ipsum ... etur sadipsc ... nt ut labore ...

> Die Insights können in unterschiedlicher **Frequenz** erhoben werden: Vom Monatsbericht bis hin zur (halb-) jährlichen Tiefenanalyse.

3. At vero ... Stet clita ka ... orem ipsum dolor sit amet.

4. Duis autem vel eum iriure dolor in hendrerit in vulputate velit esse molestie consequat, vel illum dolore eu feugiat nulla facilisis at vero eros et accumsan et iusto odio dignissim qui blandit praesent luptatum zzril .

Empfehlungen:

Ut wisi enim ad minim veniam, quis nostrud exerci tation ullamcorper suscipit lobortis nisl ut aliquip ex ea commodo consequat.

Wichtige Quellen:

URL www. ...

URL www. ...

URL www. ...

URL www. ...

TARGET MARKET INSIGHTS 2017 by complexium   Seite 5   Kontakt: Prof. Dr. Grothe, grothe@complexium.de

Abb. 5.11 Reporting-Ansatz für Tourismus-Insights

nicht die Karriere-Facebook-Seite eines Unternehmens, sondern verteilt auf authentische Diskussionsforen, Frage-Antwort-Portale und fachspezifische Netzwerke. Wohlgemerkt findet diese Kommunikation öffentlich statt und auch ohne die aktive Mitwirkung von Arbeitgebern. Denn natürlich sind die Themen Arbeit, Job, Karriere, Gehalt, Erwartungen und entsprechende Erfahrungen für alle Zielgruppen wichtig. Und alle Zielgruppen finden sich digital.

Wenn Unternehmen nun diese digitale Kommunikationslandschaft für ihr Personalmarketing und Recruiting nutzen wollen, dann scheint die Direktansprache von interessanten Kandidaten ein attraktiver Weg zu sein: So geben etwa Profile auf Social Networks - wie Xing oder LinkedIn - einen häufig sehr guten Blick auf potenzielle Kandidaten frei. Allerdings treten hierbei zwei gravierende Probleme auf:

- Zum einen sind Sie als Recruiter nicht allein auf der Pirsch. Vielmehr sind ganze Zielgruppen bereits massiv „überfischt", sodass das Antwortverhalten sich sehr negativ entwickelt hat. Anfragen erzeugen schlicht nur noch überaus selten überhaupt eine Reaktion, was aber nicht an Ihnen, sondern der Vielzahl anderer Recruiter liegt, die gleiches im Sinn haben.
- Zum anderen scheint die neue Datenschutzgesetzgebung entsprechende Ansprachen ohne vorhergehende, damit per se aber unmögliche Erlaubnis mit Bußgeldern zu belegen: Die digitale Direktansprache von Kandidaten ist als Werbung einzuschätzen und damit unaufgefordert weitgehend unzulässig. Recruiter sollten sogar aufpassen, dass sie hier nicht in böswillig gestellte Fallen tappen.

Sehr werbelastig können auch Versuche wirken, die populären Social-Media-Kanäle mit Arbeitgeberbotschaften überdeutlich anzureichern und auf reges Interesse zu hoffen. Sie erreichen dadurch eher die Fans ihrer Marke, aber nicht unbedingt die anvisierte Zielgruppe.

Wenn aber diese gewohnten Wege langfristig nur begrenzt zum Ziel führen, mitunter gar Reaktanz erzeugen, wie kann ein Arbeitgeber dann die Digitalisierung für sich nutzen? Als vereinfachende Metapher lässt sich formulieren, dass Arbeitgeber nicht nur gute Gastgeber sein sollten, sondern auch lernen müssen, ein guter Gast auf fremden digitalen Hotspots zu sein. Das Begriffsverständnis gilt unabhängig vom Bereich:

- Ein **Gastgeber**, etwa eines organisierten Events, auf einer Messe oder einer Betriebsbesichtigung legt den Rahmen und die Regeln des Miteinanders fest.
- Ein **Gast** begibt sich auf fremdes Terrain: Er sollte sich idealerweise in bestehendes Geschehen erst einfügen und dann einbringen.

Beide Rollen sind anders ausgelegt. Wer im angestammten Gastgeber-Habitus eine fremde Party besucht, löst unter Umständen massive Irritationen aus. **Personalmarketing und Recruiting sollten folglich aus vier Gründen Digital-Listening und -Engagement auf digitalen Hotspots aufbauen:**

- Weil die Zielgruppe knapp, aber digital nah ist.
- Weil ihre tatsächlichen Themen redaktionell helfen.
- Weil ePrivacy droht.
- Weil Arbeitgeber unpassende Mythen und bösartige Fake News frühzeitig erkennen sollten.

So wäre es sehr verwunderlich, wenn ausgerechnet die Funktionen Personalmarketing und Recruiting von der Notwendigkeit der digitalen Transformation ausgenommen wären. Vielmehr stellen sich der HR-Fachseite die Herausforderung und die Möglichkeit, ihre Wertschöpfungsprozesse besonders interaktiv neu auszurichten.

Es gilt: Social Engagement ist die neue Wertschöpfungskette. Werden Sie Gast auf Zielgruppen-Hotspots und Gastgeber mit eigenen Plattformen.

Arbeitgeber beginnen, der digitalen Präsenz ihrer Zielgruppen zuzuhören. Solches Digital Listening ist ein guter Start zur digitalen Transformation: Ausgehend von der Zielgruppe werden die internen Prozesse transformiert.

Die folgenden Ausführungen – sowie Abb. 5.12 im Überblick – beschreiben einen solchen Vorgehensfahrplan in 5 Schritten:

1. Explore: Den Zielgruppen digital zuhören
2. Elaborate: Einen Strategiefahrplan ableiten
3. Enable: Lernen, nicht nur Gastgeber, sondern auch Gast zu sein
4. Establish: Prozesse und Infrastruktur aufbauen
5. Enter: Impulse für den Dialog nutzen

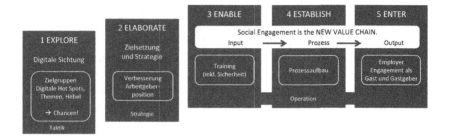

Abb. 5.12 5E-Fahrplan für Employer Intelligence

5.2.1   Schritt 1: Explore: Den Zielgruppen digital zuhören

Für die praktische Ausgestaltung der eigenen Social-Media-Arbeitgebermaßnahmen bestehen unübersichtlich viele Optionen an Aktivitäten, Formaten, Themen, Ausdrucksweisen und Kanälen. Statt sich aber ganz auf das eigene Bauchgefühl, kreative Agenturen oder auch nur den – genauso unsicheren – Wettbewerber zu verlassen, gibt es eine bessere Lösung, um die Erwartungen und Wünsche von Ziel- und Bezugsgruppen möglichst gut zu treffen: Unternehmen können dank Social Media ihren Bezugsgruppen nun direkt zuhören! Genau genommen ist eine solche Zielgruppenzentrierung das Wesensmerkmal von Social Media:

▶   Beginnen wir mit der Zielgruppe und deklinieren die Anforderungen
      in das Unternehmen hinein.

Verstehen Sie das Social Web nicht einfach nur als einen weiteren Kanal, über den Sie Ihre Botschaften transportieren können (was übrigens keine Transformation, sondern nur digitale Transportation wäre), sondern als Ebene, auf der Sie an den Diskussionen Ihrer Zielgruppen teilnehmen können. Genau eine solche Exploration sollte zu Beginn des Aufbaus der eigenen digitalen Arbeitgeberstrategie stehen: Aufnahme der Themen, Fragen und Erwartungen, die Bezugsgruppen im Social Web aufwerfen und diskutieren.

Der professionelle Weg hierzu ist eine Social-Media-Analyse, im Ergebnis gerne auch Factbook genannt, das die relevanten Social-Media-Kanäle identifiziert und dann per Inhaltsanalyse auch aus sehr großen Beitragsmengen entsprechende Ableitungen und Ansatzpunkte generiert.

Ein solches Factbook ist vom verbreiteten Social-Media-Monitoring zu unterscheiden. Letzteres ist nicht in der Lage, per rückwärtiger Bestandsaufnahme einen Status Quo zu ermitteln. Durch innovative Social-Media-Analysen auf der Grundlage von Semantik und Computer-Linguistik können dagegen die Kernthemen und Top-Kanäle auch aus großen Beitragsmengen aus dem Social Web extrahiert werden. Zudem gibt es frei verfügbare Recherche-Tools, wie die Google-Suche, Social Mention, Similarwebs und Google Trends, die durchaus hilfreich für erste Schritte eingesetzt werden können.

Was sind die digitalen Tummelplätze der Zielgruppen?
Insgesamt lassen sich durch Social-Media-Analysen die Themen und Social-Media-Kanäle, d. h. die „Tummelplätze" der Recruiting-Bezugsgruppen, sowie die aktuelle Reputation eines Arbeitgebers im Social Web erschließen. Darauf aufbauend kann die eigene Strategie zielgerichtet entwickelt werden.

Bemerkenswerterweise sind Facebook und Twitter für eine Erschließung von inhaltlichen Diskussionen der Bezugsgruppen relativ unbedeutend: Unter dem eigenen Klarnamen wird ungern über Gehälter gesprochen oder Fragen zum tatsächlichen Arbeitsumfeld beantwortet. Solche Diskussionen finden überwiegend in Foren statt, weil diese auch anonyme Beiträge erlauben. Die Anonymität ist dabei kein Makel; so wird auch authentischen anonymen Aussagen grundsätzlich eine hohe Glaubwürdigkeit beigemessen.

Als anschauliches Beispiel sei hier auf das für BWLer sehr relevante Portal www.wiwi-treff.de und die dortigen Foren-Diskussionsstränge etwa zu Gehältern in vielerlei Branchen verwiesen: Wer an entsprechenden Positionen interessiert ist und digital danach sucht, der wird auf diese Diskussionen stoßen. Die Personalbereiche von Beratungsunternehmen bis hin zu Baumärkten sollten die dortigen Vergleiche, Erfahrungsberichte, Gehaltsangaben, Empfehlungen und Bewertungen zumindest kennen. Es sind aber natürlich nicht nur die Berater und Baumarktleiter, die das Social Web für ihre Entscheidungen nutzen.

Wie ist die eigene Reputation, wie die der Wettbewerber?
Es wird aber schnell deutlich, dass Arbeitgeber zu kurz greifen, wenn sie digital nur nach Erwähnungen ihres eigenen Unternehmens suchen. So ist die Anzahl der konkret unternehmensbezogenen Fragen und Aussagen für die allermeisten Arbeitgeber relativ übersichtlich.

Das weit größere Potenzial entsteht dadurch, Diskussionen zu identifizieren, in denen das eigene Unternehmen noch nicht genannt ist, aber durchaus passend wäre. Dies bedeutet ein frühes Eintauchen in den Informations- und Entscheidungsprozess der Zielgruppen und mag die Chance eröffnen, das eigene Unternehmen ins Gespräch zu bringen.

Wie verläuft der Arbeitgeber-Entscheidungsprozess der Zielgruppe?
Aus den identifizierten Themen, Fragen und Diskussionen lassen sich analytisch strukturierte Entscheidungsprozesse erschließen, die je nach Fachrichtung und Lebenssituation unterschiedlich gelagert sind.

▶   Die digitalen Quellen und Hotspots können – wie in Abb. 5.13 illustriert – als Zwiebelmodell verstanden werden. Die Diskussionen und Beiträge nähern sich von der allgemeinen Orientierung immer stärker den eigenen Kanälen. Allerdings gibt es auf jeder Stufe – meistens extrem deutliche – Sickerverluste von Aufmerksamkeit, die nicht in Richtung des Arbeitgebers fließt. Hier muss es Ziel sein, den direkten Weg zu stärken und Abkürzungen auszubauen.

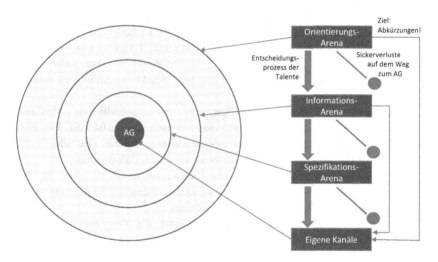

Abb. 5.13   Zwiebelmodell um einen Arbeitgeber

Zusätzlich zu der passiven Bestandsaufnahme werden durch die Exploration aber auch Diskussionsbeiträge in Threads identifiziert, in die sich Unternehmensvertreter grundsätzlich mit eigenen Beiträgen einbringen können.

Was sind akute Fragen, Lob und Tadel sowie bestehende Mythen zu dem Arbeitgeber?

Ebenso kann und sollte die Inhaltsauswahl für die eigenen Seiten durch Einblicke in die allgemeine Bezugsgruppendiskussion befruchtet werden: Denn wieso sollte ein Arbeitgeber nicht die Themen besonders bespielen, die die Zielgruppe erwiesenermaßen interessieren – und die natürlich zur eigenen Arbeitgebermarke passen. In einem solchen Digital-Listening-Prozess sollten aber nicht nur die zentralen Fragen und Themen identifiziert werden, sondern auch bestehende „Mythen" zu einem Arbeitgeber.

So können digital präsente Fehlannahmen verhindern, dass sich potenzielle Kandidaten weiter mit einem Arbeitgeber beschäftigen: Wenn beispielsweise mehrfach – unwidersprochen – auf wichtigen Foren zu finden ist, dass das Abitur eine Grundvoraussetzung für die Aufnahme einer Ausbildung in einem bestimmten Bankhaus ist, dann hat dies eine – ggf. ungewollte – selektive Wirkung. Das eigene Personalmarketing ist damit gefordert, diesen Wahrnehmungsaspekt zu korrigieren: Durch Kommentare auf den entsprechenden Foren, aber ggf. auch durch ein passendes Interview auf den eigenen Seiten.

Anders herum gelagert ist ein Fall, bei dem es zu hohen Abbrecherquoten während der Ausbildung kommt, weil bestimmte Tätigkeiten apriori nicht bekannt waren, etwa das tägliche Ausfegen der Werkstatt. Hier sollte dieser Aspekt entsprechend platziert werden, um eine Selektionswirkung zu ermöglichen.

Hier wollen wir noch unterstellen, dass solche schädlichen „Mythen" aus Kommunikationsdefiziten oder Missverständnissen entstehen. Ein böswilliger Dritter hätte gleichwohl Möglichkeiten, solche Hinweise auch bewusst zu streuen – wir wären wieder beim Thema Desinformation.

Auf jeden Fall präzisiert eine solche Exploration damit Hinweise für das eigene Redaktionsteam. Sie liefert wichtige Dimensionen für die Gestaltung der eigenen Seiten und der laufenden Kommunikation.

In der Praxis hat sich eine Grobgliederung für die Digital-Listening-Ergebnisse einer Explorationsphase herauskristallisiert:

EXPLORE	Digital Listening: Employer Factbook
Arbeitgeber	• Aktuelle Präsenz des Arbeitgebers • Vergleich mit der Resonanz und den Aktivitäten von Wettbewerbern • Bewertung
Zielgruppe	• Relevante digitale Quellen • Themen, Fragen, Einschätzungen, Mythen im Entscheidungsprozess • Möglichkeiten zum Andocken
	• Ableitungen und Empfehlungen

5.2.2 Schritt 2: Elaborate: Einen Strategiefahrplan ableiten

Wenn wir in einem aktiven Social-Media-Engagement das Schlüsselstück zu mehr operativer Zielgruppennähe und -aufmerksamkeit sehen, dann ist klar, dass ein Zurückbleiben hier nicht etwa durch besonders kreative Werbeseiten, eine tolle Atmosphäre oder herausragende Home-Office-Regelungen wettgemacht werden kann: Sie als Arbeitgeber finden schlicht nicht statt, wenn Sie sich nicht ins Gespräch bringen.

Digitales Zuhören und Teilnehmen soll dies ändern. Dieser Ansatz ist hinreichend sinnvoll, da einfach und nachhaltig **operative Nähe zu Zielgruppen** hergestellt werden kann. Die redaktionelle Nutzung der Insights in der eigenen Kommunikation (zum Beispiel als FAQ für Messe und Website) verbessert die eigene Präsentation. Zudem setzt die direkte Teilnahme an den bestehenden Dialogen gute Fußspuren: Es werden nicht nur die Fragesteller, sondern alle Leser und Informationssuchenden erreicht.

Ein klarer Fahrplan ist hierbei in zwei Aspekten hilfreich: Für die risikoscheuen Bedenkenträger wird deutlich, dass diese notwendige Öffnung schrittweise erfolgt. Für die innovationsfrohen Macher wird deutlich, dass ein schrittweises Vorgehen nachhaltiger ist, weil zwar ein Strohfeuer schnell entzündet, digitales Engagement jedoch eine umfassende Transformation erfordert.

Ein Strategiefahrplan kann als Stufenkonzept dargestellt werden

1. **In-active Listening**

   Bereits ein digitales Zuhören, also eine passive Exploration, ist die erste Form des Engagements. Der Arbeitgeber hört der Zielgruppe systematisch digital zu und beobachtet Diskussionen: Einblicke in Fragen, Themen, Bedürfnisse.

   Diese erste Stufe ist bereits hilfreich, um etwa die eigene Redaktion von Infomaterial, Messen, Stellenanzeigen in Bezug zu den tatsächlichen Themen der Zielgruppe zu setzen.

   In dieser Phase stellen Arbeitgeber auch fest, dass sie oder ihre Branchen natürlich im Social Web auftauchen, ob sie dies wollen oder nicht. Diese Erkenntnis führt häufig zu dem Schluss, dass durch eine aktive Teilnahme das eigene Arbeitgeberbild besser transportiert und unter Umständen auf irreführende Darstellungen eingegangen werden kann. Impulse von außen können Arbeitgeber dabei unterstützen, die digitale Transformation auf Unternehmensseite voranzubringen. Der Prozess muss also weiter gehen!

2. **Re-active Responding**

   Die nächsthöhere Stufe wird durch ein reagierendes Verhalten gebildet. Mit steigender Vertrautheit reagiert der Arbeitgeber online auf ausgewählte Diskussionsbeiträge. Diese Antworten machen Zielgruppen stärker auf das Unternehmen aufmerksam, leiten zusätzliche Aufmerksamkeit zu eigenen Informations- oder Kontaktangeboten.

3. **Inter-active Participation**

   Wenn aus Antworten immer mehr Dialoge werden, dann wird ein Arbeitgeber bzw. seine Botschafter zum aktiven Gast: Der Arbeitgeber bringt eigene Impulse in ausgewählte Hotspots der Zielgruppen ein und erhält – begünstigt durch die Vorphasen – positive Resonanz. Akzeptierte Botschafter bilden sich heraus. Kaum etwas zeigt so viel Wertschätzung wie das Stellen vom Fragen.

4. **Co-active Elevation**

   Der Arbeitgeber führt einen vernetzten Dialog als Gast in Foren und als Gastgeber auf eigenen Social-Media-Präsenzen. Eigene Kanäle werden passgenau gestaltet. Gelingt es im Zusammenspiel mit externen Multi-plikatoren, aktive Communities für gemeinsame Ziele zu begeistern, dann wird das volle Potenzial der jeweiligen Plattformen ausgeschöpft. ◄

Grundsätzlich bauen diese Stufen aufeinander auf. Da sie zudem für viele Unternehmen Neuland markieren, sollte der notwendige Lernprozess der eigenen Akteure wie auch der Organisation insgesamt nicht unterschätzt werden: Nehmen Sie sich jeweils mehrere Monate Zeit und legen Sie (Zwischen-)Ziele fest! In folgender Tabelle (vgl. Tab. 5.1) finden Sie ein beispielhaftes Set solcher Zielsetzungen:

Wohlgemerkt bedeutet etwa der Aufbau einer eigenen Facebook-Fanpage den Sprung auf ein sehr hohes Engagement-Level, sodass hier nur tunlichst empfohlen werden kann, die vorhergehenden Level zumindest in den eigenen Prozessen mit anzulegen, wenn schon nicht im Zeitverlauf ein schrittweiser Erfahrungsaufbau über diese Stufen vorgeschaltet wird.

Letzteres kann allerdings in der Praxis nur selten beobachtet werden: So richten viele Arbeitgeber oft sehr zügig eigene Social-Web-Präsenzen ein, wie einen Twitter-Account oder eine Facebook-Fanpage. Die Resonanz ist dann jedoch zumeist sehr übersichtlich, wenn überhaupt vorhanden.

Durch eine Social-Media-Analyse – wie in der ersten Explore-Phase beschrieben – und eine konkret darauf aufbauende, schrittweise Strategieentwicklung können viele Fehler vermieden werden.

Tab. 5.1 Beispielhafter Stufenplan für mehr operativer Zielgruppennähe und -aufmerksamkeit

Stufe	HR – Hot Spots	HR – Fachseite
1. In-active Listening	Basis ist das Employer Factbook. Nach _ Monaten wollen wir _ relevante digitale Hotspots kontinuierlich im Blick haben. Wir nehmen interessanten Input für unsere eigenen Kanäle auf (um später darauf zu verweisen).	Wir identifizieren und begeistern _ „Zielgruppen"-Kollegen als Botschafter. Wir stimmen einfache Prozesse ab.
2. Re-active Responding	Wir wollen uns wöchentlich an _ Diskussionen beteiligen, die Interesse an uns wecken. Wir sammeln Erfahrung.	Für mindestens die Hälfte unserer Posts bauen wir auf unsere Botschafter.
3. Inter-active Participation	Wir bringen pro Monat __ eigene Fragen und Themen ein und erhalten Resonanz, die wir aufnehmen.	Wir orchestrieren Dialoge.
4. Co-active Elevation	Wir inszenieren Stories über mehrere Kanäle.	Botschafter wäre jeder gerne.

In einer umfassenden Ausbaustufe sollte der Fahrplan darauf ausgerichtet sein, auf den wichtigsten Tummelplätzen hilfreiche Antworten und positive authentische Eindrücke über das Unternehmen als Arbeitergeber zu veröffentlichen und gerne dabei auf die eigenen Seiten als Diskussions- und Vertiefungsraum hinzuweisen.

5.2.3 Schritt 3: Enable: Lernen, nicht nur Gastgeber, sondern auch Gast zu sein

Die konkrete Umsetzung des Strategiefahrplans zielt auf einen Perspektivwechsel mitsamt Veränderung der Kommunikationskultur: Das Bild des Gastgebers kommt hier nicht ohne Grund ins Spiel: **So sind Unternehmen in der Regel die Gastgeberrolle gewohnt, wenn Bewerber zu ihnen zum Gespräch kommen, sie auf Messen einladen oder zu besonderen Events bitten.** Unternehmen sind zumeist sehr gute Gastgeber, weil dies ihre eingeübte Rolle ist.

Wenn sie aber im Social Web ihre Zielgruppen abholen wollen, dann müssen sie auf deren Tummelplätzen, etwa besonders frequentierten Foren und beliebten Blogs, Gast werden. Das ist ungewohnt. Jedenfalls für Unternehmen.

▶ **Wichtig**
Gute Gäste sind nicht zu aufdringlich und dürfen wiederkommen.
Gute Gastgeber werden gerne wieder besucht. Man trifft sich dort.

Diese Doppeldisziplin müssen Arbeitgeber, zunächst verkörpert durch Social-Media-Verantwortliche in den Personalabteilungen, aufbauen. Diese Herausforderung impliziert eine Fortentwicklung der oftmals vorherrschenden Kommunikationskultur und ist im besten Sinne Ausdruck der sich umkehrenden Bewerbungssituation: Plötzlich sollen Unternehmen im digitalen Frage-Antwort-Spiel sehr öffentlich Antworten liefern und bereitstellen können. Oder besser noch, weil es ein besonders hohes Maß an Wertschätzung offenbart, Fragen stellen. Es wird ein authentischer Dialog auf Augenhöhe erwartet, eine Disziplin, die nicht unbedingt mit der gewohnten Ausdrucks- und Denkweise einhergeht.

So soll hier die These aufgestellt werden, dass es für die allermeisten Arbeitgeber sehr viel schwieriger ist, aber auch sehr viel nachhaltiger wirkt, einen

solchen kontinuierlichen Dialog aufzubauen, als auf periodische, spektakuläre Einzelkampagnen zu setzen. Wobei sich natürlich beides auch kombinieren lässt, ohne die Dialogfähigkeit aber bleibt der Zugang eine Einbahnstraße.

Allerdings sind bemerkenswerte Kampagnen in der unternehmensinternen Kommunikation und der persönlichen Biografie des verantwortlichen Managers zumeist deutlich zuträglicher. Was uns hier aber nicht stören soll, da nicht der Karrieresprung im Personalbereich mittels digitaler Kapriolen, sondern der Aufbau solider Recruiting-(unterstützender)-Prozesse im Mittelpunkt steht.

Diese maßgebliche Bedeutung von Kommunikation für den Erfolg macht insbesondere klar, dass wir den Aufbau einer solchen Präsenz nicht als technisches Projekt, sondern als zielbezogenen und organisationalen Entwicklungsfahrplan verstehen müssen.

So lebt die Wahrnehmung eines Arbeitgebers im Social Web von vielen einzelnen Beiträgen: seien es Fragen von interessierten Talenten, Antworten von enttäuschten oder begeisterten Bewerbern und aktuellen Mitarbeitern sowie Beiträge und Interviews auf den offiziellen Karriereseiten. Mit diesen Beiträgen werden Interesse und Aufmerksamkeit generiert. Jeder Mitarbeiter ist Botschafter seines Arbeitgebers.

Diese Dialoge lassen sich in der gesamten Breite nicht steuern, Unternehmen können aber durch ihre Mitarbeiter daran teilnehmen. Erfahrungen zeigen, dass entsprechende Guidelines mit jeder Neuauflage immer komplizierter werden. Folglich ist es ratsam, mit einer klaren ersten Version zu starten. Eine sehr kompakte Version könnte lauten: „Benutze Deinen Verstand" – denke nach, bevor Du etwas vorschnell im Netz publizierst. Wahre die betriebliche Vertraulichkeit. Leite relevante Fundstücke intern weiter.

Über diese Hilfestellungen hinaus, die an jeden Mitarbeiter gerichtet sein sollten, ist es sinnvoll, verschiedene Mitarbeiterkreise gezielt einzubinden und zu trainieren.

Als gute **Trockenübung** lassen sich mögliche Reaktionen auf erste Funde aus der Explorations-Phase im Team durchspielen. Nicht zuletzt dadurch kann eine gegebenenfalls unterschwellige Angst vor einem Shit-Storm abgebaut werden.

In solchen Diskussionen wird sich die Erkenntnis festigen, dass viele Fragen nicht von Personalern, sondern von Kollegen aus den jeweiligen Fachseiten beantwortet oder eingebracht werden sollten: So kann HR die Ausgestaltung der neuen Home-Office-Regelung zwar beantworten, gleichwohl wäre eine Schilderung von einem Mitarbeiter besser. Und spätestens bei der Frage nach zukunftsfähigen Programmierframeworks ist die Antwortpräferenz eindeutig verteilt.

▶ **Wichtig**

Es gilt also, Dialogprozesse zu orchestrieren.

Das ist neu und sollte schlicht geübt werden. Wobei berücksichtigt werden muss, dass die einzubindenden Botschafter auch
durch Wertschätzung „gewonnen" werden und der jeweilige Fach-
vorgesetzte mit ins (gemeinsame) Boot geholt werden muss.

Das Redaktionsteam für die eigenen Kanäle sollte seine Rolle verinnerlichen,
nicht lediglich in konsequenter Folge interessanten Arbeitgeber-Content über die
Seite zu platzieren, sondern diese Anlaufstelle nutzen, um Themen von externen
Seiten aufzunehmen, internen Kollegen eine Bühne zu geben, externe Mitwirkung zu erreichen und einen fortwährenden Dialog zu entfachen.

Dies kann in „Digitalen Betriebsausflügen" trainiert werden: Es gilt, aus der
Gruppe heraus Einschätzung zu realen Diskussionssträngen oder Fragen im
Social Web zu finden und geeignete Maßnahmen zu formulieren. In der Regel
entwickeln auch unerfahrene Mitarbeiter sehr schnell eine Affinität. Mit dieser
Basis können sowohl die eigenen Gastgeberschaften, z. B. auf Facebook, als auch
die Gastrollen ausgefüllt werden.

Einfache Guidelines, FAQ-Listen und Hinweise zum Datenschutz sind hier
sicherlich hilfreich. Ebenso sollte eine Form der informativen Abstimmung mit
der Unternehmenskommunikation gefunden werden.

Weiterhin – und dies scheint in der Praxis durchweg zu kurz zu kommen – ist
ein Austausch mit dem Sicherheitsbereich des Unternehmens geboten:

- Zum einen sollten Hinweise zum sicheren Umgang im Netz aufgenommen
  werden, auch wenn sich viele hier als Digital Natives einschätzen. Zudem
  werden Arbeitgeberbotschafter nicht nur von Talenten, sondern möglicher-
  weise auch von arglistigen Wettbewerbern identifiziert: Schnell ist eine
  Sockenpuppe aufgebaut, die vor der Bewerbung doch gerne wissen möchte,
  wie das anstehende Technologieprojekt denn genau aussieht.
- Zum anderen bildet eine Gruppe von Botschaftern, die auf verschiedenen
  Plattformen aktiv sind, ein zusätzliches und gegebenenfalls sehr wertvolles
  Radar für die Unternehmenssicherheit. So kann auch Böswilliges oder
  Kritisches früher erkannt werden.

Damit sollte der dritte Schritt, die Ertüchtigung von Mitarbeitern und
Organisationsbereichen keinesfalls zu schnell durchlaufen werden. Sinnvoll
erscheint sogar eine regelmäßige Wiederholung.

5.2.4   Schritt 4: Establish: Prozesse und Infrastruktur aufbauen

Ziel des hier geschilderten Strategiefahrplans ist es, der Zielgruppe näher zu kommen, Anknüpfungspunkte zu finden, um mit ihr im Allgemeinen und interessanten Kandidaten im Besonderen in Kontakt zu treten und zu bleiben. Im Internet eignen sich insbesondere Foren und Netzwerke für einen nachhaltigen Austausch, weil dort Fragen gestellt und Antworten erwartet werden.

Aufgabe der digitalen Transformation ist es nun, eine solche Beteiligung an der digitalen Zielgruppendiskussion, also etwa eine eigene, vielerorts noch sehr abstimmungsnötige Darstellung in einem vielgelesenen Foren-Thread, nicht als singulären Einzelfall, sondern als praktizierte Routine zu gestalten: Es muss normaler Regelfall werden, dass Sie als Arbeitgeber die mögliche digitale Nähe zur Zielgruppe nutzen und pflegen.

Hierzu bedarf es einer Neuausrichtung der bestehenden Prozesse: Wenn das Ziel von Personalmarketing und Recruiting in der Gewinnung von Aufmerksamkeit und Bewerbungen von geeigneten Kandidaten liegt, dann wird „Social-Media-Engagement" ein wesentliches Element der künftigen Wertschöpfungskette.

> **Tipp**
>
> Arbeitgeber sollten kontinuierlich geeignete Themen und Anknüpfungspunkte auf digitalen
> Hotspots finden. Mit Digital Listening, dem semiautomatischen „Zuhören" im digitalen Raum, können sie – grundsätzlich – alle Zielgruppen erschließen und erreichen. Die Funktion lässt sich relativ breit aufsetzen, wenn Unternehmen eine Analyseinfrastruktur einsetzen. Es ist aber auch möglich, durch händische Suche mit einer Standardsuchmaschine nach relevanten Digitalstellen zu fahnden. ◄

Technologie kann beim Finden und Filtern helfen, die jeweilige Beurteilung muss aber ein Mensch übernehmen, der den jeweiligen Kontext auf „Passung" zum eigenen Unternehmen untersucht. Erfahrungsgemäß ist das Zusammenspiel von Algorithmen und Analysten ein wesentlicher Erfolgsfaktor.

Die eigenen Aktivitäten können als Gastgeber oder Gast ansetzen:

- Als **Gastgeber** lassen sich die Themen der Zielgruppe redaktionell aufgreifen und auf eigenen Plattformen spielen. Passende Impulse können Sie für zielgerichtete redaktionelle Beiträge auf eigenen – digitalen oder analogen – Formaten nutzen. Nehmen Sie doch einfach interessante Fragen auf, die etwa auf wiwi-treff.de, studis-online.de, mechatroniker-treff.de oder ähnlichen Hotspots diskutiert werden, und lassen Sie diese in ein Interview oder einen Vortrag einfließen.
- Als **Gast** steigen Sie auf einer Plattform in den Dialog ein und gewinnen Aufmerksamkeit. Sie können einen direkten Beitrag, etwa eine passende Antwort zu einer Forenfrage, einbringen, gegebenenfalls mit Hinweis auf den eigenen redaktionellen Beitrag oder die Möglichkeit zur persönlichen Vertiefung. So werden in vielen Foren die gleichen Fragen gestellt, die Sie auch auf Messen oder in Bewerbungsgesprächen standardmäßig beantworten. Nehmen Sie doch einfach Ihre vorhandenen Antworten und bringen Sie die – angepasst an den Kontext – auch digital ein. Besonders interessant hierbei ist, dass es sich nicht nur um Fragen zu Ihrem Unternehmen handeln muss. Immer wieder finden sich Fragen zum Aufbau einer Bewerbung oder auch nach interessanten Unternehmen: An beiden Stellen sollten Sie einhaken können!
- Der Kreis – wie in Abb. 5.14 dargestellt – beginnt von neuem. Gibt es Reaktionen auf den Beitrag? Wo können Sie weiter ansetzen?

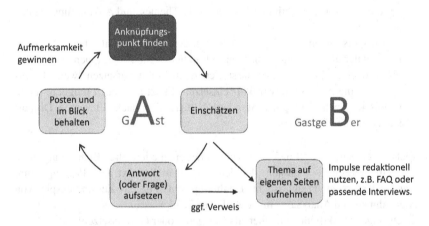

Abb. 5.14 Engagement-Prozess für Arbeitgeber

Der entsprechende Prozess lässt sich durch ein kontinuierliches Scanning und Alerting wirkungsvoll unterstützen. Wichtig ist, dass jeder eigene Beitrag nachhaltig im Informationsraum der Zielgruppe bestehen bleibt: So bleiben Diskussionsbeiträge in Foren oder Frage-Antwort-Portalen sowie auf Bewertungsportalen grundsätzlich dauerhaft zugänglich. Anders als etwa arg vergängliche Tweets oder Facebook-Posts.

Nutzen Sie zur Identifikation von Anknüpfungspunkten eine eigene Sichtung oder ein externes Alerting. Auf jeden Fall sollten auch die Botschafter einbezogen werden.

▶ Internes Mitmachen wird verbunden mit externer Teilnahme.

Routinisieren Sie die Relevanz-Einschätzung, prüfen Sie dabei, ob das Thema bereits behandelt wurde, ob sogar eigener Content verfügbar ist. Entscheiden Sie zum einen, ob und wenn ja, durch wen geantwortet werden sollte, und zum anderen, ob der Punkt auf eigenen Seiten berücksichtigt werden sollte.

Als Gast fügen Sie Ihre Antwort passend in den Kontext ein. Vorgeschlagen wird ein Vieraugenprinzip. Im Zusammenspiel mit Botschaftern sollte eine klare Arbeitsteilung festgelegt sein: Abstimmung: ja, „Freigabe": nein.

Inhaltlich macht es immer Sinn, das eigene Argument herauszustellen und nach Möglichkeit auf eigene Seiten zu verweisen.

Der große Vorteil eines solchen Prozesses liegt darin, dass der Arbeitgeber nicht auf digitale Besucher seiner Seiten warten muss, sondern selbst die eigene Reichweite definieren kann: Je nachdem, wie weit der Entscheidungsprozess der jeweiligen Zielgruppe abgedeckt werden soll.

• Natürlich sollten Fragen zum eigenen Unternehmen schnell erkannt und aufgenommen werden. Aber dies ist nur der innerste Bereich in dem „**Zwiebelmodell**".
• Es lässt sich viel mehr Aufmerksamkeit gewinnen, die noch nicht a priori auf das eigene Unternehmen gerichtet ist, zum Beispiel fachlich, regional oder branchenbezogen.

Gerade Mittelständler, die noch nicht so viel diskutiert werden, können diesen Hebel nutzen, um ihre digitale Präsenz auf den neuralgischen Punkten im Digitalraum zielgerichtet und passgenau zu verstärken. Notwendig ist persönliches Engagement und ein wenig Mut einzelner Vormacher im Unternehmen. Sie brauchen keine große Kampagne, um Wirkung zu erzielen. Viele einzelne Fußstapfen sind nachhaltiger.

So werden durch jeden Beitrag quasi Fußstapfen im Informations- und Meinungsraum der Zielgruppe gesetzt. Ein kontinuierlicher Aufbau dieser Hinweispunkte ist für die Entwicklung des Arbeitgeberbildes viel entscheidender als die Umsetzung kurzlebiger Kampagnen. Es sind auch eher die authentischen Beiträge, die die Wahrnehmung formen, als die gewonnenen oder bezahlten Arbeitgeberauszeichnungen. Folglich müssen Arbeitgeber Prozesse aufsetzen, die solche Exkursionen als Gast auf Bezugsgruppen-Tummelplätze unterstützen.

Digital Listening-Formate für Arbeitgeber

In der Praxis haben sich zwei passende Digital Listening-Formate für Arbeitgeber herauskristallisiert:

Digital Listening Employer Alerts	Regelmäßige Employer Insight Reports
Strukturierte Hinweise per Email oder als Einseiter: Datum, Inhalt, Quelle, Einordnung und Empfehlung. Alerts zeigen aktuelle Chancen oder Störsignale und bieten Unterstützung für die Teilnahme als **Gast:** ✓ Optimierung interner Prozesse ✓ Minimierung des Zeitaufwands	Reports bieten Unterstützung bei der Teilnahme als **Gastgeber:** ✓ Bereitstellung von Hintergrund zu aktuellen Fragen oder Themen ✓ Überwachung kritischer Themen sowie deren Auswirkungen ✓ Impulse „über den Tellerrand" durch Innovationsradar und Best Practices
Trigger: Diskussionschancen, kritische Beiträge	
Empfohlene Hinweise: 1–2 Alerts pro Woche	**Empfohlene Frequenz:** Monatlich
Ergebnis: Besser Teilnehmen.	**Ergebnis:** Mehr Ideen.

◀

5.2.5   Schritt 5: Enter: Impulse für den Dialog nutzen

Natürlich ist es schneller, gleich loszulegen. Gleich die ersten Beiträge verfassen, einige Bilder hinterher, Ideen sind ja da. Enter: Interaktion. Social Media ist „doing".

Allerdings ist der Dialog mit den Recruiting-Zielgruppen wichtig. Richtig aufgestellt, erfordert er interne Ressourcen aus vielen Fachbereichen. Die Aufgabe, Employer Branding und Recruiting über digitale Kanäle zu unterstützen, ist nicht unkomplex:

Sie sollten ein regelmäßiges Digital Listening und idealerweise Alerting etablieren, um über die Diskussionen der Zielgruppen informiert zu bleiben, dabei Online- und Offline-Maßnahmen intensiv verzahnen und die Kommunikation ganzheitlich ausrichten. Zu guter Letzt natürlich den Erfolg des Ressourceneinsatzes mit Zielen und Kennzahlen messen.

Folglich macht eine gute Vorbereitung Sinn: Daher steht der Schritt Enter erst an fünfter Stelle. Was Unternehmen hier leisten müssen, sind Dialogführung und Community Building unter stetiger Verbesserung, weil auch der Wettbewerb um die knappen Engpasszielgruppen nicht schläft. Diese Kommunikationsprozesse sollten aus mehreren Quellen gespeist werden: Natürlich zuallererst aus internen Einblicken und Erfahrungsberichten, dann aber auch durch Impulse aus der Zielgruppendiskussion auf anderen Quellen.

Als Hilfestellung kann ein Dreiklang für drei Teilziele formuliert werden:

1. **Contribute:**
   Als Gast eine regelmäßige Beteiligung an Diskussionen der Bezugsgruppen auf deren Tummelplätzen realisieren. Das Veröffentlichen von Stellenanzeigen ist hiermit nicht gemeint!
2. **Connect:**
   Als Gastgeber die Aufmerksamkeit der Bezugsgruppen insbesondere durch stringentes Community Building auf den eigenen Seiten binden.
3. **Confirm:**
   Bestätigen der positiven Reputation des Unternehmens. Dies bezieht beispielsweise auch reale Veranstaltungen, Einblicke sowie die Mitarbeiterprofile mit ein.

Damit soll hier sehr deutlich dazu ermuntert werden, sich als Gast auf die bekannten und noch unbekannten Kanäle und Quellen zu wagen:

- Zeigen Sie Wertschätzung und beantworten Sie Fragen. Verzichten Sie auf Werbedruck und Standardfloskeln.
- Haben Sie stets ein offenes Visier: Geben Sie sich zu erkennen.
- Regelmäßigkeit ist Trumpf, Rosinenpicken auch: Sie müssen nicht überall sein.
- Mit mehr Routine werden Sie aktiver: Stellen Sie Fragen, statt nur zu antworten.
- Binden Sie ihre interne Community ein. Versuchen Sie mittelfristig, Dialoge zu orchestrieren.

▶ Wenn Arbeitgeber diese Punkte in einem Prozess zum Leben bringen, dann generieren sie einen deutlichen Vorsprung in der Arbeitgeberkommunikation im Wettlauf um knappe Talente. Die erfolgreiche Nutzung digitaler Kanäle durch Unternehmen ist eine kompakte Managementaufgabe, die nicht mit ein paar Mausklicks zu bewältigen ist, aber systematisch entwickelt werden kann. Die Zielgruppen warten nicht.

5.2.6 Auf dem Weg zum Personalmarketing 4.0: Die dunkle Seite

Wir sehen, dass für Arbeitgeber der Einstieg in den digitalen Raum mittlerweile alternativlos ist. Hierbei ist die eigene Karriereseite im Internet sicher ein fester Ankerpunkt, die Präsenz auf Facebook ein weiterer Hafen, der angelegt und gepflegt werden muss, aber natürlich nicht isoliert bestehen kann.

Im Wettbewerb um Fachkräfte spielen daher Social Media und Digitalisierung eine immer größere Rolle. Oberstes Ziel: die Arbeitgebermarke bekannt und attraktiv zu machen. Die Digitalisierung ist eine Chance gerade für Unternehmen, die ohne Markenmacht und fern der Metropolen sitzen – etwa im Schwarzwald oder Ostwestfalen-Lippe.

Aber noch immer fällt es Arbeitgebern schwer, sich gezielt zu öffnen. Viele Unternehmen sind gut darin, Gastgeber zu sein. Aber digitale Kommunikation heißt auch, Gast zu werden: in den digitalen Netzwerken und Foren ihrer Zielgruppen und eben nicht nur den eigenen Facebook-Auftritt zu verwalten.

Denn Talente jeden Alters nutzen den digitalen Raum zur Information über Ausbildungs-, Arbeitgeber- und Karrierefragen. Auch wenn nicht jeder gleich eigene Fragen einbringt, haben doch die gefundenen Beiträge, sogar die von pseudonymen Unbekannten, einen Einfluss auf den Meinungsbildungs- und Entscheidungsprozess: Arbeitgebermarken bilden sich in den Köpfen der Zielgruppe durch die wahrgenommenen Impulse, zu denen natürlich auch die offizielle Arbeitgeberkommunikation zählt, aber eben nicht nur.

▶ Dieses Hinausgehen in das digitale Neuland ist ein ungewohnter Modus: Arbeitgeber sind großartig darin, Gastgeber zu sein, etwa beim Tag der offenen Tür, auf Messen und Events. Nun sollen sie – zusätzlich – Gast werden: in den digitalen Netzwerken und Foren ihrer Zielgruppen. Sie müssen Augenhöhe riskieren und Kontrollverlust ertragen lernen.

So greift es schlicht zu kurz, ein neues Medium auch mittelfristig nur im tradierten Sinne zu benutzen. Jedes neuartige Medium hat eine eigene Botschaft, die in diesem Fall „Interaktion" heißt:

▶ „Social Engagement is the new value chain" – möchte ich formulieren.

Derzeit sind – erstaunlicherweise – erst wenige Arbeitgeber so aufgestellt, dass sie auf den digitalen Hotspots ihrer Zielgruppen präsent sind und kontinuierlich zuhören. Sie bilden dort mit Talenten, Bewerbern, aktuellen und ehemaligen Mitarbeitern einen Raum.

Da aber immer mehr ermächtigte (und oft auch eigenmächtige) Vertreter von Arbeitgebern dieses Potenzial erkennen, in entsprechende Dialoge einsteigen und nachhaltige digitale Fußstapfen hinterlassen, wird sich der Charakter dieser Entscheidungsarenen mittelfristig verschieben. Genauso wie sich Abläufe und Anforderungen an „Engagement-Prozesse" verschieben werden – also die Frage, wie die digitale Kommunikation auf den verschiedenen Plattformen und Kanälen mit Kunden, Geschäftspartnern und möglichen Mitarbeitern verlaufen soll.

So treffen Arbeitgeber im digitalen Raum auf Talente, aber eben auch auf andere Arbeitgeber, die mitunter auch interessante oder hilfreiche Antworten auf auftauchende Fragen parat haben. Damit entsteht eine Dreier-Konstellation: 3.0.

Gerade viele kleinere und mittelständische Unternehmen scheuen sich allerdings noch davor, hier präsenter zu sein. **Doch Arbeitgeber können sich auch ohne große Kampagnenbudgets, große Personal-, Marketing- und Social-Media-Abteilungen einbringen.** Wichtig ist ein kontinuierliches Zuhören, Digital Listening, der relevanten Zielgruppen. Und dies lässt sich dank Digitalisierung immer effizienter umsetzen.

Damit sollte das Personalmarketing 3.0 sich selbst als Arbeitgeber, relevante Zielgruppen sowie alternative Arbeitgeber im Blick haben. In der Perspektive zeichnet sich nun ein vierter Akteur ab. Diese Erweiterung rührt aus einer Herausforderung, der sich Unternehmen insgesamt stärker ausgesetzt sehen: Angriffe durch Desinformation.

So stehen über aggressiven Wettbewerb hinaus zumindest Weltmarktführer, Hidden Champions, Unternehmen mit Kronjuwelen, mit wirtschaftlichem Erfolg oder auch nur guten Entwicklungsbereichen im Fokus von gegnerischen Angriffen. Hier wird neben der gezielten Attacke durch Cyber-Angriffe und

Social Engineering zunehmend auch die Reputationsschädigung eingesetzt werden. Letzteres zielt auf die Produktmärkte, aber auch auf die Bewerberpipeline. Die gezielte Verbreitung von falschen Informationen wird hier als Desinformation bezeichnet: im großen Maßstab ein neues Phänomen, das von der politischen Bühne auf den Unternehmenswettbewerb herüberschwappt.

Damit ist der Talentbereich nur ein Schauplatz umfassenderer Angriffsvektoren, aber auch ein Bereich, der in umfassenden Detektions- und Abwehrprozessen sehr markant berücksichtigt werden sollte. Zu Talenten und alternativen Arbeitgebern gesellt sich dann der Angreifer. Bisher wird dies noch kaum erkannt bzw. entsprechend aufgenommen.

Es ist vorschnell, dies in das Feld der Spekulation oder zumindest der fernen Zukunft zu verschieben. So findet aktuell eine Digitalisierung der Desinformation statt, die das notwendige Werkzeug auch für nichtstaatliche Akteure günstig verfügbar macht.

So gehört auch dies in der digitalen Welt dazu: Angriffe mit dem Versuch, die öffentliche Meinung zu manipulieren oder zumindest Teilöffentlichkeiten zu manipulieren: Social Engineering, gezielte Falschnachrichten, Desinformation und Reputationsschädigung häufig unterstützt durch Software-Bots.

Bisher waren solche Kampagnen aufgrund des hohen Ressourcenbedarfs eher Staaten vorbehalten: Die Digitalisierung aber macht auch vor der Desinformation nicht halt. Zum einen werden dadurch wohl viele der bezahlten Blogger beschäftigungslos, was kein Mitleid erwecken sollte, zum anderen werden die für entsprechende Angriffskampagnen notwendigen Softwaretools auch für andere Akteure einfach zugänglich.

Wenn wir also sehen, dass einige innovative Personalbereiche bereits als Vorreiter Erfahrungen mit automatisierter Kommunikation in Form von Bots und definierten Regelwerken sammeln, dann wird es auch andere Player geben, die aggressive Strategien im Sinn haben.

Lassen Sie uns somit einen Moment innehalten. Lassen Sie uns unterstellen, dass diese Technologien nicht nur eingesetzt werden können, um eigene Recruiting-Ziele zu erreichen, sondern dass auch andere Akteure – wie oben angedeutet – diese Technologie einsetzen können, um ihre gegenläufigen Ziele zu erreichen.

Um Botschaften glaubhaft wirken zu lassen, müssen sie nur massiv oder sehr gezielt verbreitet werden. Auch eine tatsächliche Widerlegung an anderer Stelle verhindert die weitere Verbreitung nicht. So sind die digitalen Echokammern sehr anfällig für passgenaue Mind Bombs.

Damit sind Unternehmen mit ihrer Reputation auf der Unternehmens-, Produkt-, und Arbeitgeberseite Angriffsziele im hybriden Wettbewerb. Dies wird durch die dialogische und unvermeidbare Öffnung der

Arbeitgeberkommunikation begünstigt. In der Wirtschaft können Angriffe auf Reputation und Produktmärkte, aber auch auf die Bewerberpipeline zielen. Die HR-Bereiche werden damit umzugehen haben. Es gilt, die sicherheitsrelevante Fähigkeit aufzubauen, Angriffe auf die eigene Reputation auf den Hotspots der Talente frühzeitig zu erkennen und darauf zu reagieren. Diese Erkenntnisse müssen in ein ganzheitliches Lagebild auf hoher Unternehmensebene zusammengeführt und durch geeignete Maßnahmen zur Begrenzung des Schadens ergänzt werden. Für solche Maßnahmen der Eindämmung und aktiven Kommunikation ist natürlich eine lebendige digitale Präsenz des Arbeitgebers ein ganz wichtiger Baustein. Hier lässt sich auch auf den dargestellten Verteidigungsprozess verweisen (vgl. Abb. 3.2).

▶ Grundsätzlich verstärkt also die Digitalisierung sowohl Personalmarketing und Recruiting, indem Talente effizienter angesprochen werden können, als auch die Möglichkeiten der Desinformation. Es wird aber auch deutlich, dass dieselben Instrumente, die für eine inhaltliche Erschließung der digitalen Beitragsmengen und Gestaltung einer passenden Talent-Kommunikation eingesetzt werden können, auch geeignet sind, das auftretende Treiben von Angreifern zu detektieren. Der Digitalraum entwickelt sich kontinuierlich weiter, die Personalseite muss dies aufnehmen. Es gilt, zum Influencer in eigener Sache zu werden.

5.3 Digital Listening und Healthcare Influencer Marketing

Zusammenfassung

Influencer-Marketing wird immer populärer. Während diese Form des Marketings in der Beauty-, Fashion- und Lifestyle-Branche bereits zum Standard gehört, wagen sich Marketing-Professionals der Pharmabranche erst langsam an das Thema heran.

Datenschutz, Pharmakovigilanz (also die Notwendigkeit, berichtete Nebenwirkungen zu melden) und der Mangel an Erfahrungswerten sind gewichtige Gründe für diese Vorsicht. Ein integriertes Vorgehen berücksichtigt diese Anforderungen und verbindet analytische Intelligence mit dem Emotional

Impact und der Authentizität ausgewählter Influencer. Auf diese Weise kann das volle Potenzial, das in der Zusammenarbeit mit Patientenbloggern liegt, ausgeschöpft werden.

Dieser Marketing-Ansatz kann in vier Module gegliedert werden:

1. **Status-Quo-Analyse**
   Welche Themen diskutieren Betroffene und Angehörige auf digitalen Tummelplätzen? Welche Fragen kommen entlang der Patient-Journey auf? Eine Social Media Analyse erschließt diese Insights und setzt sie verständlich in einen Kontext.
   Hierbei sind Nebenwirkungsmeldungen nach Maßgabe der Pharmakovigilanz aufzunehmen und zu berichten.

2. **Influencer-Identifikation**
   Aus dem digitalen Geschehen werden Influencer mit inhaltlichem Bezug und Relevanz identifiziert.
   Hierbei sind die Datenschutzanforderungen einzuhalten.

3. **Kampagnen-Beratung**
   Zu konkreten Marketingzielen lässt sich ein passendes, Heilmittelwerbegesetz-(HWG-) und pharmakovigilanzkonformes Kampagnendesign entwerfen. So können etwa spezifische Awareness-Themen im digitalen Informationsraum durch Influencer verstärkt oder neu eingebracht werden.

4. **Erfolgsmessung**
   Die Kampagne wirkt – idealerweise – auf den digitalen Informations- und Meinungsraum. Die erreichten Effekte lassen sich quantitativ und qualitativ festhalten. Ein begleitendes Digital Listening versorgt das Unternehmen und die Influencer mit Insights.

5.3.1   Status-Quo-Analyse: Healthcare-Factbook

Häufig sind Social-Media-Reports auf die reinen Beitragsanzahlen und die Tonalisierung ausgerichtet. Digitale Patientendiskussionen zu konkreten Indikationen bieten jedoch ein weit größeres Potenzial: Aus den Beitragsinhalten (die zumeist mehrere wertende Erfahrungen und Aussagen vereinen) lässt sich eine umfassende Patient Journey ableiten:

Es wird deutlich, dass in den verschiedenen Phasen der Patient Journey diverse Themen und Fragen unterschiedlich relevant sind; sowie unterschiedliche Informationsbedürfnisse bestehen: Vor der Diagnose – frisch diagnostiziert – in der Behandlung sowie übergreifende Themen

Damit wird die Grundlage für passgenaue Kommunikationsmaßnahmen gelegt, die auch von den analysierbaren Erfahrungen der Konkurrenz profitieren können.

Diese Aspekte werden in einer umfassenden digitalen Analyse erarbeitet und in einem Indikations-Factbook zusammengeführt, das durch Abb. 5.15 illustriert wird und beispielhaft folgendermaßen gegliedert sein kann:

1. **Management Summary und Empfehlungen**
2. **Methodik**
3. **Beitragsvolumen und Kanäle:**
   Übersicht und Steckbriefe
4. **Patient Journey:**
   Phasen, Inhalte, Fragen und Diskussionen
5. **Competitive Landscape:**
   Digitale Initiativen, Auftritte und Resonanz der Wettbewerber

Für Patienten mit verbreiteten Erkrankungen ist das Internet ein oftmals schwer überschaubarer, aber wichtiger Informationsraum, in dem sie ihre Fragen, Meinungen und Informationsbedarfe zu klären versuchen. Für Patienten mit seltenen Erkrankungen ist die Informationsmenge naturgemäß überschaubarer, gleichwohl hat der digitale Austausch in diesen Fällen ein mindestens ebenso hohes Gewicht.

Für Healthcare-Unternehmen, die grundsätzlich einen nur sehr eingeschränkten Patientenkontakt haben, bietet sich damit die Chance, die eigene Kommunikation passgenauer auszurichten. Eine entsprechende Analyse arbeitet solche Empfehlungen heraus.

Der gewichtigste Block einer solchen Analyse ist in der Regel die Darstellung der Themen entlang der Phasen der Patient Journey. Hier kommt der Umstand zum Tragen, dass Patienten ihre jeweilige Situation, ihre Erfahrungen und Fragen sehr detailliert schildern. Foren und Blogs sind hier zumeist die relevantesten Quellen.

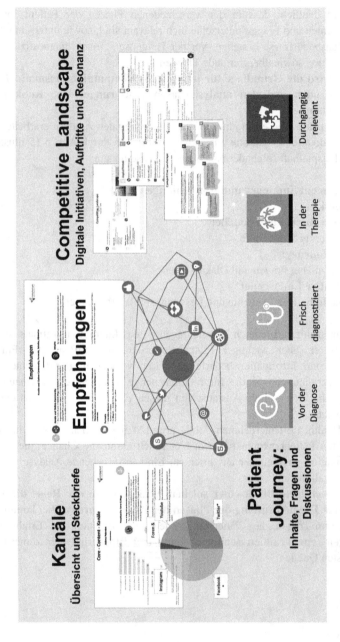

Abb. 5.15 Factbook zu einer medizinischen Indikation: Module

Diese Berichte bergen – natürlich losgelöst vom jeweiligen Autor – wertvolle Erkenntnisse, um eine Patient Journey facettenreich aus Patientensicht zu beschreiben. Abb. 5.16 stellt das Prinzip dar.

▶ **Wichtig**

Aus solchen Analysen lassen sich vielfältige Empfehlungen ableiten. Dies kann einzelne Anwendungsaspekte betreffen: Etwa den Hinweis, wie nach der Umstellung einer Applikation auf Spritzen mit den (neuen) Handgepäckregeln im Flugzeug zu verfahren ist. Aber auch den Hinweis an das eigene Redaktionsteam, dass die Patienten sich stark über Sportmöglichkeiten austauschen und entsprechende Berichte sicher hilfreich wären.

Insbesondere macht Digital Listening deutlich, wie die eigene Kommunikation möglichst wertschätzend gestaltet werden kann.

5.3.2   Influencer-Marketing in der Healthcare-Branche (Gastbeitrag Samira Mousa)

Zusammenfassung

Seit vielen Jahren schon werden die sozialen Medien nicht nur für den Austausch unter Privatpersonen genutzt. Dass auch Werbung hier ganz gezielt platziert wird, ist bekannt. Doch in den letzten Jahren hat sich eine Form des Marketings verstärkt in diesen Netzwerken durchsetzen können: Die Zusammenarbeit von Unternehmen mit Influencern als Träger und Verbreiter von Werbebotschaften. Vor allem Lifestyle-, Mode- und Beautybranche nutzen diesen Weg, um eng mit der Zielgruppe in Kontakt zu treten.

Doch auch die Gesundheitsbranche entdeckt die vielfältigen Möglichkeiten nun immer mehr für sich und setzt verstärkt auf Influencer-Marketing. Dabei werden die klassischen Influencer – also Menschen wie Ärzte, die beruflich in dem Feld aktiv sind und eine hohe Anerkennung im B2B-Bereich haben – vermehrt von Patientenbloggern abgelöst. Diese Menschen betreiben als selbst Betroffene aufklärende Blogs und Social-Media-Kanäle zu ihrer Krankheit und genießen oft ein großes Vertrauen der Menschen, die ihnen folgen: Ihren Followern.

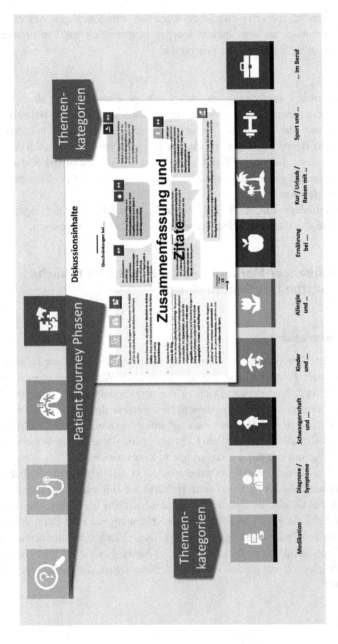

Abb. 5.16 Factbook zu einer medizinischen Indikation: Patient Journey

Was ist Influencer-Marketing?

Der Begriff des Influencers stammt vom englischen „to influence" – also „(jemanden) beeinflussen". Ein Influencer ist eine Person, die sich auf einem bestimmten Gebiet einen Expertenstatus erarbeitet hat und eine gewisse Anzahl an Menschen erreicht. Der Status als Experte hängt, anders als im wissenschaftlichen Kontext, weniger mit Auszeichnungen, Titeln oder Abschlüssen zusammen, sondern entsteht viel mehr in einem Zusammenspiel aus Reputation und Erfahrungen auf dem jeweiligen Gebiet.

Eine Mode-Influencerin etwa muss keinen Universitätsabschluss in diesem Feld vorweisen. Sie kann sich auch als solche positionieren, wenn sie durch einen besonderen Kleidungsstil heraussticht. Kooperationen mit bestimmten Marken oder die Erwähnung in Magazinen und auf Onlineportalen untermalen den Status als Expertin auf ihrem Gebiet. So gewinnt die Influencerin neue Follower und damit mehr „Reichweite" – also Menschen, die sie mit ihren Botschaften und Fotos erreicht. Diese Reichweite wiederum ist interessant für Marken, die mit der Influencerin zusammenarbeiten, oder auch kooperieren wollen.

Natürlich gelten auch nach wie vor Menschen als Influencer, die sich in einem professionellen und/oder wissenschaftlichen Kontext besonders mit einem Thema auskennen, doch in der B2C Kommunikation wird die Zusammenarbeit mit Newcomern immer häufiger bevorzugt.

Influencer-Marketing und klassische Werbung im Vergleich

Ein Influencer zeichnet sich also durch eine hohe Reichweite und eine gewisse Anerkennung aus. Wichtig ist neben alldem eine gewisse Authentizität, mit der der Influencer sich und die von ihm beworbenen und vorgestellten Produkte präsentieren kann. Damit ähnelt Influencer-Marketing viel mehr der Empfehlung eines Freundes als klassischer Werbung.

Während diese ganz passiv vom Empfänger konsumiert wird, der zum Beispiel vor dem Fernseher sitzt und einen Werbespot schaut, lädt Influencer-Marketing dazu ein, mit der Marke, dem Produkt und der Botschaft zu interagieren.

Fast alle Plattformen, auf denen diese Form der Kommunikation stattfindet, bieten dem Konsumenten die Möglichkeit, Fragen zu dem Produkt zu stellen, die Werbung wiederum mit den eigenen Followern zu teilen oder sich in welcher Art auch immer öffentlich zum Produkt zu positionieren.

▶ **Wichtig**
Hier liegt der große Unterschied zwischen klassischer Werbung und
Influencer-Marketing:
Influencer-Marketing ist interaktiv, ist erlebbar. Dabei spielt die
vermeintliche Nahbarkeit der Influencer eine große Rolle.

83 % der Konsumenten vertrauen einer persönlichen Empfehlung durch eine
andere Person, 70 % vertrauen Unternehmenswebsites und nur 63 % vertrauen
klassischer Fernsehwerbung.
(AC Nielsen, 2016)

Regelungen und Gesetze im Influencer-Marketing
Influencer-Marketing unterliegt unter anderem dem Gesetz gegen den unlauteren
Wettbewerb (UWG), ein reines „Influencer-Werbegesetz" steht noch aus (Stand
April 2020). Es ist Influencern untersagt, Werbung ohne Kennzeichnung zu
platzieren.

Mittlerweile halten sich immer mehr Menschen an dieses Gesetz, auch solche,
die lediglich einen kleinen Kreis an Followern haben und somit eher als private
Nutzer der Plattformen zu betrachten sind, oder solche, die für ihre „Werbung"
keinerlei monetäre oder materielle Gegenleistung erhalten.

Das Aufkommen einer großen Sorge vor Abmahnungen führte dazu, dass
mittlerweile viele Beiträge auch überflüssigerweise als Werbung gekennzeichnet
sind. Es ist zu hoffen, dass es bald definierte und kanalspezifische Vorgaben zu
einer korrekten Kennzeichnung auf Instagram, Facebook und Co. gibt.

Das UWG verhindert, dass Werbung nicht exakt von redaktionellen Inhalten
abzugrenzen ist. Im Influencer-Marketing verschwimmen diese Grenzen oftmals,
während man beim Fernsehen oder Radio einen klar gekennzeichneten und
abgetrennten Werbeblock erkennen kann. Vor allem jüngere Menschen zwischen
15 und 35 Jahren bewegen sich viel und aktiv in den Sozialen Medien und
kommen dort mit Werbung in Kontakt.

Eine klare Kennzeichnung von Beiträgen als werbliche Inhalte soll dabei
helfen, aufgeklärte Kaufentscheidungen zu ermöglichen. Hier wird auch die
Authentizität eines Influencers auf die Probe gestellt: Durch die verpflichtende
Werbekennzeichnung *muss* er seinen Followern mitteilen, dass er Geld oder
Waren im Austausch für die Platzierung des Produkts erhält. Zusätzlich herrscht
unter Influencern aber auch ein Kodex, dass Dinge nur dann beworben werden,
wenn sie selbst getestet wurden und dass die Meinung zu einem Produkt nicht
käuflich sein sollte. Es wird sich unterschiedlich stark an diesen Kodex gehalten.

Healthcare-Influencer-Marketing in Abgrenzung zum Lifestyle-Influencer-Marketing

Die Zusammenarbeit mit Influencern und Patientenbloggern im Gesundheitsbereich unterscheidet sich in vielen Aspekten von der Zusammenarbeit mit professionellen Influencern aus der Lifestylebranche.

- Zum einen unterliegt die Zusammenarbeit neben dem UWG auch u. a. dem Heilmittelwerbegesetz (HWG) und bedarf genauer Einhaltung und Überwachung der Pharmakovigilanz. Auch wird in diesem Feld ein besonderer Wert auf den Datenschutz und die Einhaltung der DSGVO gelegt.
- Zum anderen bedeutet die Zusammenarbeit mit einem Patientenblogger auch meist die Zusammenarbeit mit einem Laien. Anders als Influencer mit hunderttausenden oder gar Millionen Followern, haben Patientenblogger meist nur kleine Reichweiten zwischen 1000 und 5000 Followern.

▶ Das Bedürfnis, einen Blog oder Social-Media-Account über eine (chronische) Krankheit zu betreiben, entsteht meist nicht, weil damit Einkommen erzielt werden soll, sondern weil sich die betroffene Person mit anderen Patienten austauschen möchte und andere Menschen mit derselben Krankheit erreichen möchte.

Somit gibt es ausgesprochen wenige Patientenblogger, die sich hauptberuflich und professionell ihrem Social-Media-Auftritt widmen. Während im Lifestyle Bereich häufig Agenturen die Influencer vertreten und deren Kommunikation und Vertragsverhandlungen mit dem Kunden übernehmen, wird im Healthcare-Bereich immer noch oft direkt mit dem Patienten kommuniziert. Es ist aber üblich, dass der Auftraggeber aus der Gesundheitsbranche selbst eine Werbeagentur beauftragt. Diese übernimmt die Steuerung und Konzeption der Kampagne sowie die Identifikation von und Kommunikation mit dem Influencer.

Healthcare-Influencer zeichnen sich nicht nur durch eine hohe Glaubwürdigkeit aus, sie verfügen zudem über eine extrem spitze Zielgruppe. Das ist auch der Grund für die naturgemäß kleinere Reichweite: Von Blogs über Krankheiten fühlen sich in der Regel vor allem Menschen angesprochen, die selbst die Krankheit haben oder die im näheren Umfeld mit der Krankheit in Berührung sind.

Somit ist die Zielgruppenabdeckung bei einem Healthcare-Influencer im Gegensatz zu einem Lifestyle-Influencer ungleich höher. Das spiegelt sich auch in vergleichsweise hohen Interaktionsraten wider. So sinkt nicht nur die

„Like-Rate", sondern auch die Menge an Kommentaren kontinuierlich bei steigender Follower-Anzahl (Jahnke 2018).

▶ Durch die Zusammenarbeit mit einem Mikro-Influencer, also einem Influencer mit geringerer Reichweite, lässt sich also durchaus eine vergleichsweise hohe Anzahl von Menschen erreichen und zur Interaktion animieren.

Wer als Mikro-Influencer oder als Makro-Influencer gilt, wird in den Medien unterschiedlich gehandelt. Üblich ist eine Einordnung als Mikro-Influencer mit weniger als 100.000 Followern, bei mehr als 100.000 Followern spricht man häufig von einem Makro-Influencer oder Celebrity-Influencer (Jahnke 2018).

Ein Patientenblogger, der online über seine Erfahrungen mit einer Krankheit berichtet, wird von den Followern oft als besonders „menschlich" und nahbar empfunden. Er bietet ein hohes Identifikationspotenzial und vermag es, auch sensible und emotionale Themen mit dem nötigen Fingerspitzengefühl an die Zielgruppe heranzutragen.

Mögliche Healthcare-Influencer Kampagnen

Eine offensive Werbung für Produkte oder auch klassische Produkttests kommen für die meisten Kampagnen im Healthcare-Bereich – vor allem für Hersteller von RX-Produkten – nicht infrage. Auch ist bei der Planung der Kampagne ein Augenmerk auf den Fakt zu legen, dass die Gesundheits- und Pharmaindustrie beim Großteil des Zielpublikums womöglich einen schlechten Ruf hat.

▶ Kampagnen sollten also in erster Linie einen Mehrwert für das Zielpublikum schaffen, um als relevant und nicht zu aggressiv werblich empfunden zu werden.

Ich fasse solche Kampagnen unter dem Begriff „Awareness-Kampagnen" zusammen, also Kommunikationsaktivitäten, die darauf abzielen, die Aufmerksamkeit auf eine Krankheit zu erhöhen. Die Wahrscheinlichkeit, einen passenden Influencer zu finden, ist bei Awareness-Kampagnen zudem einfacher.

Im Gegensatz zur einfachen Bewerbung eines Produktes geht es bei Awareness-Kampagnen darum, Inhalte zu schaffen, mit denen sich der Influencer und die gemeinsame Zielgruppe identifizieren:

- Dazu können neue Informationen und Services zählen, die in Form moderner Anwendungen wie Apps dem Zielpublikum zugänglich gemacht werden und die durch den Influencer besprochen werden.
- Auch Events – etwa in Form von Vorträgen, Workshops oder Meet&Greets – sind eine gute Möglichkeit für die Zusammenarbeit mit einem Healthcare-Influencer. Dieser hat zudem die besondere Möglichkeit, die Gemeinschaft zu befragen und einzubinden („Community Aktivierung").

So kann der Kunde in engen Kontakt mit der Zielgruppe treten und erhält direktes Feedback zu seinen Kommunikationsmaßnahmen. Auch der Influencer selbst kann und sollte natürlich ein solches Feedback geben und wenn möglich in die Entwicklung von Marketingaktivitäten mit eingebunden werden.

Er kennt seine Zielgruppe am besten und weiß, wie und wann er sie erreicht. Der Begriff des „Content Creators" wird immer mehr von solchen Influencern geprägt, die sich tatsächlich eingehend mit den Inhalten ihrer Kampagnen beschäftigen, diese selbst mitgestalten und damit nicht als reine Werbeträger fungieren.

Beispiele für Kampagnen mit Healthcare-Influencern
Generell bieten neue Dienstleistungen, Produkte oder Services einen guten Anlass für eine Influencer-Kampagne. Auch Tage, an denen der Fokus in der Gesellschaft auf einem bestimmten Krankheitsbild liegt, wie zum Beispiel am Welt-Diabetestag, am Welt-MS Tag usw., eignen sich gut für eine solche Zusammenarbeit.

Denkbar wäre beispielsweise ein Event, bei dem der Influencer einen (online-) Vortrag zu einem bestimmten Thema hält, das in Verbindung zur Krankheit steht: Schminken mit Neurodermitis, Sport und Bewegung bei Depressionen, vegetarische Kost bei Bluthochdruck – die Möglichkeiten sind groß. Diesen Vortrag teilt der Influencer dann über seine Netzwerke mit seinen Followern, er moderiert und kommentiert die Rückmeldungen und überwacht natürlich ggf. Fälle für Pharmakovigilanz.

Wichtig ist hierbei, dass es in erster Linie wirklich darum geht, relevante Inhalte für die Zielgruppe zu produzieren. Mittelfristig kann so eine Imageverbesserung stattfinden, die Zielgruppe wird auf die Services und Angebote des Veranstalters aufmerksam.

▶ **Wichtig**

Ich selbst habe auch sehr gute Erfahrungen mit Videokampagnen, etwa zum Welt-MS-Tag gemacht. In solchen Kooperationen entstanden sehr hochwertige, aufwendig produzierte Inhalte, die ich gerne an meine Follower kommunizierte. Oftmals war zu beobachten, dass die von mir veröffentlichten Inhalte verstärkt kommentiert und geteilt wurden.

Gleichzeitig konnte ich in diesen Kooperationen meine Rolle als Expertin auf meinem Gebiet und als Botschafterin der MS-Community stärken, ohne dabei explizit Werbung für ein Produkt oder eine Dienstleistung zu machen.

Besonderheiten in der Zusammenarbeit

Wichtig bei der Zusammenarbeit mit einem Healthcare-Influencer ist u. a. ein ausführliches Briefing. Mit diesem Briefing wird dem Influencer ein Rahmen gegeben, in dem dieser sich frei und authentisch bewegen kann. So sollte die Meinung des Influencers zu einem Produkt oder einer Dienstleistung nicht beeinflusst werden, da damit die Authentizität der Kampagne verlorengeht und die Vorteile des Influencer-Marketings verkannt werden.

Auch ist davon auszugehen, dass die meisten Healthcare-Influencer nicht oder nur unzureichend zu den rechtlichen Gegebenheiten (HWG, Pharmakovigilanz etc.) informiert sind. Es ist also die Aufgabe des Auftraggebers bzw. der von ihm beauftragten Agentur, den Influencer ausreichend zu schulen und Vorgänge für eventuelle Pharmakovigilanzfälle auszuarbeiten und schriftlich festzuhalten.

Eine schnelle und durchgehende Erreichbarkeit des Auftraggebers ist ebenfalls wichtig, damit Fälle zügig gemeldet und Fragen umgehend geklärt werden können. Social Media stellt mit seiner Schnelllebigkeit ganz neue Herausforderungen an die für die Patientenkommunikation zuständigen Mitarbeiter von Healthcare-Unternehmen, da Entscheidungswege oft lange dauern können. Hier werden wir in den nächsten Jahren sicherlich einen Zuwachs an Prozessen und Vereinheitlichungen – auch gesetzlicher Art – beobachten können.

Digital Listening und Influencer-Marketing als starke Kombination

Dank Digital Listening können Erkenntnisse gewonnen werden,

- welche Themen für das Zielpublikum relevant sind,
- welche Fragen und Informationsbedarfe besonders viel Aufmerksamkeit erhalten,

- wo und wie es sich zu diesen Themen austauscht.
- Es werden auch neue Erkenntnisse zu den demografischen Merkmalen der Zielgruppe gewonnen.

Diese Erkenntnisse können den Prozess der Identifikation passender Influencer für eine Kampagne erleichtern. Welche Kanäle muss der Influencer bespielen, um die Zielgruppe zu erreichen? Auf welchem Gebiet besteht noch Bedarf nach neuen Inhalten, welche Themen sind bereits durch die Konkurrenz abgedeckt?

Geht der Influencer-Kampagne eine genaue Analyse des Status Quo voraus, kann der Inhalt noch gezielter geplant und gestreut werden.

Über die Autorin

Samira Mousa betreibt seit 2017 mit *chronisch fabelhaft* einen der erfolgreichsten deutschen Blogs zum Leben mit Multipler Sklerose und veröffentlichte bereits drei Bücher zu dem Thema. Sie hat selbst mehrfach als Healthcare-Influencerin bei der Erstellung und Umsetzung von Marketingkampagnen mitgewirkt. Im Jahr 2019 gründete sie mit „Healthy Content. Sick Ideas" eine Agentur, die sich auf die Akquise und Vermittlung von Mikro-Influencern im Healthcare-Bereich spezialisiert hat. Mit der Agentur wurde sie im November 2019 vom Bundesministerium für Wirtschaft und Energie als Kultur-und Kreativpilotin ausgezeichnet.

5.4 Digital Listening und Artificial Intelligence für Lead Prediction und Company Scoring (Gastbeitrag Peter Gentsch)

Zusammenfassung

Artificial Intelligence (AI) hat in den letzten Jahren für einen immensen Entwicklungsschub in der unternehmerischen Praxis gesorgt. Im Vordergrund stehen dabei typischer Weise Industrie 4.0-Anwendungen zur Optimierung und Automatisierung von Produktions- und Logistik-Prozessen oder auch die allgemeinen AI-Klassiker wie (Chat)Bots, Sprach- und Bilderkennung sowie autonomes Fahren.

Dabei kann AI auch einen substanziellen Beitrag zum Thema Digital Listening leisten. Dies soll im Folgenden an den Beispielen Lead Prediction

(Vorhersage von potenziellen Kunden und Märkten) sowie Company Scoring (Bewertung von Wachstums-, Bonitäts- und Risiko-Potenzialen) illustriert werden.

5.4.1 Artificial Intelligence: It is all about data!

Die aktuelle AI-Diskussion beschäftigt sich stark mit eher neuen Algorithmen wie z. B. Deep Learning, oder Long Short-Term Memory-Ansätzen.

Deep-Learning umfasst beispielsweise Algorithmen aus dem Bereich Machine Learning, die immer weiter und tiefer bis zum theoretischen Optimum analysieren. Grenzen sind in Form von Datenmaterial und verfügbarer Rechnerzeit gesetzt.

Auch wenn diese Algorithmen neben der immens gestiegenen Rechnerleistung wichtige Treiber für die Entwicklung der AI in der unternehmerischen Praxis sind, darf nicht vergessen werden, dass AI-Systeme nur so gut sind wie die zugrunde liegenden Daten – „Data as the bacon" sind der eigentliche Game Changer.

Im umgekehrten Sinne ist die häufig fehlende Datenbasis der Show Stopper für AI-Anwendungen. So werden beispielsweise AI-Algorithmen auf Daten vorhandener CRM-Systeme angewandt, um Markt- und Kunden-Potenziale vorherzusagen oder Bonitäts-Prognosen auf Basis klassischer Unternehmensdaten wie Unternehmensgröße, Umsatz und Branche durchgeführt. I.d.R. führen diese Analysen nicht zu den gewünschten Ergebnissen, nicht weil die Algorithmen versagen, sondern weil die eigentlich erklärenden Daten nicht vorhanden sind. Genau hier kann Digital Listening einen wichtigen Beitrag zur Schaffung der relevanten Datenbasis leisten.

Die Möglichkeiten der automatisierten Gewinnung und Analyse von Informationen aus externen Quellen wie Websites, Online-Unternehmensregistern, Social-Media-Netzwerken, Mobile Devices wie Smartphones oder Tablets sowie aus Ergebnissen von Suchabfragen sind für das Digital Listening vielfältig. Die Gewinnung und Bereitstellung von Daten erfolgen in Unternehmen in der Regel durch den Zugriff auf interne Datenbanken und Excel Sheets.

Für die Erhebung hochvolumiger Datenströme aus Online-Medien wie Websites, Blogs und Social Networks sowie aus Offline-Medien sind Crawling- und Parsing-Ansätze erforderlich:

- Crawling: Automatisches Auslesen von Webseiten.
- Parsing: Zerlegen und Aufbereiten von Inhalten auf Webseiten mit dem Ziel, strukturierte Informationen aus Texten zu extrahieren.

Die Ansätze helfen, relevante Online-Informationsquellen zu identifizieren und zu durchforsten beziehungsweise daraus systematisch strukturierte Informationen zu gewinnen. Dies analytische Wertschöpfung lässt sich in zwei Phasen einteilen:

1. **Strukturierte Informationen extrahieren**
   Der größte Teil der Daten, die heute generiert werden, sind Textdaten, und ihre Zahl verdoppelt sich jedes Jahr. Das heißt, dass eine wachsende Menge an wertvollen Informationen existiert, die aufgrund ihrer Unstrukturiertheit schwer zu erschließen ist. Mithilfe von Information Extraction, einer Methode des Text-Minings, mit der aus Texten Schlagworte, Personen, Datumsangaben, Adressen und andere konkrete Informationen extrahiert werden, kann diese Aufgabe gelöst werden. Information Extraction ist ein fundamentaler und unerlässlicher Schritt, wenn es um die Verarbeitung von Daten aus Textdateien geht.
2. **Daten aggregieren und klassifizieren**
   Häufig gibt es in Unternehmen Vorgaben, wie Daten zu strukturieren sind, so zum Beispiel in Workflow-Systemen, in denen Dokumente in vorgegebene Kategorien eingeordnet werden. Dies kann vollautomatisch durch Computer erfolgen, die durch Maschinelles Lernen „trainiert" sind. Der Computer lernt dabei anhand von Trainingsdokumenten, Muster und Zusammenhänge zu erkennen. Auf dieser Basis kann er dann neue Texte entsprechend ihren Inhalten und ihrer Struktur den richtigen Klassen zuordnen.

Intelligente Bots (Crawler, Scraper und Parser) können den Prozess der Daten-Extraktion und Aggregation automatisieren. Diese Systeme durchforsten den digitalen Raum, um entsprechend relevante Datenpunkte zu identifizieren und zu extrahieren. Dies soll im Folgenden genauer beschrieben werden.

5.4.2 Profiling von Unternehmen

Für folgende Dimension lassen sich durch Digital Listening automatisch Daten generieren:

Firmographics

Die Firmographics enthalten traditionelle Unternehmensdaten, die aus dem Handelsregister ermittelt (Name, Standort, Wirtschaftszweig) und durch weitere Größen wie Umsatz und Anzahl der Mitarbeiter erweitert werden. Die Wirtschaftszweige sind eine Klassifikation der Tätigkeiten von Unternehmen, die 2008 vom Statistischen Bundesamt publiziert wurden.

Thematische Relevanz

Durch die dynamische Ermittlung der Themen aus der Webseite kann im Vergleich zu den Wirtschaftszweigen viel genauere thematische Einordnung und Eingrenzung des Unternehmens erfolgen. Zudem verfügt diese inhaltliche Klassifikation über eine hohe Aktualität, und neue Trends werden schnell sichtbar. Im Vergleich zu den Wirtschaftszweigen werden z. B. einem Unternehmen anstelle des Wirtschaftszweigs Softwareentwicklung die Tags App-Entwicklung, Big Data oder Machine Learning vergeben. Zur thematischen Einordnung der Unternehmen kann der Word2Vec-Algorithmus verwendet werden. Word-2vec wurde 2013 von Google veröffentlicht und ist ein neuronales Netzwerk, welches während des Trainings verteilte Repräsentationen von Wörtern lernt. Diese Vektoren verfügen über erstaunliche Eigenschaften und abstrahieren die semantische Bedeutung im Vergleich zu einfachen Bag-of-Word-Ansätzen. Wörter mit ähnlichen Bedeutungen erscheinen in Clustern, und diese Cluster sind so gestaltet, dass einige Wortbeziehungen, wie Analogien, unter Verwendung von Vektor-Mathematik reproduziert werden können, so auch das berühmte Beispiel: „king − man + woman = queen". Über die Word2Vec-Darstellung von Texten lassen sich Operationen abbilden; das Verhältnis von Apple zu Smartphones ist identisch zum Verhältnis von Dell zu Laptops.

Digitalität der Unternehmen

Die Digitalität eines Unternehmens zeigt, wie weit das Unternehmen den Prozess der Digitalisierung vollzogen hat. Verschiedene Aspekte der Digitalität gehen in diesen Score ein: die Technologie der Webseite, die Sichtbarkeit des Unternehmens im Web, die Ad Spendings und SEO-Optimierung und der Innovationsgrad des Geschäftsmodells. Auf Basis dieses Scores lassen sich Unternehmen abhängig vom Grad ihrer Digitalisierung sehr gut segmentieren. Sowohl junge Start-ups wie auch etablierte Unternehmen im E-Commerce-Sektor zeichnen sich durch einen überdurchschnittlich hohen Digital-Index aus, während traditionellere Geschäftsbereiche eine eher gering ausgeprägte Digitalität aufweisen. Abb. 5.17 zeigt die einzelnen Dimensionen des Digital Index.

Abb. 5.17 Dimensionen des Digital Index

Economic Key Indicators

Key Indicators aus dem Umfeld der Investor Relations können zu jedem Unternehmen ermittelt werden:

- Entwicklung der Mitarbeiter: Eine stabile oder eine wachsende Zahl ist ein Zeichen für eine positive Entwicklung des Unternehmens.
- Consumer Activity: Wie ist der Zustand einzelner Wirtschaftszweige, und wie wird die Entwicklung eingeschätzt?
- Verfolgt das Unternehmen technologische Trends?

Ausgehend von diesem Spektrum an Daten, die in hoher Aktualität verfügbar sind, erstellt die Lead Prediction eine Darstellung, die alle Aspekte des Unternehmens in einer 360°-Sicht zusammenfasst.

5.4.3   Lead Prediction

Auf Basis der skizzierten Datenbasis können nun AI-Verfahren zur Vorhersage potenzieller Kunden und Märkte eingesetzt werden:

Prediction per Deep Learning

Deep Learning ist ein Thema, das im Augenblick große Wellen schlägt. Es ist im Grunde ein Zweig des Machine Learnings, das Algorithmen verwendet, um z. B. Objekte zu erkennen und menschliche Sprache zu verstehen.

Die Technologie ist ein Wiederaufleben von Algorithmen, die seit den Anfängen der Künstlichen Intelligenz populär waren: Neuronale Netze sind eine Simulation der Vorgänge im Gehirn, indem Neuronen und die spezifischen Feuermuster imitiert werden. Die wirkliche Neuerung ist das Layering von verschiedenen neuronalen Netzen, welches in Verbindung mit der wesentlich größeren Leistung der aktuellen Computer zu einem Quantensprung in diversen Sektoren des Machine Learnings geführt hat.

Der Classifier für die Prediction lernt auf Basis des Profilings der erfolgreichen Kundenbeziehungen eine generische DNA, die auf den gesamten Unternehmensbestand projiziert wird. Die Vorhersage der optimalen Leads lässt sich als Ranking-Problem verstehen. Der Lead mit der höchsten Wahrscheinlichkeit einer Conversion sollte an erster Stelle in der Sales Pipeline stehen.

Diese Verfahren stellt eine hohe Qualität der Lead Prediction sicher, da

- das gesamte Spektrum an verfügbaren Informationen über ein Unternehmen in die
  Entscheidungsfindung integriert wird;
- die Daten hochaktuell und ohne Bias sind;
- der Random Forest in der Lage ist, komplexe Zusammenhänge in den Daten zu abstrahieren, und
- das Verfahren von der Interaktion mit dem Sales-Team iterativ lernen kann.

Real World Use Cases

Unternehmen: Netzwerk-Monitoring
Das Spektrum an Kunden dieser Unternehmen ist sehr weit gefächert. Viele dieser Unternehmen sind im Umfeld der Informationstechnik angesiedelt und bieten z. B. Server Hosting an. Auf der anderen Seite des Spektrums tauchten eher exotische Unternehmen auf, z. B. Betreiber von großen Produktionsanlagen, Silos, chemische Fertigungsanlagen etc. Eine manuelle Bewertung der Leads aus der Lead Prediction stellte sich als schwierig heraus, sodass wir uns für ein A/B-Testing entschieden. Im Sales-Prozess schnitten die Leads, die von der Lead Prediction vorhergesagt wurden, überdurchschnittlich gut ab und erzeugten eine um 30 % höhere Conversion-Rate.

Unternehmen: Online-Shop für KFZ, Bau & Industrie
Bei diesem Projekt wurden zwei Predictions gemacht, die erste zielte auf die Stammkundschaft ab, die zweite auf Kunden, die nicht zur allgemeinen Zielgruppe des Sales-Teams gehören, sondern eher zufällig akquiriert wurden. Ziel war es, den Markt dieser sogenannten Aliens zu vergrößern und sich ein neues, noch nicht genauer definiertes Marktsegment zu erschließen. Im klassischen Segment verbesserte sich die Conversion-Rate um 40 %, im neuen Segment war sogar eine Steigerung um 70 % zu messen.

Unternehmen: Personaldienstleister
Bei diesem Prediction Case lässt sich ein eindeutiger Lift erkennen. Über klassische Listengenerierung wurden vorher sieben Termine aus 700 Telefonaten erzeugt, das ist eine Conversion von einem Prozent. Auf Basis der Leads, die per Lead Prediction ermittelt wurden, ergaben sich neun Termine aus 300 Telefonaten, das ist eine Conversion von drei Prozent. Das ist eine signifikante Steigerung, allerdings sollte nicht außer Acht gelassen werden, dass es sich hier um ein sehr kleines Sample handelt.

Best Practice
Auf Basis vorgegebener A-Kunden wurden über sogenannte statistische Zwillinge neue Kunden und Märkte – wie in Abb. 5.18 skizziert – identifiziert. Dabei werden die ausgewählten Unternehmen mit den beschriebenen Business Attributen (Unternehmensgröße, Branche, Inhalte der Webseiten, Digitale Sichtbarkeit, Social-Media-Aktivitäten, genutzte Technologien, etc.) angereichert.

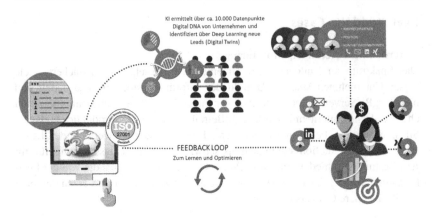

Abb. 5.18 AI identifiziert und profiliert neue Zielkunden

Auf Basis dieser Datenvektoren werden mit Deep Learning-Algorithmen Lookalikes als neue Kunden im digitalen Raum prognostiziert. Damit konnten auch Leads und Märkte identifiziert werden, die nicht im klassischen Beuteschema sind, aber potenzielle Käufer darstellen.

Eine Einschätzung aus dem Unternehmen:

> „Wir haben absichtlich am Anfang keine Einschränkungen oder Zielrichtungen vorgegeben. So wie die AI-Maschine uns die Leads vorhergesagt hat, haben wir unsere Vertriebsbereiche versorgt. In einigen Bereichen waren wir auf Anhieb so gut wie die traditionellen Sales-Ansätze, in anderen Bereichen waren wir sogar schon teilweise besser in Hinblick auf Streuverluste und Konversion. Entscheidend ist das Trainieren des AI-Systems durch einen systematischen Feedback-Loop – denn auch das AI-System ist nicht von Anfang an perfekt, aber es kann dazu lernen."

5.4.4 Company Scoring

Erkennen von Potenzialen und Risiken

Die beschriebene Digital Listening-Ansatz kann nicht nur für die Vorhersage von Leads sondern auch für die Vorhersage von Wachstums-, Bonitäts- und Risiko-Potenzialen von Unternehmen genutzt werden. Dazu wird der digitale Raum auf Signale durchforstet, die direkte und indirekte Aussagen zum Wachstums-, Bonitäts- und Risiko-Potentialen erlauben. Jegliche Erwähnungen von Unternehmen werden analysiert. Es wird ausgewertet, welchen Impact sie haben und ob sie eine positive oder negative Entwicklung aufzeigen. Somit kann z. B. eine stark ansteigende Anzahl an Beschwerden über einen nicht reagierenden Kundenservice ein Hinweis auf interne Probleme des Unternehmens sein. News, Blogs, Social Media und die Webseite sind eine umfangreiche und hochaktuelle Informationsquelle über den Zustand und die Entwicklung eines Unternehmens. So sind geplante Standortwechsel, strukturelle Änderungen, Expansionsstrategien oder Gewinnmeldungen schnell sichtbar und sind Zeichen für eine positive oder negative Entwicklung eines Unternehmens.

Zusätzlich werden alle Content Snippets in News, Social Media und auf den Unternehmens-Webseiten extrahiert, die Informationen über ein Unternehmen enthalten. Diese Snippets werden in einem weiteren Prozess nach Wichtigkeit gefiltert und weiter verdichtet werden. Im ersten Schritt wird die Wahrscheinlichkeit ermittelt, mit der ein Unternehmen in dem gegebenen Text erwähnt wird. Hierzu werden Sequence Learner eingesetzt, die auf Basis der lexikalischen Ähnlichkeit und des Wortumfelds eine Entscheidung treffen, ob die Erwähnung sich auf ein Unternehmen bezieht oder nicht.

Im zweiten Schritt entscheidet ein Deep Learner, ob die validierten Snippets zu einem Unternehmen einen Alert auslösen oder ob sie zum täglichen Grundrauschen gehören. Hierzu wird ein Modell auf Basis von historischen Textdaten und entsprechenden Aktienentwicklungen trainiert, um Zusammenhänge zwischen Snippets und Entwicklung im Stockmarket zu erkennen.

▶ Auf Basis dieser „Early Signals" lassen sich früh Aussagen treffen, wie sich Unternehmen zukünftig entwickeln werden. Anschließend ist das System in der Lage, selbstständig Vorhersagen über die Gewinnentwicklung eines Unternehmens zu treffen. Diese Indikatoren können auch bei der Lead Prediction verwendet werden, um unter den Unternehmen mit einer sehr ähnlichen Datenstruktur diese auszuwählen, die über ein positives Wachstumspotenzial verfügen.

Credit Scoring

Die Risiko-Bewertung von Unternehmen ist gegenwärtig noch ein sehr manueller und zeitintensiver Prozess. Zudem fällt es Scoring-Unternehmen schwer, junge Unternehmen und Start-ups verlässlich zu bewerten.

Innovative AI-Ansätze ermöglichen auf Basis von Big Data eine verlässliche Risikobewertung für alle Unternehmen in Echtzeit vorzunehmen:

- **Daten Input:**
  Beim AI-basierten Credit Scoring werden die Daten des beschrieben Unternehmensprofilierung genutzt: Neben den Firmographics werden automatisch zu jedem Unternehmen Technographics, Socialgraphics, Digigraphics und Webographics extrahiert und aufbereitet (ca. 10.000 Datenpunkte).
- **Daten Analyse:**
  Auf Basis von Deep Learning-Verfahren werden auf Basis der generierten Daten Credit Scores berechnet. Um die Ergebnisse erklärbar zu machen, werden AI-Verfahren eingesetzt, um aus den Deep Learning-Ergebnisformaten die besonders diskriminierenden Attribute zu extrahieren (Explainable AI).
  Erste Lösungen zeigen auf, dass diese automatisierten Analysen zu sehr guten Ergebnissen kommen (Gini-Koeffizient = 70; Benchmark klassisches Credit Scoring 66). (Der Gini-Koeffizient ist ein statistisches Standardmaß zur Messung der Ungleichheit einer Verteilung. Im vorliegenden Fall stellt der Gini Koeffizient ein Maß zur Prognosegüte der Kreditwürdigkeit von Unternehmen dar.)
  Die Ergebnisse zeigen insbesondere, dass das Zusammenspiel aller Datenquellen (Firmographics + New Data) zu besonders guten Ergebnissen führt. Die Veränderungen der Unternehmens-relevanten Datenpunkte im Zeitablauf sowie die Differenzen zur jeweiligen Peer Group sind dabei besonders relevant.

Dieser hohe Grad der Automatisierung bei der Bewertung von Unternehmen bringt erhebliche Effizienz- und Kostenvorteile mit sich. Der Ansatz ist insbesondere auch für Länder interessant, in denen die Informations- und Auskunftstiefe deutlicher geringer ist im Vergleich zu Deutschland.

5.4.5 Ausblick: Artificial Intelligence empowers a new economy

Die beschriebenen AI-basierten Digital Listening-Ansätze identifizieren, profilieren und prognostizieren potenzielle Kunden, Märkte und Unternehmenspotenziale. Die Verfahren sind „unbiased" und haben keine Agenda. Hypothesenfrei untersuchen und korrelieren sie automatisch sämtlich verfügbare

Datenpunkte, um so jenseits eingefahrene Analyse-Modelle Insights für Unternehmen zu generieren.

▶ Um das Potenzial von Digital Listening nutzen zu können, müssen Unternehmen keine Infrastruktur mit Petabyte-Speicherkapazität aufbauen und Heerscharen von Data Scientists anstellen. Über SaaS können entsprechende Ansätze auch von mittelständischen Unternehmen realisiert werden. Neben dieser Daten- und Analytik-Thematik sind insbesondere die notwendigen organisatorischen und kulturellen Veränderungen erfolgsentscheidend. Ein von Analyse und Daten getriebenes Handeln ist jedoch in den meisten Unternehmen nicht gelernt und wird nicht gelebt.

„Data is the new oil" ist ein Ausspruch, der heutzutage gerne aufgeführt wird. Obwohl dieser Satz weiterhin gut die aktuelle Entwicklung beschreibt, trifft er nicht den wahren Kern der Sache, treffender wäre „Artificial Intelligence empowers a new economy". Die autonome Automatisierung von immer größeren Aufgabengebieten in der Wirtschaft wird grundlegende ökonomische und gesellschaftliche Veränderungen auslösen. Ausgehend von einer zukünftigen Welt, in der unlimitierte Informationen auf einem unlimitierten Computer zur Verfügung stehen, werden in Echtzeit ultimative Entscheidungen errechnet und objektiv Prozesse gesteuert. Diese Entscheidungen unterliegen keiner Subjektivität, unvollständigen Informationen oder Verzögerungen.

Über den Autor
Prof. Dr. Peter Gentsch ist Speaker, Unternehmer und Wissenschaftler in einer Person und zählt zu den Top Experten im Bereich Digitale Transformation, Künstliche Intelligenz (KI) und Big Data.

Er beschäftigt sich seit den 90er Jahren mit KI und datenbasierten Geschäftsmodellen in Theorie und Praxis und gilt damit als einer der Pioniere in Deutschland. Er ist Autor zahlreicher national und international ausgezeichneter Veröffentlichungen und begeistert als Keynote Speaker sein internationales Publikum mit seiner anschaulichen und unterhaltsamen Art.

Zuletzt sprach er auf WEF in Davos zum Thema „Game Changer AI – die Chance für die deutsche Wirtschaft".

5.5   What have you got to lose? The case for Corporate Counterintelligence (Gastbeitrag von Chris West, Jerry Hoffmann and Udo Hohlfeld)

A principal concern of corporate security is the protection of a company's physical assets from loss, damage and destruction. IT security looks after computer systems while patent attorneys and legal teams are responsible for protecting intellectual property and trade secrets. But who looks after a company's other knowledge assets that are no less responsible for performance and profitability? Usually no-one is assigned to this task and valuable assets are being pilfered by a long list of covert observers who do not necessarily need to act either illegally or unethically to get what they want. With OSINT, HUMINT and Social Engineering the damages caused are an existential threat.

5.5.1   Introduction to proprietary knowledge assets

Security is a function that all companies should take seriously. Some may be more serious about it than others, depending on the business they are in and the amount of damage that can be caused by security lapses, but the requirements of insurers alone will ensure that even the smallest companies install some form of security system.

The question is not so much whether security exists but exactly what the security system is designed to protect, and this may be a major problem. Priority is always given to the protection of physical assets which if stolen or damaged will interrupt the flow of business and incur replacement costs. Security, IT, Intellectual Property and legal teams also protect staff, intellectual property and trade secrets from a range of threats but there is invariably a significant gap between the assets that are protected and the assets that need to be protected.

The security business quite rightly sets out to protect companies from „the bad guys"; those prepared to trespass, steal, damage, infringe, hack into, infect, abduct and extort. These are activities for which there is legal redress whether it is physical property, intellectual property or trade secrets that are being targeted. Unfortunately, although these events are serious when they occur, they are far from being the most common threats to a company's assets. They exclude the large number of organizations and individuals that are using perfectly legal and ethical methods to obtain information that may be regarded as sensitive but is by no means intellectual property or a trade secret. These are known as „proprietary knowledge assets".

5.5.2   Definition of Proprietary Knowledge Assets

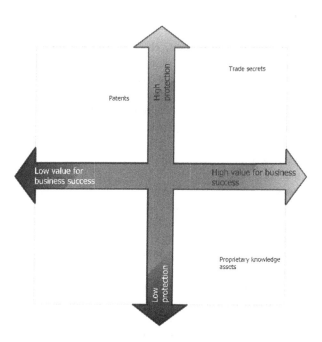

Proprietary knowledge assets are the lubricants that make companies work. They are the bedrock that supports the structures for attaining company strategies. They are rarely acknowledged as assets in any formal sense and they have been acquired and modified over time as the company has grown and developed. They evolve as the company invests in new processes and procedures and in response to changes in conditions and the environments in which the company finds itself operating. They may or may not be written down and although their value is seldom calculated and never included within the intangible assets shown on company balance sheets, the cost of acquiring them is usually substantial. Their value can be considerably more than the declared value of tangible and intangible assets. Individually they may not be unique but as a system they are proprietary to the company that has developed them.

▶   Despite their importance proprietary knowledge assets are rarely protected.

What exactly are these assets? The following list is representative, but not exhaustive:

- **Indicators of progress, problems, changes, or new directions;** e.g. how well a product in development is doing, issues with a new product rollout, reorganizations in the sales force, new compensation schemes, etc.
- **Business processes;** aka „how things get done around here". This can include both current processes as well as contemplated or planned changes in process. Organization charts may be targeted, but additional „softer" information is also sought; such as who has the most influence (rank does not always equal power) or what informal reporting relationships exist that influence decision-making.
- **Deployments and locations;** i.e. where human and physical resources are located and what they do there. This can be as general as what is manufactured in a particular plant or as specific as the names and backgrounds of the senior leadership at a given research facility.
- **Recruitment.** This includes information about the jobs to be filled and the backgrounds of the people who have already been recruited. Information of this type is sought not only to identify remuneration and background requirements, but it is also frequently used as an indicator of a company's strategy, intentions, and future direction.
- **Contacts, contracts, relationships, and partnerships.** Competitors often seek information about a company's external relationships, including customers and other companies with a business relationship with the target company. These relationships are investigated not necessarily to identify new sales targets (in the case of identifying customers) or to interfere with these relationships in any other way. These relationships are identified to provide an informed – but external – source of information about the target company.
- **Supply sources.** Like other external relationships, supply sources are identified to provide information about the internal activities of the target company; in this case, usually to learn more about the target's value chain.

- **Manufacturing cost analysis.** Piecing together information on employment, local labor rates, rents, technology costs, raw material costs and several other key indicators to show the likely cost structure of a product or plant.
- **Differentiators that provide advantage** (for example, atypical partnering programs, non-traditional development methods and specialized workflow processes). These are processes and practices that can provide significant competitive advantage, and yet are not always identified or appreciated by company employees as such.

As the saying goes, „familiarity breeds contempt". These pieces of information are so taken for granted that they are seldom seen as valuable. Although they don't rise to the level of trade secrets, these are the assets that, individually and collectively, make every company tick and determine whether and how much profit is made.

5.5.3   So what is the threat?

If the information is so basic it is clearly relevant to ask what harm can come from a competitor obtaining it and why should it be defended. The answer is that competitive intelligence is only acquired if it can cause serious damage to the companies being studied and/or provide significant advantage to the company using the intelligence. Most major US corporations employ teams of staff devoted to collecting intelligence on their competitors and the estimated annual spend runs into several billions of dollars. A significant proportion of the expenditure is with specialist vendors who carry out investigations for clients using perfectly legal and ethical techniques. The level of expenditure suggests that the intelligence is not only highly prized but is also effective.

To understand the threat, it is essential to know what the intelligence is used for. Companies collect intelligence to understand the competition (or potential competition) that they are up against. They want to understand the competitors' strengths and their weaknesses; they want to know what they do and, more importantly, how they do it and at what cost. They key motives are:

- Emulation – copying what competitors do well to gain advantage or at least level the playing field
- Exploitation – using competitors' weaknesses as a tool to beat them
- Anticipation – foiling competitors' new initiatives such as product launches and new services

Companies are particularly interested in what competitors do well but also find it also worth knowing if there are elements of their activities that they perform badly. Weaknesses can be exploited in competitive battles and strengths can be emulated or bettered. Even more importantly, competitive intelligence collects myriads of relatively small and relatively innocuous pieces of information in order build big pictures that show strategic intent and the tactics by which that intent is to be achieved – things that no company would willingly make public.

So how does that work? Well, consider the following:

1. A company hires a new associate research director.
2. The same company quietly acquires a small technology startup.
3. A university scientist publishes an arcane piece of research in an obscure scientific journal.
4. The company applies for a permit to demolish an obsolete factory.

Is any of this important? Individually, no. Collectively, it alerts attentive company observers employed by the company's competitors that the company is probably embarking on a new strategy. Using well-honed skills in collection and analysis, they will soon learn that:

1. The new research executive has a background in a technology new to the industry.
2. The tech startup is one of the first to attempt to commercialize the same technology.
3. The university scientist's research is also related and was funded by the target company.
4. The demolition permit will soon be followed by a construction permit for a state-of-the-art factory to produce the new technology.

As a result, long before the target company announces its new product line, intelligence savvy competitors will have already taken action to diminish its value.

In fact, regardless of how sensitive they may appear to those inside the company, all proprietary knowledge assets have a value to a long and varied list of outsiders. The list includes many other observers whose attention is welcome, such as customers, distributors, business partners, suppliers and bankers who require information to help them decide whether and how to do business with the company. If these welcome observers, ask for information they will normally be told what they need to know. The others on the list are, to varying degrees, hostile observers who, if they require information, must collect it covertly. These can be classified into three groups:

- Those whose attention is unwelcome
- Those that can do moderate harm
- Those that can cause serious damage

An intelligence gathering campaign by any one of these observers will cause damage but what is usually overlooked is the multiplier effect that results from each group of observers using the others as information sources and adding their own observations on top.

	The Observers
Unwelcome attention	• Academics who seek information to support their studies and who may publish conclusions that are damaging to the company • Brokers looking for an inside track on information to support their profit projections, which may or may not agree with the company line • Commercial due diligence specialists assessing the value of a company on behalf of an unknown potential buyer • Private equity houses assessing the value in order to present the company to clients as a potential acquisition target • Trade Unions seeking information that is not provided to them through the regular communication channels to support negotiations
Moderate damage	• Competition authorities seeking evidence of anti-competitive practices • Consumer groups studying product problems and looking for poor manufacturing processes • Government departments, particularly the tax authorities looking for evidence of tax avoidance and evasion • Management consultants looking for information to support recommendations to clients • Regulators looking for information to indicate breaches of regulatory guidelines • The Press looking for any story – good or bad – about the company or information to support rumours or tip offs about the company
Serious harm	• Competitors looking for intelligence that will provide them with advance warning of company actions such as strategies, product

5.5.4   Can proprietary knowledge assets be defended?

The answer to this question is yes, but with difficulty and not by traditional security methods. The difficulty stems firstly and perhaps most significantly, from the fact that there is no group within the company charged with the responsibility of defending proprietary knowledge assets. Secondly the information being sought is generally known to large numbers of staff (and ex-staff) and may also be known by third parties who have no strong allegiance to the company. The third problem lies in the fact that each individual piece of the information being sought can be made to seem non-threatening and whereas there are clear sanctions for giving away intellectual property or trade secrets there is nothing in place to defend knowledge assets of the type we have described. The fourth problem is that companies release far too much information that on its own may appear unthreatening but when pieced together by skillful analysts reveals a bigger picture that is extremely dangerous.

Finally, those who hold information can be approached by methods that by-pass all conventional defense methods. Virtually all staff with access to useful intelligence can be reached by telephone, e-mail or via social media with a modicum of effort to get around the simple defenses that are in place. Once in touch there is an armory of techniques that can persuade people to talk. Not every contact will do so but a skilled investigator knows how to play the numbers game and weave his or her way into the confidence of enough people in the know to get what they need.

This activity is a long way short of industrial espionage and defending against it requires an approach that responds directly to the significantly softer techniques used by intelligence collectors. We call this Corporate Counterintelligence.

5.5.5   Corporate Counterintelligence

▶   **Important**

Corporate Counterintelligence (CCI) is a process installed at a corporate, subsidiary, or divisional level that is designed to at least frustrate, if not completely neutralize, the efforts of covert investigators to access proprietary knowledge assets. It is a skill that brings together:
* Detailed insight into how investigators work and the techniques they use

- Knowledge of the pinch points in the intelligence gathering process and how these can be used to frustrate their activities
- Experience in setting up a human/technology-based solution
- Experience in using the output from counterintelligence to identify problems, calibrate the threat they represent and devise sanctions.

There is a misconception that the outflow of intelligence from staff members can be contained exclusively by training. Certainly, training is an important part of the process, but it is far from enough. To be effective the process needs to include all the stages that precede investigators talking to staff. In far too many cases, if conversations with staff members occur it is already too late, and intelligence will be lost

While a CCI program can be designed to work as a standalone process, it should be an integral part of an all-inclusive corporate security program.

5.5.6   Where does corporate security fit in?

Corporate Counterintelligence is the responsibility of every employee, but the effort to imbed it into the corporate culture is best led by a consortium of company functions with applicable expertise. The makeup of this consortium may vary somewhat across companies, but the involvement of certain groups is essential. They are (in no particular order):

- The company's own competitive intelligence professionals. They should be able to provide an understanding of the competitive intelligence process and the methods used to identify, contact and extract information from company employees and others who have access to the proprietary knowledge assets of the company.
- The legal department. Company lawyers provide guidance in the legal aspects of the remedies or actions that can be taken against identified intruders and the legal appropriateness of any organizational or personnel steps that the company might consider mitigating the intrusions.
- Corporate security. Last but by no means least, corporate security can make three important contributions to the organized defense of proprietary knowledge assets:

1. *Professional leadership and expertise.* Corporate security has the overarching responsibility for protecting corporate assets. Although proprietary knowledge assets, as we define them, do not typically fall within its purview, the security team follows basic precepts of security and professional standards that are applicable in any security situation. Corporate security's recognition of the threat to proprietary knowledge assets, and its importance, is a key factor in getting the rest of the enterprise to act against it.

2. *Implementation.* Regardless of the program that is ultimately designed to protect the company's proprietary knowledge assets, corporate security is often in the best position to make it work. Indeed, in many – if not most – companies that have an enterprise-wide security program, it is corporate security staff that is responsible for managing the program.

3. *Integration.* Corporate security has existing tools, particularly tracking tools such as IRMS, to integrate corporate counterintelligence into the larger corporate security effort and thereby make the CCI program even more impactful.

In addition to the contributions above, corporate security can begin the process by taking a leadership role in closing the gap through which so much valuable private company information is currently flowing. Using its position as the single function totally devoted to securing company assets, corporate security can influence the decision to begin building an effective CCI process that is appropriate to the company's culture and needs.

5.5.7   Conclusion

Corporate security teams have a vital role to play in defending companies from the large numbers of predators that seek to obtain access to the substantial body of vital but generally unrecognized assets – the performance-creating knowledge that all companies acquire as they develop their business. The defense process is generally unfamiliar to conventional security teams but can be learned from experts who know how intelligence is collected and how to build it into existing security procedures. By championing the introduction of corporate counterintelligence into their company's security program, security professionals can plug this very significant – but largely ignored – gap in the protection of corporate knowledge assets.

About the Authors

Chris West spent 20 years plus running CIS, a London based vendor of competitive intelligence services, and has in-depth experience of primary and secondary intelligence collection. In 2001 he published „Competitive Intelligence" one of relatively few UK texts on the subject. On retirement from life as an active poacher he turned his hand to game-keeping and in 2009 he founded CounterAction together with Jerry Hoffmann. Chris is a founding member **of Counter Force Group.**

Jerry Hoffman was Director of Competitive Intelligence for Eli Lilly and Company and prior to that held a similar position at SBC (now AT&T). In addition to his competitive intelligence responsibilities at Lilly, he also developed and implemented a highly effective corporate counterintelligence program which was jointly administered with corporate security. Like Chris West, he has been a competitive intelligence professional for over 20 years. Jerry is a founding member of Counter Force Group.

Udo Hohlfeld founded INFO+DATEN to supply targeted intelligence helping clients succeed in their markets. He is a recognized intelligence specialist with experience since 1992 in the intelligence arena. Udo's unique portfolio of intelligence services supports clients' business activities in the key areas of security and strategy. His specialties are Offensive Intelligence aka Competitive Intelligence and Protective Intelligence aka Counterintelligence. Clients are assured of the highest possible quality of deliverables by Udo's extensive international network of intelligence experts and by his project experience in many industries. The network is the foundation for the Counter Force Group that Udo established in 2019. Fortune 1000 clients have benefited from hundreds of projects so far.

Literatur

Jahnke, M. (2018). *Influencer marketing*. Wiesbaden: Springer Gabler.

Gestaltungsaufgabe für das Management

6

"The media is the message."

Herbert Marshall McLuhan

"Only variety can beat variety."

William Ross Ashby

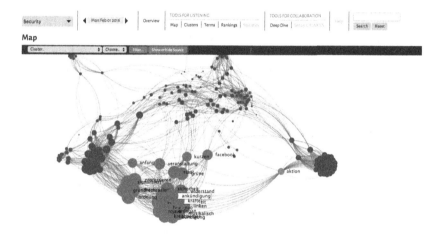

Zusammenfassung

Je tiefgehender wir uns mit den Einsatzfeldern des digitalen Zuhörens beschäftigen – und zu den vorangegangenen Ausführungen zu den Bereichen Unternehmenssicherheit, Personenschutz, Market Intelligence, Personalmarketing und Counterintelligence müssten eigentlich zumindest

© Springer Fachmedien Wiesbaden GmbH, ein Teil von Springer Nature 2020
M. Grothe, *Digital Listening für Unternehmen,*
https://doi.org/10.1007/978-3-658-31104-9_6

noch Aspekte wie Krisenmanagement und Innovation-Scanning hinzu-
kommen – desto klarer wird, dass mit der eigenen Ausgestaltung tatsächlich
wichtige Festlegungen verbunden sind. Festlegungen, die nicht in den engen
Silos einzelner Fachfunktionen getroffen werden sollten, schon gar nicht
IT-zentriert.

Es muss auch nicht weiter ausgeführt werden, dass die Bedeutung dieser
Digital-Listening-Fähigkeit in der Neuen Normalität nach der Corona-Krise
weiter massiv zunehmen wird: Die Digitalisierung der öffentlichen
Kommunikation wird mit ihrer hellen und der dunklen Seite in eine Phase
sprunghafter Weiterentwicklung eintreten. Digital ändert alles.

So wird hier die Auffassung begründet, dass diese Gestaltungsaufgabe Managementrelevanz erhalten muss: Digital Listening legt mit fest,
wie sicher und mit welcher Vorwarnzeit ein Unternehmen operiert, wie
gut Anforderungen im Markt und Bewegungen in der Gesellschaft aufgenommen und wie transparent sich Schutzpersonen und Unternehmen selbst
präsentieren, auch gegenüber böswilligen Dritten. Es wird zudem die Basis
gelegt für zahlreiche Entscheidungen, zumindest aber für eine möglichst passgenaue eigene Kommunikation in der sich ausformenden Dialogwelt. Es geht
immer auch um einen Vorsprung durch analytische Wertschöpfung.

Insbesondere aber wird der Managementeinsatz gefordert, um bestehende
Zielkonflikte produktiv aufzulösen, die Komplexität zu reduzieren sowie einen
strategischen Entwicklungspfad zu etablieren und nachzuhalten.

6.1   Integration von Zielkonflikten

Vorstehend wurde deutlich, dass die Ableitungen etwa aus den beiden Fach-
perspektiven Sicherheit und Personal nicht deckungsgleich sind. Im Folgenden
wird skizziert, wie dieser Zielkonflikt in eine gemeinsame Konzeption gefasst
werden kann. Es ergeben sich Handlungshinweise, mit denen Unternehmen das
Spannungsfeld auf übergreifender wie auch auf individueller Ebene zielorientiert
auflösen können.

So führt die Digitalisierung zu Veränderungsanforderungen in jeder betrieblichen Funktion. Durch diese Transformationen können neue Berührungspunkte
zwischen verschiedenen fachlichen Prozessen entstehen. Losgelöst von dem bisher bestehenden Status Quo kann auch der Fall auftreten, dass einzelne Aspekte,
etwa die eigene digitale Kommunikation, aus Sicht verschiedener Fachseiten
unterschiedlich ausgestaltet sein sollten, was in der Folge zu Konflikten führt.

Die Auflösung eines solchen Konflikts sollte nicht dem Zufall oder der aktuell vorherrschenden innerbetrieblichen Machtverteilung überlassen werden, sondern Gegenstand sachlicher Analyse sein. In den vorstehenden Kapiteln wurden aus zwei unterschiedlichen fachlichen Perspektiven der Aspekt der Teilnahme an der öffentlichen digitalen Kommunikation durch Unternehmensmitarbeiter beleuchtet:

- **Aus Sicht der Personalseite** zeichnet sich ab, dass eine solche Entwicklung überaus wichtig für die Gewinnung von hinreichend Fachpersonal ist und in Zukunft noch stärker sein wird. Die klassischen, nicht-digitalen Vermarktungswege haben an Relevanz eingebüßt, das – ohnehin immer ineffizientere – „Fischen" in sozialen Netzwerken wird absehbar möglicherweise durch neue Datenschutzanforderungen eingeschränkt. Es bleibt die eigene dialogische Präsentation im freien digitalen Meinungsraum. Diese Dialoge werden am Sinnvollsten durch Mitarbeiter mit Nähe zu der jeweiligen Zielgruppe geführt, um einen offenen und authentischen Austausch zu erreichen, der Sympathie erzeugt und Interesse weckt. Die Vermittlung von Einblicken in das Unternehmen, von spannenden Projektaufgaben bis hin zu eingesetzten Programmiersprachen, ist ausdrücklicher Teil des Vorgehens, damit eine positive Wirkung aufgebaut werden kann. Der Arbeitgeber soll sich zum Influencer in eigener Sache wandeln.
- **Aus der Perspektive der Unternehmenssicherheit** wird gewarnt, dass über den digitalen Raum Unternehmen und Mitarbeiter ausgespäht werden können, etwa um unter falschen Profilen an wichtige Informationen zu gelangen oder Aktionen des Unternehmens direkt oder indirekt zu stören. Externe Gegnerschaften oder Innentäter können zudem durch digitale Verstärkungsmechanismen (z. B. Social Bots) das vorherrschende Meinungsbild gezielt manipulieren, um dem Unternehmen einen Schaden zuzufügen. Folglich wird eine weitgehende „Kapselung" wichtiger Schlüsselpersonen und deutliche Zurückhaltung in der externen Preisgabe von internen Informationen oder Zusammenhängen gefordert. Zudem wird betont, dass auch scheinbar unerhebliche Details von Dritten genutzt werden können, um Vertrautheit vorzutäuschen und dadurch die Hemmschwelle zur Weitergabe wichtigerer Informationen zu senken.

Sofern wir hier unterstellen können, dass es kein Unternehmen gibt, das auf Personalgewinnung verzichten kann oder keine wettbewerbsrelevanten Informationen schützen möchte, besteht folglich in jedem Unternehmen ein gegensätzlicher Zielkonflikt, der nicht Schwarz-Weiß gelöst werden kann.

Es gilt demnach Abwägungen zu treffen, d. h. bestimmte Einblicke auszuschließen, aber ebenso den dezentralen Dialog nicht völlig zu unterbinden. Diese Koordinationsaufgabe ist sicher nicht allein mit einer Guideline zu lösen, es gilt vielmehr, die jeweiligen Fachprozesse zu verzahnen. Natürlich sind Hinweise und Richtlinien notwendig, die darstellen, welche Themen und Sachverhalte in der externen Kommunikation, sei es digital, gedruckt oder persönlich dargestellt werden dürfen. Natürlich sind Mitarbeiter auf Verschwiegenheit zu verpflichten.

Allerdings wird allzu oft unterschätzt, welche isoliert belanglos erscheinenden Aspekte für einen böswilligen Dritten interessante Puzzlesteine sein können, um Einblicke zu erlangen oder Vertrautheit vorzutäuschen. Eine entsprechende Sensibilisierung ist notwendig, aber nicht ausreichend. Es bleibt die Vermutung bestehen, dass

- zum einen das Arbeitgeberbild als Ziel von Angriffsvektoren einer hohen Gefährdung unterliegt,
- zum anderen, die dezentrale Zielgruppenkommunikation durch Arbeitgeberbotschafter einen unverzichtbaren Weg darstellt, um mit internen Eindrücken mehr Interesse zu generieren.

Die notwendige Verzahnung der Fachbereiche lässt sich in den beiden ausgeführten Prozessmodellen von Unternehmenssicherheit und Personalmarketing beschreiben:

- Auf der Personalseite ist in der Stufe ENABLE die entsprechende Sensibilisierung für eine angemessene digitale Kommunikation und Mediennutzung zu erreichen.
- Auf der Sicherheitsseite gilt es, die frühe Phase der PRÄVENTION entsprechend zu gestalten.

Abgestimmte Hinweise, Inhalte und Richtlinien, aber auch gemeinsame Beispiele und Planspiele sind geeignet, diesen wichtigen Abstimmungsbereich fachfunktionsübergreifend konsistent aufzubauen.

Dieser Zielkonflikt kann weitergehend durch eine ganzheitliche Betrachtung grundsätzlich aufgelöst werden. Und es ist genau dieses Verständnis eines Zusammenspiels, das in den jeweiligen Prozessen implementiert werden sollte.

▶ **Wichtig**

So soll hier die These aufgestellt werden, dass die interaktive Präsenz von Arbeitgeberbotschaftern auf den relevanten digitalen Hotspots der Recruiting-Zielgruppen zwar das grundsätzlich nicht vermeidbare Risiko in sich trägt, dass ungewollt Informationen nach außen dringen.

Dieser Umstand wird aber aufgewogen durch die potenziell positiven Beiträge in anderen Prozessphasen: Sei es in der möglichen und idealerweise frühzeitigen Aufdeckung von geäußerter Kritik, negativen Tendenzen oder Desinformationsversuchen, sei es in der Mitwirkung bei der Eindämmung festgestellter Angriffe gegen das Arbeitgeberbild oder andere Schutzgüter des Unternehmens.

Insgesamt lassen sich damit drei wesentliche Punkte herausstellen:

- In einer solchen, sehr weitgehenden Prozessverzahnung wirken Arbeitgeberbotschafter als **Detektoren für Sicherheitsbedrohungen.**
- Ebenso gelingt die **Eindämmung vor Ort** deutlich besser, wenn der jeweilige Akteur bereits durch ein Profil mit entsprechender Beitragshistorie auf der digitalen Quelle eingeführt und aktiv ist. Die im Zeitablauf durch Interaktion aufgebaute Reputation wirkt als Vertrauensverstärker und kann entscheidend helfen, falschen, aber plausibel klingenden Behauptungen wirkungsvoll entgegen zu treten. So erreicht eine klassische Gegendarstellung auf den eigenen Kanälen, etwa der eigenen Website, nur sehr begrenzt die Aufmerksamkeit der jeweiligen Zielgruppen.
- **Es lässt sich sogar vermuten, dass eine breite und aktive Präsenz auf den digitalen Hotspots einer Zielgruppe das Risiko eines Desinformationsangriffs mindert.** So muss der Angreifer von einer deutlich kürzeren Inkubationszeit seiner lancierten Beiträge ausgehen und sich fast unmittelbar mit Gegenmaßnahmen auseinandersetzen. Eine solchermaßen unattraktive Konstellation sollte den Angreifer zur Wahl eines anderen Ziels bewegen. Aktive Arbeitgeberbotschafter können somit digitale Angreifer abschrecken.

Folglich gilt es, eine aktive Präsenz auf den relevanten digitalen Hotspots der Ziel- bzw. Stakeholder-Gruppen aufzubauen und nachhaltig zu entwickeln. Diese Anforderung kann durch die Security-Fachseite nicht geleistet werden. Es fehlt neben entsprechenden Ressourcen – naturgemäß – die notwendige Akzeptanz als Dialogpartner in den diversen Themenfeldern.

Damit ist der **Sicherheitsbereich**, um eine tragfähige Abschreckung, Detektion und Eindämmung möglicher Angriffe gewährleisten zu können, **auf die aktive Mitwirkung und ressourcenseitige Beteiligung weiterer Fachseiten angewiesen.** Die Erreichung dieses Zusammenspiels kann sogar als Sicherheitserfordernis eingeordnet werden.

Gemeinsame Aufgaben sind damit:

- Erstellung einer Richtlinie für sicherheitsaffine digitale Dialoge auch mit pseudonymen Unbekannten. Die Umsetzung sollte neben allgemeinen Leitsätzen auch Hinweise für eine Vielzahl von denkbaren Einzelfällen enthalten. Daran angelehnt können Planspiele und Wargames durchgeführt werden.

- Motivation der Fachfunktionen, auch über den HR-Bereich hinaus, die jeweils relevanten Digitalbereiche zu identifizieren, kontinuierlich durch Digital Listening im Blick zu behalten und idealerweise mit eigenen Profilen an den Interaktionen teilzunehmen.

▶ **Wichtig**

Es geht folglich nicht darum, die öffentlich digitale Kommunikation möglichst einzugrenzen oder sogar zu unterbinden, sondern Aufgabe ist, diese sicher zu gestalten. Damit kann sich die Unternehmenssicherheit sogar in eine Führungsrolle bringen, um diesen Aspekt der digitalen Transformation für das Unternehmen durchgängig und abgestimmt zu prägen.

Eine solche Entwicklung, die sich bisher allerdings in kaum einem Unternehmen andeutet, kann als erwartbares Muster postuliert werden, um die Transformation des Gesamtunternehmens für die Digitalisierungsphase nachhaltig zu meistern. Es wird also Zeit, über Sicherheit zu sprechen.

6.2   Ausblick: Auf zum nächsten Level!

Ein Ausblick ist recht simpel. So ist inzwischen vorstellbar, dass Unternehmen und Privatpersonen auf vieles verzichten: Auf die digitale Kommunikation allerdings nicht. Es lässt sich sogar annehmen, dass die öffentliche digitale Kommunikation massiv weiter zunehmen wird.

Menschen werden sich privat über gesellschaftlich relevante oder irrelevante Themen austauschen, sie werden stärker denn je im digitalen Raum nach neuen Berufswegen und Arbeitgebern suchen und Produkte diskutieren, ausprobieren und bewerten. Menschen werden beruflich, egal ob angestellt, freiberuflich, wissenschaftlich oder ganz anders, digital wirken und auch an Neuerungen und Innovationen arbeiten. Und dieses viel stärker als jemals zuvor aus dem vernetzten Home-Office heraus.

Unternehmen und andere Organisationen im Wettbewerb können, sollten und müssen diesen Beitragsreichtum nutzen, um durch Digital Listening Informationen zu generieren, die Entscheidungen und Handlungen befruchten. Das heutige, fast beliebige „Können" wird sich dabei über ein „Sollten" zum unverzichtbaren „Müssen" verschieben.

Die vorstehenden Ausführungen haben aufgezeigt, dass diese Fähigkeit nicht mit der Bedienung einer Software verbunden ist, sondern teilweise auch ganz neue Abläufe und Denkweisen erfordert. Wenn auf Grundlage von Digital Listening etwa das externe Engagement ausgebaut werden soll, dann ist zumeist interne Verzahnung eine gewichtige Bedingung. Wobei intern und extern als Begrifflichkeiten sicher auch neu zu diskutieren sind.

So ist diese notwendige Entwicklung wohl kein schneller Prozess: **Änderung tut not.**

Synergetischer – d. h. aber auch schwieriger – wird es, weil nicht nur eine Fachfunktion betroffen ist: Für verschiedene Funktionen ist auf dem Weg in die Neue Normalität ein mehrstufiger Fahrplan zu formulieren. Eine gemeinsame Basis ist schon umstritten genug, Gleichschritt kaum möglich, hoffentlich aber gegenseitiges Lernen. **Abstimmung tut not.**

Ein Radarchart wie in Abb. 6.1 kann diesen Zusammenhang grundsätzlich verdeutlichen: Der „Next Level of Intelligence" wird deutlich. Die Abstufungen

Abb. 6.1 (Ausgewählte) Facetten der Market Intelligence: The Next Level of Intelligence

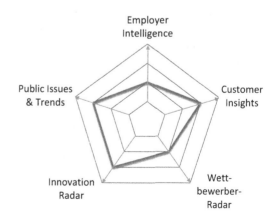

auf den Achsen markieren den jeweils erreichten Entwicklungslevel: Für die Employer Intelligence etwa die Phase im Strategiefahrplan von Active Listening zur Co-Active Elevation. Für die anderen Achsen entsprechende Schemata. **Diese Seite der Market Intelligence-Funktionen ist stark durch Chancen geprägt.** Wir haben aber gesehen, dass dies nicht die einzige Seite ist. So gibt es – mit überwältigender Wahrscheinlichkeit auch weiterhin und zwar deutlich zunehmend – eine dunkle Seite der öffentlichen digitalen Kommunikation.

Die dort bestehenden Risiken drängen mit einer solchen Vehemenz voran, dass Unternehmen (und Privatpersonen) eigentlich schon längst in der Phase des „Müssen" angelangt sind. Gleichwohl ist Entwicklung auch hier ein Lernprozess.

Eine sinnvolle Strukturierung dieser skizzierten „Next Line of Defense", die die bestehenden **Sicherungsaufgaben** ergänzt, erfolgt an den bestehenden Bedrohungsvektoren:

- Zuoberst steht die digitale Aufnahme der Bedrohungslage, idealerweise **inklusive bisher unbekannter Bedrohungen**, die auf das Unternehmen insgesamt zukommen.
- **Die Vorhaben von Gegnerschaften** unterschiedlicher Art sollten digital im Blick bleiben.
- **Die Unbedrängtheit** von Schutzpersonen muss gewährleistet werden: Digitaler Personenschutz.
- Im Digitalraum auftauchende **interne Dokumente, Datenbestände oder Produktfälschungen** sowie
- Datenpakete aus Hackeraktivitäten müssen rechtzeitig erkannt und in ihrer schädlichen Wirkung begrenzt werden.

Für diese Aufgaben kann Digital Listening wertvolle Beiträge leisten, aber auch diese Aufgaben gelingen abgestimmt leichter: Abb. 6.2 zeigt die Sicherheitsstruktur als mehrdimensionalen Entwicklungsprozess.

Zur großen Herausforderung wird aber nun die Abstimmung dieser beiden Seiten. **Unterbleibt diese Abstimmung, etwa weil diese Notwendigkeit nicht als Gestaltungsaufgabe für das Management verstanden wird, dann stören ungelöste Konfliktlinien die Entwicklung.**

So wird etwa der Personalbereich darauf drängen, das digitale Arbeitgeberbild durch möglichst aktive Arbeitgeberbotschafter zu stärken. Gegenläufig wird die Sicherheit darauf hinweisen, dass Einblicke durch Dritte sowie Austausch mit anonymen Unbekannten zu betrieblichen Themen möglichst zu vermeiden sind.

Abb. 6.2 (Ausgewählte) Facetten der Sicherheit: The Next Level of Defense

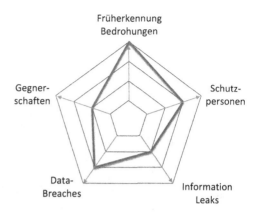

Unabgestimmt folgen Lähmung, Selbstbezüglichkeit und Transformationshakeleien.

▶ Die derzeitige Konfliktvermeidung durch Silo-Prozesse erzeugt unnötige Komplexität – auch im Sinne der Länge der notwendigen Beschreibung – und verhindert vorwärtsgewandte Lösungen: So können die Fachseiten im Zusammenspiel wechselseitig vorherrschende Limitierungen reduzieren.

Beispielsweise können sicherheitsinstruierte Arbeitgeberbotschafter, um bei diesem Beispiel zu bleiben, auch Teilaufgaben der Früherkennung ausfüllen. Bemerkenswerterweise sollte eine lebendige Arbeitgeberdiskussion auf hoher Entwicklungsstufe zugleich eine abschreckende Wirkung auf entsprechende Desinformationsangriffe haben. Das Erreichen eines neuen Optimums erfordert zuweilen einen Sprung – und sei es über den eigenen Schatten.

Wie lässt sich dieser Modus auf den Produktbereich übertragen? Brauchen wir Botschafter oder Guardians für alle relevanten Digitalfelder? Wie gelangen die eigenen Botschaften in enge Echokammern? Wo sind aber digitale Bereiche, in denen ein Unternehmen nicht präsent sein sollte? Können wir unsere Dokumente durch beigemischte Fakes schützen? Brauchen wir viele falsche Fährten, um Schutzpersonen wirklich zu schützen?

Auch wenn dieser Ausblick insgesamt recht simpel ist. Die notwendige Gestaltungsaufgabe für das Management ist es nicht. Erst im Zusammenspiel vieler Blickrichtungen erreicht ein Unternehmen den nächsten Level.

Es wird nie wieder so beschaulich wie jetzt.

„It's early and it's slow."

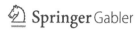

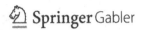

Printed in the United States
By Bookmasters